The story of
ROMANS

또 하나의 **로마인 이야기**

ⓒ 시오노 나나미, 2007

초판 1쇄 발행 | 2007년 9월 27일
초판 23쇄 발행 | 2021년 2월 26일

지은이 | 시오노 나나미
옮긴이 | 한성
펴낸이 | 강인숙
펴낸곳 | 부엔리브로

등 록 | 제313-2006-000119호
주 소 | 서울시 마포구 월드컵북로4길 77, 3층 379호
전 화 | 02. 324. 2347.
팩 스 | 02. 324. 2348.
이메일 | buenolibro@hanafos.com
ISBN 978-89-959682-1-5 03920

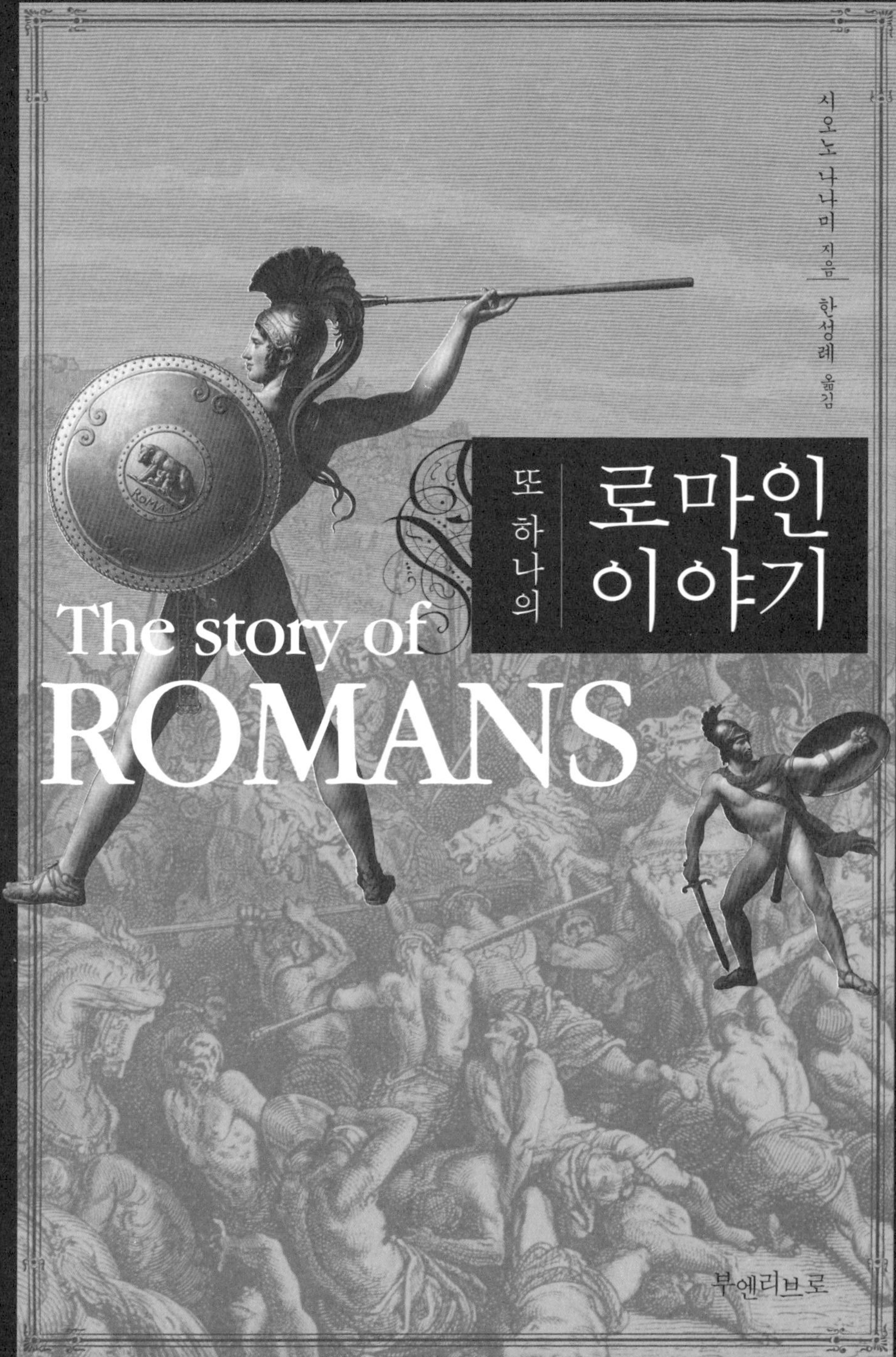

시오노 나나미 지음
한성례 옮김

또 하나의 로마인 이야기

The story of ROMANS

부엔리브로

시작하며

로마학 세계로의 초대!

학창 시절의 나는 교사들에게 별로 달갑지 않은 학생이었을 것이다. 왜냐하면 교사가 가르치는 내용을 그대로 믿고 받아들이는 타입이 아니었기 때문이다. '왜?', '어떤 조건에서?' 라는 두 가지가 설명되지 않으면 수업이 끝난 뒤 꼭 질문하는 내가 교사들 입장에서는 어쩌면 성가시기도 했을 것이다.

그렇지만 의문을 품고 계속 질문해 대는 나를 귀찮아하지 않고 자세히 설명해 준 몇몇 교사들 덕분에 나는 크게 좌절감을 느끼지 않았다. 하지만 내 질문 가운데는 아무리 너그러운 교사라도 때로 곤혹스럽게 느낄 만한 것이 있었을 것이다. 그런 질문에 대해서는 간단하게 설명할 수 없는 내용이라며 몇몇 교사는 내게 참고가 될 만한 연구서를 알려 주면서 스스로 생각해 보라고 했다.

교사들을 곤란하게 만든 내 질문 중 대표적인 것을 예로 들면 다음과 같은 것이었다.

"고대 로마는 고대 그리스를 본뜬 것에 지나지 않는다고 말씀하셨습니다. 그런데 그런 국가가 어떻게 1000년이나 계속되었을까요? 게다가 대제국으로 번영했지 않습니까? 저는 그렇지 않다고 생각합니다."

이 질문에 어느 교수는 대답 대신 영문으로 된 연구서 두 권을 소개해 주면서 읽고 생각해 보라고 했다. 그 후 반세기가 훌쩍 지난 지금에 이르러서도 내 모습은 그 무렵과 크게 달라지지 않았다. 참고 도서가 영문만이 아니라 라틴어와 그리스어까지 확대되었다는 것 외에는…….

십대 때 품은 의문을 반세기가 지난 지금까지 지니고 있단 말인가 하고 웃을 수도 있을 것이다. 그에 대해서는 다음과 같이 대답할 수밖에 없다.

"남자 친구한테서는 쉽사리 마음을 옮겨 버리지만 진실로 나를 매료시킨 것에는 의외로 끈질기게 달라붙은 결과"라고.

그 이유는 아마 후자의 경우는 내가 '도전'을 했고, 남자 친구에게는 도전하지 않았기 때문이 아닐까? 도전만큼 흥미로운 것은 없다. 그래서 그 오랜 세월 동안 나를 붙들어 매고 있는지도 모른다.

독서란 실제 인생에서는 알 수 없는 것을 알게 해 주고, 만날 수 없는 사람도 만나게 해 주는 수단이다. 젊어서부터 내가 해 왔던 이들 두 가지를 여러분들이라고 못 할 리가 없지 않은가? 이 책은 그런 것을 체험해 보고 싶은 여러분에게 드리는 나의 작은 선물로 생각하고 읽어 주기 바란다. 그리고 바라건대 여러분을 매료시킬 멋진 남자들을 이 책에서 꼭 만나기를.✚

시오노 나나미 (眠野七生)

칼레도니아
발렌티아
북 해

히베르니아

아일랜드

김브리
덴마크

테우토니

영국 요크

더블린

브리타니아
브리타니아
인페리오르

암스테르담

런던

네덜란드
브뤼셀

쾰른

독일

브리타니아
수페리오르

벨기카

벨기에
토리어
라인 강

대 서 양

루그두넨시스

파리

트리어

라이티

루아르 강

부르주

프랑스

베른
스위스

알프스산맥

갈리아

리옹

론 강

갈리아 키살피나

포 강

아퀴타니아

가론강

보르도

피레네 산맥

나르본네시스

볼로냐

루비콘

아르노 강

타라코넨시스

에브로강

마르세유

니스

루시타니아

마드리드

스페인

코르시카

이탈리

리스본

포르투갈

히스파니아

발레아레스 제도

로마

나폴

세비야

코르도바

사르데냐

베티카
카르타헤나

알제

시칠

라바트

마우레타니아

누미디아

카르타고

튀니스

모로코

튀니지

트리폴리

알제리

아프리카

공화정시대 로마의 최대 판도
제정시대 로마의 최대 판도
현대의 국명 · 수도 · 하천 · 산 · 바다

리브

| 차례 |

1장 왜 지금 '고대 로마' 인가

로마가 1,000년 이상이나 계속된 것은, 있는 그대로의 모습을 직시하고

그것을 개선하려는 그들의 기개 덕분이었다.

로마인이 사기 개혁에 어떻게 성공했는지의 실제적인 예가

1,500년 뒤 마키아벨리에게 참고 자료가 된 것처럼,

역시 2,000년 뒤의 현대를 사는 우리에게도 참고가 되지 않을까?

물론 2,000년이나 지난 로마의 사례가 그대로 현대에 통용되는 것은 아니다.

그러나 적어도 힌트는 감추어져 있다고 나는 단언한다.

역사는 인간이다

나는 로마사를 다룬 《로마인 이야기》라는 책을 매년 한 권씩 써 왔다.

기원전 753년 로물루스가 로마를 건국하고 나서, 서기 476년 멸망할 때까지 약 1,000년 동안의 통사를 전문적인 역사학자도 아닌 내가 왜 쓰게 되었을까.

이 의문에 대한 내 나름대로의 대답을 하려 하면 끝이 없다. 하지만 한마디로 간단히 말하면 "역사만큼 재미있는 것은 없기 때문"이다.

"그 중에서도 고대 로마 역사는 특히 재미있다. 그래서 쓴다."

간단히 말하면 이렇게 표현할 수밖에 없지만 다행히 내 뜻에 공감해 주는 독자들이 있어 그동안 《로마인 이야기》를 쉬지 않고 써 왔다.

그러나 '고대 로마 역사가 뭐 그리 대단해서?' 라고 생각하는 사람도 있을 것이다. 그렇게 생각하는 사람이 어쩌면 다수일지도 모른다. 뿐만 아니라 역사 자체에 흥미가 없는 사람도 적지 않다.

사회에서 일반적으로 '훌륭한 어른'이라고 알려진 인사 중에도 "나는 역사는 딱 질색"이라고 아무렇지 않게 말하는 사람도 있다. 참으로 무미건조해 보인다. 그럴 경우 나는 감히 이렇게 말해 준다.

"실례지만 그런 말씀은 아예 안 하시는 편이 더 낫지 않을까요?"

이렇게 말하면 대부분의 사람들은 놀라서 벌린 입을 다물지 못한다. 그때 나는 한마디 더 얹는다.

"왜냐하면 역사는 인간이니까요. 그래서 '역사가 딱 질색'이라고 하면 '인간이 딱 질색'이라는 고백이 되거든요."

누구나 자신의 일생에서 경험할 수 있는 것은 한정되어 있다. 유명한 정치가가 되어 큰 권력을 잡았다 해도 그 사람이 예술가의 인생을 체험할 수는 없다. 엄청난 노력을 해서 세계적인 대기업들과 어깨를 나란히 하는 기업의 최고 위치에 올랐다 해도 거기에서 경험할 수 있는 것 또한 주로 기업인의 인생이다.

그래서 우리는 영화를 보고 책을 읽고 혹은 텔레비전을 본다. 거기에서 자신이 체험할 수 없는 다양한 인생을 접할 수 있기 때문이다.

역사 속에는 인류가 지금까지 경험한 모든 것이 다 들어 있다. 그러한 역사가 재미있지 않을 수가 없다. 나는 그렇게 생각한다.

왜 르네상스인은 고대 로마에 관심을 가졌을까

역사가 재미있다고 하지만 하필이면 '왜 로마인가', 그것도 아주 오래

전인 1,500여 년 전에 멸망한 로마인들인가 하는 의문이 남을 것이다.

그 의문에 대해서도 또한 "로마인만큼 재미있고 멋진 사람들은 없으니까."라고 대답할 수밖에 없다.

이렇게 쓰면, '오호라! 말하자면 작가의 호기심이란 말이지.' 라고 생각할지도 모르겠다. 늘 일상생활로 바쁜데, 단지 색다르다는 이유로 그런 사람들에게 관심 가질 시간이 어디 있느냐고 반문할지도 모른다.

그러나 이것은 결코 나 혼자만 느끼는 흥미가 아니다.

바로 앞에서도 썼듯이 지금부터 약 1,500년 전인 5세기에 로마제국은 멸망한다. 그리고 유럽인들은 대략 1,000년 가까운 긴 세월 동안, 멸망한 로마에 대해 잊어버린 채 지낸다. 그것이 이른바 중세이다.

그런데 갑자기 고대 로마에 흥미를 지닌 사람들이 나타난다. 바로 13세기부터 15세기에 살았던 르네상스 시대의 사람들이었다.

'인간이란 무엇인가'를 아는 최고의 힌트

르네상스 시대의 사람들은 왜 로마에 흥미를 가졌을까?

대표적인 르네상스인 가운데 한 명인 마키아벨리가 가졌던 문제의식을 소개하면 다음과 같은 이유였다.

"기독교는 1,000년 동안 유럽인의 정신을 지배해 왔다. 그런데도 우리 유럽인의 인간성이 향상되었다고 생각되지 않는다. 그것은 결국 인간의 존재 자체가 원래 종교에 의해서조차 바뀌지 않을 만큼 '악'에 대한 저항력이 약해서가 아닐까? 그런 인간세계를 바꿔 나가려면 먼저 이 같은 인간성의 현실을 냉철하게 직시할 필요가 있다."

르네상스 운동은 '고대 부흥'이라고도 한다. 이 새로운 사상이 비기독교적인 성격을 갖게 된 것은 이러한 문제의식에서 비롯되었다.

그리고 르네상스 사람들이 주목했던 것은 다름 아닌 고대 로마, 그리고 고대 그리스의 역사였다.

고대 그리스나 고대 로마 사람들은 기독교가 없던 시대에 살았다. 그런데도 그들은 뛰어난 정치체제를 만들어 냈다. 뿐만 아니라 그후로 이들 지중해 세계 사람들은 현재의 서유럽에까지 뻗어나간 광대한 제국을 여러 세기에 걸쳐 유지하면서 문명의 꽃을 피웠다.

그들 로마인들은 기독교회처럼 종교에 의해 인간성을 개선할 수 있다고 생각하지 않았다. 또한 로마인은 고대 그리스인들처럼 철학이 인간성을 향상시킨다고도 생각지 않았다.

그렇지만 그들이 결코 인간에 대해 절망한 것은 아니다. 인간의 내면에는 선도 있고 악도 있다. 선악이 동거하고 있는 것이 인간이다. 그렇다면 선을 조금이라도 늘리고 악을 조금이라도 줄이는 노력

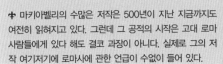
✚ 마키아벨리의 수많은 저작은 500년이 지난 지금까지도 여전히 읽혀지고 있다. 그런데 그 공적의 시작은 고대 로마 사람들에게 있다 해도 결코 과장이 아니다. 실제로 그의 저작 여기저기에 로마사에 관한 언급이 수없이 들어 있다.

을 해 나가야 하지 않을까……? 로마인은 이처럼 리얼리즘에 철저한 인간상을 생각했다. 이러한 로마인의 리얼리즘을 다시 부흥시키려고 한 것이 르네상스 시대였고, 마키아벨리도 그 시대의 한 인물이었다.

마키아벨리의 수많은 저작은 500년이 지난 지금도 여전히 읽혀지고 있다. 그런데 그 공적의 시작은 고대 로마 사람들에게 있다 해도 결코 과장이 아니다. 실제로 그의 저작 곳곳에 로마사가 언급되어 있다. 고대 로마는 그에게 '인간이란 무엇인가'를 생각하게 해 주었다. 그것은 '현대에도 로마는 참고가 된다는 예증'이다.

다시 로마사의 시대

그런데 마키아벨리가 살았던 르네상스 시대, 1,000년에 걸친 기독교의 '교화'가 인간성 향상에 전혀 공헌하지 못했다는 것을 깨달은 인물이 또 한 사람 있었다. 바로 종교개혁을 한 마르틴 루터이다.

그러나 루터의 문제의식은 마키아벨리와 공유되는 점이 있지만 결과가 달랐다.

마르틴 루터는 인간성이 개선되지 못한 이유를 기독교라는 종교의 형식과 내용에서 찾았다. 즉 기독교는 본래의 뜻에 따르면 인간을 더욱더 향상시켜야 한다. 그렇게 되지 못한 것은 신과 신자 사이에 성직자라는 필터가 개입되어 있기 때문이라고 생각했다.

말하자면 기독교 성직자들은 정신세계의 지도자로 군림하고 있다. 하지만 실제로 그들의 존재는 오히려 기독교의 가르침을 해치고 있을 뿐만 아니라 신과 신자의 연결을 방해하고 있다는 것이다.

그래서 루터는 성직자 계급을 배제하고 신과 신자가 바로 결합되는 형태의 신앙을 주창한다. 이것이 프로테스탄티즘 운동이었다. 그렇다면 마키아벨리와 루터의 판단 중 어느 쪽이 더 옳았을까?

마키아벨리나 루터의 시대로부터 이미 500년이라는 세월이 흘렀다. 과연 인간성이 얼마나 개선되었을까?

루터의 프로테스탄티즘 이후에도 인간성을 개선하기 위한 다양한 사상이 나타났다. 계몽주의 사상, 프랑스혁명을 불러온 자유·평등·박애의 사상, 또한 공산주의 사상…… 등 인간을 '진보'시키겠다고 이름붙인 수많은 사상들이 거쳐 갔다. 그렇게 해서 인간 사회는 개선되었을까?

그런 사상을 주창한 사람들의 동기 자체는 숭고했을지 모른다. 하지만 결과가 얼마나 달라졌을까? 반세기 이상 계속되고 있는 팔레스타인 분쟁, 혹은 아프리카에서 자행되는 내전의 비참한 상황 등은 얘기할 필요도 없을 것이다. 인간성에 대한 통찰의 적확함에는 역시 마키아벨리의 생각에 손을 들 수밖에 없다고 생각한다.

그렇다면 현대를 사는 우리들 또한 마키아벨리처럼 고대 로마인들의 삶의 방식을 터득한다면 세상을 살아가는 데 큰 도움이 되지 않을까? 나는 그렇게 생각한다.

전무후무한 '보편 제국'

인류는 과연 2,000년 전 로마제국 이후 조금이라도 진보했을까? 그것은 단지 개인 수준의 문제만이 아니다. 국가 본연의 모습인 집단 수준에서 비교해도 같은 답이 나온다고 생각한다.

내가 그렇게 생각하는 것은 로마제국 이후로 다시는 인류가 '보편 제국'을 만들어 내지 못했기 때문이다.

후세에 로마제국에 대한 비판이나 비난도 적지 않았다. 하지만 역사적 사실만으로 보았을 때 민족의 차이, 문화의 차이, 종교의 차이를 인정하고 그것들을 모두 감싸안은 '보편 제국'을 수립한 것은 로마인뿐이었다.

이 보편 제국의 꿈을 사상 최초로 품었던 사람은 마케도니아의 알렉산드로스(알렉산더) 대왕이다. 그는 헬레니즘(그리스 문명)과 페르시아 문명 간의 '행복한 결혼'을 꿈꾸었다. 그리고 11년에 걸쳐 동방 원정을 행한다. 그러나 그 장대한 구상을 제대로 실현하지 못하고 30대 중반도 안 된 젊은 나이에 죽어 버린다.

알렉산드로스 대왕이 죽고 나서 약 300년 후에 나타난 사람이 로마인 율리우스 카이사르(줄리어스 시저)이다. 카이사르가 설계도를 만들고 그 후의 황제들이 만들어 낸 로마제국이 바로 알렉산드로스가 채 이루지 못한 그 꿈을 실현시킨 국가였다.

이 로마제국에는 로마인의 입장에서 '야만족'이던 갈리아 족에서부터 아테네라든가 스파르타 등의 고대 도시국가를 만들어 낸 역사를 가진 그리스 민족, 또 유일신을 믿었던 유대인에 이르기까지 다종다양한 인종과 민족이 살았다. 로마인은 그들의 다양성을 가능하면 존중해 주었다. 그리고 로마인은 그러한 이상을 단순한 '슬로건'에 그치지 않고 현실화했다.

그것을 가장 확실히 말해 주는 것이 로마 시민권의 확대였고, 이 시민권 확대의 도화선에 불을 붙인 사람이 다름 아닌 율리우스 카이사르였다.

그는 당시 '알프스의 이편'으로 불리면서 로마 시민들로부터 외국인 취급을 당하던, 지금의 북이탈리아 지역에 살고 있는 갈리아인에게 로마 시민권을 주었다. 그 다음에는 당시 로마에서 일하는 모든 의사나 교사에게, 그리고 바로 얼마 전까지 자신과 적이 되어 싸운 '알프스의 저편'에 사는 갈리아인 지도자들에게도 시민권을 주었다. 갈리아인 지도자들에게는 '고대 로마의 국회'라고 할 수 있는 원로원의 의석까지 주었다.

로마에서 시민권을 갖는다는 것은 비록 인종이나 민족, 종교가 다르다고 해도 로마 시민과 동등한 권리를 부여받는 것이었다. 즉 로마법에 따라 사유재산과 개인의 인권을 보장받는 것이다.

율리우스 카이사르가 시작한 로마 시민권의 확대는 그 후로도 계속되어 3세기 카라칼라 황제 시대에 정점을 맞이한다.

✙ 카이사르가 설계도를 만들고 그 후의 황제들이 만들어 낸 로마제국이 바로 알렉산더가 이루지 못한 그 꿈을 실현시킨 국가였다.

즉 로마제국 내에 사는 자유민 모두가 로마 시민권을 가지고 있을
정도였다. 여기에 이르면 '정복자'와 '피정복자'의 구분이 완전히
사라졌다고 볼 수 있다.

사실 로마사를 읽어 보면 속국 출신의 황제들도 드물지 않다. 당
시는 문명화의 척도가 로마화였는데, 수준 높은 스페인이나 프랑스
지역 출신도 있었고, 북아프리카나 시리아, 도나우 강 하류 등의 후
진 지역에서도 황제가 나왔다. 로마에서는 황제의 지위조차 출신지
나 출생을 불문하고 개방되어 있었다.

실패와 고난의 로마사

이러한 사실을 살펴보면 '보편 제국' 로마가 어떤 나라였는지, 그리
고 로마 같은 형태의 제국이 그 후로 다시는 출현하지 않았음도 짐
작할 수 있을 것이다.

과연 대영제국은 식민지의 피지배자 모두에게 영국 시민권을 부
여했을까? 아마도 그 중에서 몇몇 유력자에게는 영국 의회의 의석
을 주었을 것이다. 그러나 일반 백성들에게는 그런 일이 한 번도 이
루어지지 않았다. 영국은 인도를 식민지로 지배만 했을 뿐, 인도인
을 결코 영국 시민으로 대우해 주지 않았다.

그럼 현재의 '미국'은 과연 민족의 차이, 문명의 차이, 종교의 차
이를 허용하고 있을까? 이것 또한 '아니다'라고 대답할 수밖에 없다.
왜냐하면 미국은 그들 스스로 '최고의 가치'로 믿고 있는 민주주의
체제를 수용하지 않은 국가는 모두 적으로 간주해 왔기 때문이다.

로마의 최고 권력자가 된 카이사르는 그 시정 방침을 '관용'이라는 한마디로 표현했다. 그리고 그 표현에 걸맞게 자신을 멸망시키려고 했던 적조차도 말살하지 않았다. 그 정도의 너그러움은 그로부터 2,000년 이상 진보한 현대 국가들조차 충분히 갖추고 있지 못하다.

이 같은 현대 세계의 모습을 보면 볼수록 나는 로마인에게 매료된다. 그렇다고 단순히 회고 취미에서 비롯된 것은 아니다. '옛것이 좋았다', '로마인이 현대인보다 우수하다'는 이유만으로 로마사 속으로 도망치려는 것은 아니다.

내가 로마인에 흥미를 갖는 것은 그들이 인간성에 대한 환상을 품지 않았기 때문이다. 따라서 그들은 스스로에 대해서도 환상을 품지 않고 행동했다.

로마인도 인간인 이상, 실패가 없지 않았다. 로마사를 깊이 들여다볼수록 그 역사는 실패와 좌절의 연속이었음을 알 수 있다. 하지만 그들은 동시대의 다른 민족들과 달랐다. 그들은 스스로의 실패를 인정하는 순간 주저 없이 개혁을 단행하는 용기를 잃지 않았던 것이다.

인간은 누구라 할 것 없이 자신의 실패를 인정하려 들지 않는다. 뿐만 아니라 가능하면 그 실패에서 벗어나려는 어떤 노력도 기울이지 않고 상황을 정리하려 한다. 로마인이라고 그런 생각을 하지 않았을까? 그런데도 그들은 실패한 상황에서 노력을 멈추지 않았다.

로마가 1,000년 이상이나 계속된 것은 결코 운이 좋아서도 아니고 그들의 자질이 특별히 우수해서도 아니다. 다만 있는 그대로의 모습을 직시하고 그것을 개선하려는 기개가 있었기에 로마의 번영은 오래 지속될 수 있었다. 그러니 로마인들의 역사를 배우는 일이 회고 취미일 리가 없지 않은가?

로마인이 자기 개혁에 어떻게 성공했는지의 실제적인 예가 1,500년 뒤 마키아벨리에게 참고 자료가 된 것처럼, 역시 2,000년 뒤의 현대를 사는 우리에게도 참고가 되지 않을까? 물론 2,000년이나 지난 로마의 사례가 그대로 현대에 통용되는 것은 아니다. 그러나 적어도 힌트는 감추어져 있다고 나는 단언한다.

시행착오가 로마를 만들었다

그렇다면 로마인의 어떠한 삶의 방식이 현대의 우리에게 참고가 되는 것일까? 결과만을 보면 카이사르가 등장한 뒤 제국이 탄생하기까지의 로마는 순조롭게 판도를 넓혀 간 것처럼 보인다.

처음에는 작은 도시국가에 지나지 않았던 로마가 이탈리아 반도에서 세력을 뻗어나가고, 포에니전쟁에서 승리하여 당시의 대국 카르타고를 끌어내리더니, 마침내 지중해를 '우리의 바다'라고 명명할 정도에 이르게 된다. 더욱이 북유럽까지 세력을 확대해 나가 제국을 건설하고……. 학교에서 배우는 세계사 연표만을 보면 분명 로마는 행운의 여신이 이끌어 쑥쑥 뻗어나간 것처럼 보인다.

그러나 실제로 로마사는 결코 그렇지 않다. 오히려 정반대라고 할 수 있다.

일찍이 나치 독일은 자국민이 '세계에서 가장 으뜸가는 우수한 민족'이라고 선전하면서 '열등 민족'을 멸족시키려고 했다. 그러나 실제로는 다른 민족보다 압도적으로 우수한 민족은 있을 수 없다.

똑같은 인간인 이상, 능력의 차이란 크지 않다. 오십보백보일 뿐이다. 마찬가지로 고대 로마인과 현대인도 큰 차이가 날 리 없다.

사실 기원전 1세기 카이사르가 출현하기 이전까지의 로마사를 들여다보면 무수한 좌절과 고난의 역사가 새겨져 있다. 로마인은 처음부터 우수한 것이 아니었을뿐더러 특별한 행운을 타고난 것도 아니었다.

예컨대 기원전 390년에 로마는 북방에서 쳐들어온 켈트 족의 습격을 받아 어이없이 점령을 당한다. 당시 상황으로 로마라는 도시국가의 멸망은 전혀 이상하지 않다. 역사를 파헤쳐 보면 그렇게 멸망한 도시국가는 수없이 많다.

그렇지만 로마는 이러한 수렁에서 일어섬으로써 '진정한 로마'를 이루어 나갔다. 켈트 족이 물러간 다음, 그들 로마인은 '야만족'에 불과한 켈트 족의 침략을 허용한 원인이 어디에 있었는지를 고민하였다.

실패한다 할지라도 그것을 딛고 반드시 성공으로 나아가려 했던 정신 작용에서 로마인의 강인함을 발견할 수 있다. 이때 로마인들은 패배의 원인이 그들 내부에 있다는 것을 직시한다. 단순히 반성만 하는 것이 아니라, 그것을 국론 분열이라는 손실을 막기 위한 목적으로 활성화하고 정치 개혁 형태에 결부시켰다.

이리하여 완성한 것이 역사상 널리 알려진 로마 특유의 '공화정', 즉 황제가 통치하는 제정으로 이행되기까지의 정치 체제이다.

그리스인 역사가 폴리비오스*는 켈트 족에게 침략을 받은 것이야말로 로마를 강대하게 만드는 첫걸음이었다고 기록했다. 그의 말처럼 로마는 굴욕적인 패배를 디딤돌 삼아 개혁을 이루어 냈고, 그 후로 착실하게 번영의 길을 걷기 시작한다.

흔히 정치 개혁이라는 한마디로 표현되는 것은 결코 간단히 이뤄낼 수 있는 것이 아니다. 현대를 살아가는 우리도 고대 로마의 경우와 다르지 않다. 개혁은 반드시 기득권자의 저항을 불러일으킨다. 또한 모든 사람이 찬성하는 개혁이란 어느 시대에도 있을 수 없다.

사실 켈트 족에게 습격당한 도시국가 로마가 신생국 로마를 이뤄내는 데는 20여 년의 세월이 걸렸다. 그 긴 세월 동안 로마는 결코 개혁의 의지를 상실하지 않았다. 그 결과 비로소 진정한 로마를 이루었다고 할 수 있다.

진정한 의미의 개혁이란 결코 간단하게 실현될 수 없는 것이며, 많은 시간과 노력을 요구한다. 그렇기 때문에 개혁에 가치를 부여할 수 있을 것이다. 흔히 많은 사람들은 그 노력을 꺼려 쇠퇴해 갔고, 그 노력을 아끼지 않은 소수의 사람만이 멋진 미래를 맞이할 수 있었다.

로마의 '커다란 혼미'

하지만 로마의 고난은 이것으로 끝나지 않았다. 혼란은 패배한 뒤에만 찾아오는 것이 아니라 승리한 뒤에도 찾아온다는 것을 보여 주는 것이 로마의 역사이다.

기원전 2세기에 로마는 건국 이래 최대의 위기를 맞는다. 이탈리아 반도와 좁은 바다를 사이에 두고 위치해 있는 시칠리아 섬을 북아프리카의 대국 카르타고가 지배하려고 노린 것이다. 이에 로마는 국가 방위 차원에서 카르타고와의 전쟁을 단행한다. 이것이 로마로서는 문자 그대로 사활이 걸린 포에니전쟁의 시작이다.

마치 챔피언과 도전자 사이의 사투처럼 진행된 이 전쟁의 전모는 《로마인 이야기》에서 제2권을 통째로 할애했을 만큼 흥미진진하게 전개된다. 완전히 챔피언과 도전자 사이에서 벌어진 사투였

✚ 세 번에 걸친 포에니전쟁에서 마침내 로마는 승리를 거두고 지중해의 패권을 차지한다.

다. 결과만을 말하면 세 번에 걸친 포에니전쟁에서 마침내 로마는 승리를 거두고 지중해의 패권을 차지한다. 그런데 문제는 정작 그 다음에 나타난다.

승리를 거듭하면서 급성장을 이룬 로마에 점차 혼미의 골이 깊어져 자칫하면 국론 분열을 일으킬 정도로 심각한 지경에 이른 것이다. 대체 승자인 로마가 왜 이러한 벽에 부딪쳤을까?

포에니전쟁 이후 급격하게 영토를 확대하여 지중해의 패자가 된 것까지는 좋았다. 하지만 거대해진 만큼의 덩치에 맞는 '체질 개선'이 뒤따르지 못한 나머지 급격한 경제 성장의 그늘 아래 다양한 모순들이 형성되었고, 그로 인해 정치적, 사회적으로 불안이 야기된 것이다.

그 결과 로마 내부에서는 끊임없이 정쟁이 일어났고, 그 희생자가 생겼다. 그것은 분명 국가 분열의 위기였다. 이 심각한 혼미에서 로마는 어떻게 벗어났을까?

그것은 천천히 이야기하기로 하고, 만약 이때 로마가 위기를 돌파할 수 없었다면 어떻게 되었을까?

그것은 말할 것도 없다. 경제적으로는 풍부하다 해도 국가의 내부가 혼란스러우면 금방 타국의 간섭을 불러들인다. 이것은 옛날이나 지금이나 별반 다르지 않다. 틀림없이 로마는 이전에 자신들이 멸망시킨 카르타고와 똑같은 운명에 처해졌을 것이다.

로마가 이 위기를 뛰어넘어 대제국으로 성장했다는 것을 후세의 우리는 알고 있다. 승자는 결코 처음부터 승자였던 것이 아니며, 수없이 많은 패배와 실패를 뛰어넘었기 때문에 그들은 싸워 이길 수가 있었다. 그래서 로마의 역사는 혼미한 시대의 우리에게도 많은 교훈과 삶의 힌트를 준다.

최상의 품격을 지닌 남자들

이제까지 나는 국가나 민족의 운명을 위압적인 태도로 말해 왔다. 그러나 역사를 읽는 재미란 그처럼 거국적인 면에만 있는 것도 아니고, 그것이 꼭 '도움이 되는' 것만도 아니다. 그리고 그런 것들만이 역사에서 취할 점이라고 말할 수도 없다. 로마의 역사를 자세히 들여다보면, 멋진 남자들이 차례차례 나타나 파란만장한 삶을 살다 간 이야기이기도 한 것을 알 수 있다.

독일의 역사가 몸젠*이 '로마가 낳은 최고의 창조적 천재' 라고 말한 율리우스 카이사르는 물론 그런 면에서 선두주자이다. 하지만 로마사는 카이사르만의 것이 아니다.

조금 전에 소개한 포에니전쟁에서 천재 한니발을 짓밟은 스키피오 아프리카누스, 그리고 포에니전쟁 이후 '혼미의 시대' 에 등장한 코르넬리우스 술라, 또한 카이사르 암살 뒤 초대 로마 황제가 된 아우구스투스……. 그들은 확실히 최상의 품격을 지닌 남자들이라고 할 만하다.

그리고 이들 외에도 독특한 인물, 파격적인 인간, 혹은 일은 제대로 하지 못했지만 사랑이 느껴지는 남자들이 로마사에는 무수하게 등장한다.

여기서 그 많은 남자들을 모두 여러분에게 소개한다는 것은 물론 불가능하다. 하지만 '역사는 인간'이라는 것을 로마사만큼 실감나게 전해 줄 수 있는 것도 없다. 역사란 역시 인간이 만드는 것. 그래서 재미있다.

그럼 서두는 이 정도로 끝내고, 이제 슬슬 로마사 본편의 막을 열어 나가겠다.

✤ **폴리비오스**_ 기원전 200년경~기원전 120년경. 그리스 출생의 그리스인. 포에니전쟁 시대 때 인질로 로마에 끌려갔다가 그것이 계기가 되어 신흥국 로마에 흥미를 가지게 된다. 로마의 무장 스키피오 아이밀리아누스와 친교를 맺고, 제3차 포에니전쟁에서 카르타고가 멸망하는 것을 현장에서 목격한다. 폴리비오스는 조국 그리스가 왜 혼미하고 로마는 왜 융성했는지에 대한 문제의식에서 《역사》를 저술했다. 이 《역사》는 로마사에 관한 본격적인 저작의 효시였다.

✤ **몸젠**_ 1817년~1903년. 19세기 독일을 대표하는 역사학자. 1854년부터 간행된 그의 《로마사》(전 5권. 그러나 제4권은 결국 쓰지 못했다)는 고대 로마, 특히 카이사르를 새롭게 조명한 것이었다. 당시 유럽에서 큰 반향을 불러일으켰으며, 1902년 노벨문학상을 수상했다. 본래 로마법 연구자로서 그 분야에서도 불후의 업적을 남겼다.

2장 로마는 이렇게 탄생했다

"여기를 넘으면 인간세계의 비참함. 넘지 않으면 이 몸이 파멸."

루비콘 강 하구에서 카이사르가 막료들에게 외쳤다는 이 한마디에는

당시 카이사르의 엄청난 고뇌가 담겨 있다.

그러나 카이사르는 자신이 처한 현실에서 눈을 돌리지도, 현실의 무게에 눌리지도 않았다.

그는 뒤돌아서서 제13군단 병사들을 향해 큰소리로 외쳤다.

"앞으로 나아가자. 신들이 기다리는 곳으로.

우리를 모욕한 적이 기다리는 곳으로. 주사위는 던져졌다!"

주사위는 던져졌다!

기원전 49년 1월 12일 이른 아침, 율리우스 카이사르는 오랜 세월 동안 로마 본국과 북이탈리아 속주의 국경을 이루어 온 루비콘 강가에 서 있었다.

국경을 이루는 강이라고는 하지만, 루비콘 강은 우리가 상상하는 것만큼 크지는 않다. 실제로 그곳에 가 본다면 "이게 루비콘……?" 하고 말문이 막힐 정도의 실개천에 지나지 않는다.

그러나 그 실개천 같은 강의 기슭에 선 카이사르도, 카이사르를 수행하는 제13군단 병사들도 입을 다문 채 한참 동안 몸을 움직이지 않았다. 루비콘 강은 폭이 좁아 쉽게 건널 수 있었으나, 카이사르 일행이 그 강을 건너는 데는 큰 용기가 필요했다.

왜냐하면 이 강을 건너 로마 본국 내에 접어드는 것은 '조국의 적이 되는 것'을 의미했기 때문이다. 당시 로마의 법률에는 무장한 군단이 부대를 이루어 본국 내에 접어드는 것을 엄격히 금지하고 있었다. 만약 그것을 어기고 행동으로 옮기면 쿠데타로 간주되었다.

따라서 이 강을 건너면 카이사르와 그 병사들은 토벌군의 추격을 당한다. 그것은 로마인끼리 서로 죽이는 내전의 시작을 의미했다. 그렇다고 카이사르는 루비콘 강에서 되돌아설 수도 없었다. 이미 로마공화정의 최고 권위 기관인 원로원이 '원로원 최종 권고'를 발표했기 때문이다.

오늘날의 '비상사태 선언'에 해당하는 이 포고에 따라 카이사르는 이미 원로원에게 쫓기는 몸이 되어 있었다.

아직 루비콘을 건너지 않았다고 해도 원로원에 붙잡히면 카이사르는 잘해야 국외 추방, 잘못하면 사형을 당할 운명이 기다리고 있었다. 만약 도망을 간다 해도 그 후의 생애는 유랑으로 보내야 한다.

"여기를 넘으면 인간세계의 비참함. 넘지 않으면 이 몸이 파멸."

루비콘 강 하구에서 카이사르가 막료들에게 외쳤다는 이 한마디에는 당시 카이사르의 엄청난 고뇌가 담겨 있다. 그러나 카이사르는 자신이 처한 현실에서 눈을 돌리지 않았을 뿐만 아니라, 결코 현실의 무

✚ 몸젠의 평가에 의하면, 카이사르야말로 로마 역사상 최고의 창조적 천재였다.

게에 눌리지도 않았다. 그는 뒤돌아서서 제13군단 병사들을 향해 큰 소리로 외쳤다.

"앞으로 나아가자. 신들이 기다리는 곳으로, 우리를 모욕한 적이 기다리는 곳으로. 주사위는 던져졌다!"

카이사르가 '창조적 천재'인 이유

비록 자신이 파멸한다 하여도, 혹은 로마인 간에 다투는 최악의 사태가 벌어진다 해도, 카이사르에게는 루비콘 강을 건너야만 하는 '이유'가 있었다.

그것은 바로 '공화정이 이대로 유지되어서는 안 된다. 변화하는 시대에 적응할 수 있는 목표를 세워 개혁을 단행해야 한다. 그렇지 않으면 머지않아 로마는 멸망한다.'는 위기의식이었다.

아직 로마가 융성해 보이지만 그것은 외관일 뿐, 내면에서는 이미 쇠퇴의 조짐은 보이기 시작했다. 이것을 방치해 둘 수 없다는 것이 카이사르의 인식이었다.

카이사르는 이미 로마 정치체제의 대담한 개혁을 구상하고 그것을 실행에 옮기고자 노력해 왔다. 하지만 항상 '공화정의 수호자'임을 자처해 온 원로원이 그 앞을 가로막아 왔다.

원로원은 카이사르를 '공화정의 파괴자'라고 비난하더니, 마침내 비장의 무기처럼 '최종 권고'를 발표하고, 그를 국가의 적으로 단정한 것이다.

상황이 이에 이르자 카이사르는 원로원과의 전면 대결을 각오한 것이다. 처음 그가 목표로 설정한 '체제 내 개혁'은 원로원의 강경한 저지로 더 이상 기대할 수 없었다. 그렇기 때문에 원로원에 정면 대응하여, 실력을 행사하여서라도 로마의 개혁을 실천할 수밖에 없다고 생각했다.

그 생각을 실행에 옮기는 것이 루비콘 강을 건너는 일이었다. 즉 카이사르와 원로원의 대립은 결코 차원 낮은 이해 다툼이 아니라, 로마의 국가 형태를 바꾸겠다는 의지의 표현이었고, 로마의 장래를 문제삼은 것이었다.

결과를 먼저 말하면, 카이사르는 원로원과의 대결에서 승리를 거둔다. 그리고 그 후 로마는 카이사르가 그렸던 개혁의 시나리오에 따라 재탄생한다.

그 후 생겨난 것이 황제가 통치하는 제정이었다. 로마제국에서 제정은 500년간 계속되었다는 엄연한 사실에 비춰 볼 때, 카이사르의 '도박'은 멋진 승리를 거두었다고 할 수 있다.

이미 언급되었지만, 독일의 역사가 몸젠은 카이사르를 평가하며 "그야말로 로마 역사상 최고의 창조적 천재였다."라고 했다.

'천재란 예술가나 학자에게 부여하는 칭호'라고 생각한다면 몸젠의 말에 위화감을 느낄 수도 있을 것이다. 그러나 후세에 남겨진 위대한 건축물을 만든 건축가가 천재라고 일컬어진다면, 500년이나 계속된 로마제국의 설계도를 그린 카이사르도 분명 천재라고 몸젠은 생각했을 것이다. 게다가 카이사르가 발명한 제국은 동서고금을 통틀어 그 예를 찾아볼 수 없는 것으로 분명히 '창조'라고 할 수 있다.

그런데 원래 카이사르가 로마의 공화정에서 문제라고 생각했던 부분은 어떤 것이었을까? 그리고 로마가 공화정에서 제정으로 옮길 수밖에 없었던 이유는 어디에 있었을까?

이 거대한 문제를 살펴보려면 먼 길을 돌아야 하지만 역시 원점으로 돌아올 수밖에 없다. 즉 로마의 공화정이란 원래 무엇이었을까? 그리고 로마라는 국가는 어떻게 수립되었을까? 이 역사를 파고 들어가면 비로소 그 대답이 나온다.

그런 점에서 우선 로마가 독자적인 공화정을 만들어낼 때까지의 간략한 역사를 한번 살펴보자.

건국 신화

현대의 우리가 보기에도 이탈리아 반도에 있는 도시 로마는 확실히

✚ 강물에 버려진 로물루스 형제를 구한 것은 한 마리 암컷 늑대였다. 형제는 늑대의 젖을 먹고 자란다.

절묘한 위치에 놓여 있다.

로마는 장화에 비유되는 홀쭉한 반도 한가운데에 위치해 있다. 게다가 기후도 온난하고, 지정학적 관점에서 봐도 로마는 이탈리아 전체의 수도로서 안성맞춤인 곳이다. 그렇게 보면 로마는 수도가 될 수밖에 없는 조건을 가지고 태어난 도시였다는 생각이 든다.

그러나 이러한 생각은 뒤늦게 주어진 지혜로, 기원전 8세기 이 땅에 터를 잡기 시작한 사람들에게는 로마의 지정학적 가치와 같은 것은 전혀 염두에 두어지지 않았을 것이다. 이렇게 말할 수 있는 것은, 그들이 이 지방에서 '생계를 잇기 어려운 사람'들의 집단이어서, 그곳을 벗어나 달리 정착할 땅도 경작할 토지도 찾을 수 없었기에 어쩔 수 없이 로마에 정착한 것으로 여겨지기 때문이다. 아무래도 이것이 진실에 가까울 것이다. 그러나 그렇게 초라한 조상의 모습을 그대로 드러낼 자손이 있을까. 그래서 로마인들 사이에 다음과 같은 건국 신화가 만들어졌고, 그것을 믿어 왔을 것이다.

도시국가 로마가 탄생한 것은 기원전 753년 4월 21일의 일이었다고 전해진다. 오늘날에도 로마에서는 이 날을 기념하여 다양한 이벤트로 채워진 성대한 축제가 벌어진다.

로마를 건국한 사람은 알바 롱가 왕족의 자손인 로물루스라는 젊은이였다. 로물루스는 이탈리아 중부의 도시국가인 '알바 롱가' 왕족의 자손이었다. 혈통을 추적해 가다 보면, 알바 롱가 왕가는 소아시아의 트로이, 그 유명한 서사시 《일리아스》에서 '오디세우스의 계략에 의해 망했다'고 전하는 트로이의 왕족에 이른다. 즉 로물루스는 유서 깊고 위대한 혈통의 소유자라는 것이다.

강에 흘려보낸 쌍둥이

그러나 로물루스의 탄생은 결코 축복받지 못했다.

로물루스의 어머니는 알바 롱가의 왕녀였지만, 그녀의 아버지로부터 왕위를 무력으로 빼앗은 숙부에 의해 베스타 신전의 무녀로 내몰렸다. 숙부로서는 그녀에게 아이가 태어난다는 것은 자신의 위치를 불안하게 만드는 일이었다. 그래서 그녀는 숙부에 의해 처녀인 채로 일생을 마치도록 운명지어졌다.

그런데 신에게 제사지내는 동안 강가에서 무심코 잠이 들어 버린 왕녀의 모습을 보고, 군사와 전쟁의 신인 마르스가 한눈에 반하고 만다. 하늘에서 내려온 마르스는 자고 있는 왕녀가 눈을 뜨기 전에 남녀의 연을 맺어 버렸다고 하니, 확실히 신의 조화이다.

이렇게 해서 왕녀는 로물루스와 레무스라는 쌍둥이를 낳는다. 물론 이 쌍둥이의 탄생 소식을 듣고 왕이 기뻐할 리가 없었다. 왕녀를 가두고, 쌍둥이 형제는 바구니에 담아 지금도 로마 시내를 흐르고 있는 테베레 강에 흘려보내 버린다. 알바 롱가는 테베레 강 상류에 있던 산간 지역의 도시국가였다.

강물에 버려진 쌍둥이를 구한 것은 한 마리 암컷 늑대였다. 어린 아이들의 울음소리를 들은 늑대가 쌍둥이를 강에서 건져 내어 젖을 먹였다고 한다. 늑대 젖을 먹는 갓난 쌍둥이 형제 상은 대부분의 역사 교과서에 실려 있어서 이야기를 알고 있는 사람이 많을 것이다.

그러나 짐승의 품에서 길러진 성장기를 가진 인물이면 《정글북》에 나오는 모글리 소년과 다를 바 없지 않은가. 왠지 그대로 로마의 건국으로 연결시키고 싶지는 않았으므로, 쌍둥이를 늑대에 이어 그곳에 사는 목동에 의해 길러진 것으로 하여 인간과의 접촉을 설정해 놓아야 했다.

이렇게 해서 로물루스와 레무스는 인간의 아이로서 성장하고, 마침내 목동들의 우두머리가 된다. 그리고 주변 라이벌과의 항쟁을 통해 로물루스와 레무스 형제는 세력권을 키워 나간다. 그런 과정에서 그들은 자신들의 출생에 관한 비밀을 알게 된다. 그들 형제가 어머니와 자신들의 운명에 관계한 알바 롱가의 왕에 대해 복수를 맹세했음은 말할 것도 없다.

목동들로 이루어진 부하를 거느리고 형제는 알바 롱가로 쳐들어가 자신들을 추방한 왕을 죽여 복수한다. 하지만 어머니는 이미 옥사한 뒤였다.

그들은 알바 롱가를 정복했으나 그 땅에 살지는 않았다. 산간 지역에 위치하고 있는 알바 롱가는 발전의 여지가 없어 보인 데다 그들의 '기반'은 어디까지나 테베레 강 하류 유역이었기 때문이다.

그래서 그들 형제는 이 테베레 강을 따라 내려가는 그 일대에 새로운 도시를 건설하기로 하는데, 이 도시가 곧 훗날의 로마이다. 그런데 이즈음에 이르러 형제 사이가 험악해졌다. 누가 새로운 도시의 왕이 될 것인지를 놓고 두 사람의 대립이 시작된 것이다.

분할 통치 형태를 하기로 합의한 후 일단 대립이 중단되는 듯했으나 그것도 잠깐이었다. 레무스가 경계선을 침해하면서 분쟁은 다시 시작되었다. 결국 로물루스는 레무스를 죽여 버리고 왕의 자리에 오른다. 새로운 도시는 로물루스의 이름에 따라 '로마'라 하게 되었다.……라는 것이 로마 건국 신화의 개요이다.

로물루스의 '삼권분립'

이러한 건국 신화는 재미있을지 모르겠으나 결코 진실되지도 별로
새롭지도 않은 이야기이다. 왕족의 혈통을 이어받은 귀인이 영웅으
로 활약하여 국가를 세운다는 이야기는 동서양을 막론하고 수두룩
하다.

그러나 로마신화의 경우, 이제부터의 이야기가 아주 독특하다. 작
가의 모든 특징은 처녀작에 나타나는 것처럼, 로마의 특징 또한 건
국에서 이미 나타나 있다.

앞에서 말했듯이 로마는 로물루스라는 청년에 의해 기원전 753년
에 건국되었다. 그런데 로물루스는 왕이 되어서도 권력을 독점하려
들지 않고 국정을 왕, 원로원, 시민회의 세 기관에 의해 운영되도록
하는 제도를 만들었다. 로마의 왕은 시민 전체가 참가하는 시민회의
투표에 의해 결정되었다. 왕은 종신제였지만 다른 나라와 달리 왕의
자손이나 혈족이 자동적으로 왕위승계를 하지 않고 로마 시민의 동
의를 필요로 했다.

뿐만 아니라 시민회는 왕의 정책을 승인해 주는 권능을 가지고 있
었다. 그러나 오늘날의 의회처럼 독자적으로 법을 만들 수 있는 입
법권은 없었다. 그 대신 왕이 새로운 정책을 행하려면 반드시 시민
회에 찬반을 물어야 했고, 전쟁을 시작하고 끝내는 때에도 시민회의
승인을 필요했다.

이처럼 왕의 권리는 상당히 제한되어 있었지만, 그러한 왕의 정책에 조언을 해 주기 위한 기관으로서 창설된 것이 원로원이었다.

공화정 시대에 접어들면 원로원은 '로마 그 자체'라고 할 만큼 권위와 권력을 획득한다. 하지만 당시 왕정 시대의 원로원은 단순한 조언 기관에 지나지 않았다.

100명의 장로들은 원로원 의원이라는 칭호를 부여받아, 유력자로서 왕에게 조언을 하는 역할만 했다. 어쨌든 충고해 주는 사람들이 있고 그들이 공적으로 임명되었다면 왕이라 해도 함부로 하지 못하는 효과는 있었을 것이다.

만약 이들이 단지 왕의 '신하'였다면, 왕은 귀 아프게 충언하는 그들을 없애 버릴 수도 있었을 것이지만, 원로원 의원이라는 공적인 지위에 있어 그렇게까지 할 수는 없었을 것이다.

현대 민주정치 체제는 국가권력을 사법, 입법, 행정의 삼권으로 나누어, 상호 견제함으로써 권력의 폭주를 막으려는 삼권분립의 메커니즘을 채용하고 있다. 물론 로마 제도는 현대식 민주주의에 완전히 부합하는 것은 아니지만 국가 권력을 셋으로 분할했다는 점은 유사하다.

로마는 왜 '빈 땅'이었을까

그런데 왜 로마는 왕, 원로원, 시민회라는 독특한 삼권분립 시스템을 채용했을까. 그것은 로마가 건국되었을 당시의 사정과 깊은 관계가 있다.

당시 로물루스와 더불어 3,000명의 라틴인이 로마 건국에 참여했다. 라틴인이란 라틴어를 사용하는 사람을 의미하는 것으로, 당시 이탈리아 반도에서 라틴인들은 결코 큰 세력을 갖지 못했다.

북이탈리아 지방에는 에트루리아인*들이 정착해 있고, 남이탈리아 연안 지방에는 그리스에서 건너온 사람들이 상업 도시를 건설하여 살고 있었다.

에트루리아인이나 그리스인은 농사와 목축생활을 하던 라틴인에 비하여 문명 수준이 높았으며 경제나 군사적으로도 훨씬 뛰어났다. 그런데도 에트루리아인이나 그리스인은 중부 이탈리아로 세력을 넓히는 일에 관심을 기울이지 않았다. 이 지방을 정복해도 실제적인 이익이 없다고 생각했던 것 같다.

그들 중에서 소수파적인 라틴인들만이 로마 건설에 참여하였는데, 사실 3,000명의 건국자들은 라틴인 중에서도 '배제당한 사람들'의 집단이었다.

어떤 이유로 출신 부족에서 살 수 없게 되었거나 혹은 내쫓긴 무리들이 로마를 만들지 않았을까. 게다가 이 3,000명 대부분이 독신 남자들이었으리라 추정된다.

그렇게 추정할 수 있는 이유는 다음과 같다. 그처럼 거칠고 사나운 집단이 정착할 땅으로 발견한 곳, 즉 로마를 건설한 땅이 겨우 '빈 땅'으로 방치되어 있던 곳이었다. 뭔가 허술한 얘기 같지만 사실이다.

그것을 뒷받침해 주는 근거는, 오늘날의 고고학적 발굴에서도 로마 건국 이전에 그 곳에서 도시를 이루었던 흔적을 발견하지 못했다는 것이다.

만약 로마가 인간이 살기에 적합한 땅이었다면 그 이전에 꽤 대규모로 취락이 이루어졌을 것이다. 하지만 그런 형태와 흔적은 발견되지 않고 있다. 허술한 무덤이나 사람이 살았던 자취 정도는 남아 있지만 도시를 이루었을 정도는 아니었다.

그렇다면 로물루스 일행이 올 때까지 로마에는 왜 도시가 생기지 않았을까. 그 이유 중 하나는 지형에 있다고 생각한다.

초기 로마의 위치는 대략적으로 말하면 일곱 개의 언덕과 그 골짜기에 해당되는 저지대로 구성되어 있었다. 근처에 테베레 강이 흐르고 있어 언덕과 언덕 사이의 저지대는 습지였다. 하지만 간척을 하고 치수만 잘하면 살아갈 수 있었으므로 습지 자체는 별로 큰 문제는 아니었다.

문제는 일곱 개의 언덕이었다. 도시가 만들어지는 데 언덕이 있다는 것은 결코 나쁜 요소가 아니다. 오르내리기는 불편하지만, 외적의 방어를 생각한다면 언덕 위에 사는 것은 이점으로 작용한다.

실제 에트루리아 민족은 기꺼이 높은 언덕 위에 도시를 건설했다. 이탈리아 중부의 아름다운 도시로 잘 알려져 있는 페루자, 고딕 양식의 대성당이 유명한 오르비에토 등은 에트루리아가 생겨난 도시인데 대부분 고립된 고지대에 만들어졌다.

이에 비해 로마의 언덕은 낮고 서로 근접해 있다. 그렇게 되면, 비록 한 언덕에서 적을 막고 있다 해도 다른 언덕이 점령당하면 거기서 공격을 당해 손을 들 수밖에 없다. 로물루스 일행이 자리 잡고 살기 전까지 로마에 도시가 이루어지지 않았던 것은 그런 이유 때문이었다고 생각한다.

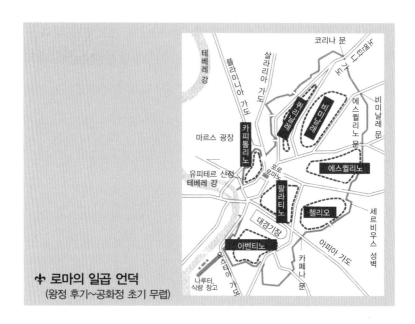

✤ 로마의 일곱 언덕
(왕정 후기~공화정 초기 무렵)

혈기 왕성한 젊은이 집단

이러한 상황을 알게 되면 로물루스가 로마의 정치체제를 왕, 원로원, 로마 시민 전원으로 구성된 시민회의 세 주역으로 정해야만 했던 사정이 어슴푸레하게 보이기 시작할 것이다.

분명히 초대 왕에 올라도 될 만큼 로물루스는 지혜나 역량이 뛰어났으며, 군중에게도 인기 있는 인물이었다. 하지만 우두머리인 로물루스의 명령만으로 부하를 자유자재로 움직일 수 있는 것은 아니었다. 더구나 이 3,000명의 상당수는 홀몸인 데다 혈기왕성한 무리였다.

이들이 혈연으로 뭉쳐진 부족이라면, 역시 족장의 권위로 복종시킬 수도 있겠지만, 그들은 여러 갈래의 세대들이 모여 이루어진 집단이었기 때문에 로물루스에게는 그럴 만한 권위가 없었다.

그래서 로물루스는 그들 '로마 시민'에게도 발언권을 주고, 그들 중 유력자인 장로들에게 원로원 의원 지위를 주기로 생각한 것이 아닐까? 그리고 로물루스 자신이 로마의 왕이 될 수 있었던 것도 이 3,000명의 시민이 떠받들어 준 덕택임을 실감하고 있었을 것이다. 따라서 로마 왕정은 언뜻 보면 아주 독특한 것 같지만 실제로는 아주 현실적인 선택의 결과였다. 로마의 당시 상황으로 미루어 볼 때 이러한 형태를 갖추게 된 것은 극히 자연스러운 결과였다. 장래의 발전을 꾀하기 위해서도 로마 시민들의 협력이 절대적으로 필요했기 때문이다.

'사비니 족 여인들 강탈'

　　그런데 나는 바로 앞에서 '건국 당시 로마에는 거칠고 사나운 독신 남성들이 다수였지 않았을까' 하고 추측했다. 그 이유는 로물루스와

✛ 사비니 족 여인 강탈 사건은 푸생 등의 화가들이 그림 소재로 택했을 만큼 유명한 사건이다. 푸생의 〈사비니 여인들 강탈〉(왼쪽)과 다비드의 〈사비니 여인들의 중재〉(오른쪽).

동지들 3,000명이 로마를 건국하고 최초로 실시한 '사업'과 깊은 관계가 있다. 로마 땅에 눌러앉은 로물루스 일행이 처음으로 한 일은 이웃한 지역의 사비니 족을 축제에 초대하는 것이었다.

당시 라틴 지방에는 축제가 열리는 동안은 전쟁을 하지 않는다는 규칙이 정해져 있었으므로, 사비니 족들은 어떠한 경계도 하지 않고 초대에 응해 새로 건설된 로마에 일족을 거느리고 방문한다.

축제 분위기가 고조되고 사비니 족들이 방심하고 있을 때 사건이 일어났다. 로물루스가 내린 명령에 따라 로마의 젊은이들이 사비니 족 여인들을 강제로 덮쳐 끌고 간 것이다.

이 전대미문의 '폭거'를 맞아 사비니 족 남자들은 아내와 노인, 아이들을 보호하면서 자신들의 취락지로 돌아갈 수밖에 없었다. 그러나 사비니 족도 가만히 있지 않았다. 사비니 족 남자들은 여인들의 반환을 강하게 요구했다.

그러자 로물루스는 "사비니 여인들을 로마 남자들의 아내로 삼겠다."고 알렸다. 이어서 그는 약탈한 여인 중 한 명과 서둘러 결혼해 버린다. 말하자면 축제는 처음부터 신부 조달을 위해 독신 남성들이 세운 계략이었던 것이다.

로마인들 입장에서 보면, 드디어 정착할 곳을 얻었으니 그 다음에는 가정을 이루고 자손의 번성을 도모해야 했다. 하지만 그런 말도 안 되는 구실에 사비니 족이 납득할 리가 없었다. 결국 사비니 족은 로마를 향해 선전포고를 한다.

로마와 사비니의 전쟁은 모두 네 차례에 걸쳐 벌어졌는데, 대부분 로마의 우세로 진행되었다. 그대로 가다가는 로마인들이 사비니 족을 멸망시켜 버릴 수도 있었다.

그 같은 상황에서 '돌발사건' 이 생긴다. 네 번째 싸움이 한창일 때, 잡혀간 사비니의 여인들이 갑자기 나타나 양 진영을 향해 "제발 전쟁을 멈추세요!"라고 간절히 애원하고 나선 것이다.

강탈당한 신부라고는 하지만 그녀들에게 로마 남자들은 남편이다. 또한 로마인들도 그녀들에게 아내로서의 대우를 결코 소홀히 하지 않았다. 같이 사는 동안 그녀들에게서도 애정이 솟았을 것이다. 그래서 그녀들은 남편과 친형제가 서로 죽고 죽이는 것을 그냥 보고만 있을 수가 없었을 것이다.

생각지도 않은 중재역의 등장에 로물루스도 사비니 족의 왕도 '화평을 맺는 것이 상책' 이라 생각하고 전쟁을 종결한다.

놀랄 만한 화평 제안

서양의 결혼식에서는 신랑이 신부를 껴안고 신접살림할 집의 문턱을 넘는 관습이 있는데, 이것은 사실 '사비니 족 여인의 강탈' 에서 로물루스가 약탈한 신부를 껴안은 것에서 유래되어, 로마인들에 의해 계속 이어져 온 것이라고 전해진다.

이 강탈 사건은 나중에 푸생이나 루벤스, 다비드 같은 화가들이 그림 소재로 택했을 만큼 유명하다. 이 사건이 남긴 영향은 그뿐만이 아니었다.

로물루스는 화평 성립에 맞춰 사비니 족에게 "두 부족을 하나로 합치자."고 제안한다.

통상적인 화평이라면 서로의 세력권이나 권익을 확인하는 것이지만, 전쟁에서 줄곧 우세했던 로마는 거기에 그치지 않고 사비니 족에게 "로마에 이주해서 같이 살지 않겠는가?"라고 제안한 것이다.

로마와의 전투에서 줄곧 열세에 몰렸던 사비니 족은 로마와 대등한 합병이라면 잃는 것보다 얻는 것이 더 많다고 생각했을 것이다. 그들이 로마의 제안을 기뻐하며 수락했음은 말할 것도 없다.

로물루스는 대체 왜 이 같은 제안을 했을까? 가장 큰 이유는 건국 초기 로마의 인구 부족에 있었을 것이다.

로마로서 인구가 증가한다는 것은 그만큼의 병력 증가를 의미하는 것이었다. 건국 당시 로마에게 병사 확보는 급선무였다. 사비니 족 여자들을 가로챘던 것도 그 때문이었다. 그러나 아이를 낳아 자손이 번성하는 일은 당장 이루어질 수 없으므로 로물루스는 사비니 족 모두를 자신들 편으로 끌어들이기로 한 것이다.

'제국의 원점'은 여기에 있다

이리하여 사비니 족은 로마로 옮겨 와 살게 된다.

로물루스는 로마의 일곱 개 언덕 중 한 곳인 퀴리날리스를 그들의 거주지로서 내주었을 뿐 아니라, 사비니 왕인 티투스와 왕위까지 나누기로 한다. 즉 두 왕의 공동 통치였다.

로물루스는 사비니 족에게 로마인과 똑같은 권리를 갖는 로마 시민권도 주었다. 즉 사비니 족도 시민회의 투표권을 갖게 된 것이다. 로물루스는 또한 사비니 족의 유력자에게는 원로원 의석도 주었다.

언뜻 보면 진수성찬 같은 이 대등 합병은 로물루스의 입장에서 보면 건국 초기 힘의 약화를 커버하기 위한 어쩔 수 없는 방책이었지만, 결과적으로 대성공이었다.

사비니 족 이후로도 로마는 자신들과 전투를 치른 상대를 계속해서 로마 국민으로 편입시켜 나가는 노선을 취하였기 때문이다. 그리고 이러한 독특한 정책 덕분에 생긴 지 얼마 안 된 로마는 세력을 확장해 나갈 수 있게 된다.

그로부터 약 800년 후, 그리스 역사가 플루타르코스는 처음에 '신부 강탈'을 계기로 시작된 로마인 특유의 동화정책을 다음과 같이 평가한다. '패자마저도 자신들에게 동화시킨다'는 이 방식만큼 로마를 강하게 만들고 영토를 확장시키는 데 기여한 것은 없다.

여기서 그가 말한 '로마'란 로물루스 시대의 작은 도시국가가 아니다. 1세기에 태어난 이 역사가가 본 것은 지중해 세계에서 패자가 된 로마제국이었다. 즉 로물루스가 고육지책으로 시작한 '패자도 동화시킨다'는 생존 방식은 후에 거대 로마제국을 만들어 내는 원점이 되었던 것이다. 로마인이 로물루스 이후로 그 전통을 어떻게 계승했으며, 그것을 시대에 따라 어떻게 적용해 나갔는지를 여러분은 이제부터 목격하게 될 것이다.

로마군은 왜 강했을까

이야기는 건국 당시로 되돌아간다.

37년에 걸친 로물루스의 치세가 끝난 후에도 '패자도 동화시킨다' 는 로마의 발전은 계속된다.

　여기서는 상세히 역사적인 사실을 따라가지 않겠다. 제3대 왕 툴루스 호스틸리우스는 라틴인의 발상지, 로마인에게는 조상의 땅이기도 한 알바 롱가 정복에 성공한다.

　이것으로 로마는 '라틴인의 본가' 라는 지위를 획득한 셈인데, 이때도 그들은 알바 롱가의 주민을 로마에 이주시키고 그들에게 시민권이나 원로원의 의석을 개방했다. 다른 부족이라면 정복한 백성을 죽여야 할지, 노예로 삼을지를 고민하지만 로마인은 그런 방식을 택하지 않았다. 알바 롱가의 왕은 처형했으나 그 백성은 같은 시민으로 맞아들였다.

　이때 알바 롱가에서 이주해 와 원로원의 의석을 받은 유력 가문 중에 '율리우스 가' 가 있었다. 이 율리우스 가의 자손 중 한 사람이 바로 율리우스 카이사르이다. 카이사르 역시 '동화된 패자' 출신이었다.

　이처럼 초대 로물루스부터 제6대 왕 세르비우스 툴리우스까지 로마는 이웃 부족과의 전쟁을 통해 세력권을 확장해 갔다. 그러나 그 길이 결코 평탄하지만은 않았다.

　한마디로 왕정 시대 로마는 전쟁의 연속이었다. 신참인 로마가 살아남기 위해 전쟁은 피할 수가 없었다. 그리고 계속되는 전쟁 속에서도 로마가 순조롭게 거듭 승리해 나갈 수 있었던 것은 독특한 정치 체제에 있었다.

　형식상 왕정이었으면서도 그 왕은 시민회에서 선출하였다. 즉 로마 시민의 의식 속에 로마는 '왕의 나라' 가 아니라 '우리 자신이 곧 국가' 였다. 그렇기 때문에 그들 로마인들은 계속되는 전쟁조차 참고 견딜 수 있었으며, 전의도 상실하지 않았다. 그들에게 전쟁이란 자신들의 공동체를 지키는 것인 동시에 내일의 번영을 성취하기 위한 것도 되었기 때문이다.

군대란 결국 그 나라 국민의 심정을 반영한 것이라고 할 수 있다. 어떤 나라도 그 수준을 넘는 군대를 가질 수는 없다. 이것이 현실이다. 시민으로서의 자각을 가진 병사들이 조직적으로 싸우는 로마군에게, 그런 자각이 없는 다른 부족이 패하는 것은 당연한 귀결이라고 할 수 있다.

'직접세'였던 병역의 의무

로마인들은 그들의 역사에 용병, 즉 돈을 주고 외국인 병사를 고용하는 일은 없었다.

로마의 정치체제는 왕정, 공화정, 제정으로 옮겨 가지만 자국의 방위는 타인에게 맡기지 않고 자신들이 직접 맡아야 된다는 것이 그

✚ 로마는 국가 방위를 시민 자신이 직접 병역으로 치렀다. 다시 말해 국방비를 금전이나 물건 대신 자신의 몸으로 지불한 것이다.

들의 일관된 생각이었다. 왕정 시대 때도 로마에서는 힘 있는 귀족이든 그렇지 않은 평민이든 병역을 치러야만 비로소 한 사람의 시민이 된다고 생각했다.

로마 시민에게는 누구나 시민회의 투표권이 주어졌는데, 시민에게 그 투표권은 '권리'였다. 그러나 권리는 반드시 '의무'를 수반하는데, 그 의무란 공동체의 방위에 참여하는 것이라고 생각했다. '권리'와 '의무'에 대한 이러한 사고방식은 고대의 도시국가형(폴리스) 나라에서 공통되는 것으로, 결코 로마만의 독창적인 것은 아니다. 그리스의 아테네에서도 같은 모습이었다.

그러나 좀 더 깊이 들어가 보면, 병역은 시민에게 부과된 '직접세'였다.

세금이란 무엇일까? 현대의 세제는 복잡하고 기묘하다고들 하지만, 요약하자면 세금은 국가를 유지하고 운영해 나가는 데 필요한 경비를 국민이 부담하는 것이다. 그리고 그 중에서도 절대로 빠뜨릴 수 없는 것이 국가 방위에 드는 비용이다.

로마는 국가 방위를 시민 자신이 직접 병역으로 치렀다. 그러니까 국방비를 금전이나 물건 대신 자신의 몸으로 지불하는 것이다.

실제 로마에서는 제정 시대에도 지금의 우리가 소득세를 지불하는 것과 같은 형태의 직접세란 없었다. 라틴어에서 말하는 '혈세', 즉 병역으로 충분히 세금을 지불했다고 여겼기 때문이다.

'병역이 곧 세금이라면, 가난한 사람에게나 부자에게나 똑같이 과세하게 된다. 오히려 불평등한 게 아닌가?'라고 생각하는 독자가 있을지도 모른다. 그러나 그런 걱정을 할 필요가 없다.

제6대 왕 세르비우스가 정한 군제를 예로 들면, 시민을 자산의 정도에 따라 여섯 단계로 분류했다. 자산이 많을수록 군무의 부담도 커졌다. 그래서 더 많은 수의 병사를 제공하게 되어 있었다. 더욱이 제1계급과 제2계급의 사람들은 중장비 보병이나 기병으로서 참가해야 했다.

당시는 중장비 보병이 사용하는 고가의 장비나 무기를 자기 부담으로 직접 준비해야 했기 때문에 경제적 부담이 적지 않았다. 기병의 경우, 말도 자기 부담으로 준비해야 했으므로 비용이 만만치 않았다.

그에 비해 경장 보병으로서 군에 복무하는 평민일 경우는 몽둥이와 투석기 등, 장난감이 아닌 병기라고는 하지만 요컨대 놀이기구를 해도 될 정도의 군장 구비를 하는 것이어서 부담이 가벼웠다. 또한 재산이 없어 하루하루 근근이 살아가는 생활자이거나 집을 비우고 출정하는 것조차도 힘든 '프롤레타리'(재산이 전혀 없는 시민. 후대에 무산계급을 가리키면서 사용된 프롤레타리아의 어원)는 예비역이 되기도 했지만, 사실상 병역을 면제받는 것이다.

로마의 병제는 이처럼 '국가 방위는 시민의 의무'라는 이념과 로마의 현실이 잘 조합되어 있었다. 그래서 로마의 군대는 주변 여러 부족과의 전투에서 연전연승을 거둘 수 있었다.

왕들의 프로필

로물루스로부터 시작된 왕정 로마는 금세 중부 이탈리아에서 두각을 나타내기 시작했지만, 영토 확장 못지않게 중요한 국내의 내정은 어땠을까?

이 점에서도 로마는 아주 독특했다고 할 수 있다. 이미 말했듯이 로물루스는 시민회에 의해 왕을 선출하는 시스템을 만들어 놓았다. 이 독자적인 체제를 로마 시민들은 잘 활용해 '적재적소'라고도 할 만큼 왕을 제대로 뽑았다.

역대 왕의 치세를 정리해 보면 그것 또한 무척 흥미롭다. 제2대 누마 왕부터 제6대 세르비우스 왕까지 왕들의 프로필을 간단히 소개한다. 이것만으로도 로마의 독특함을 알 수 있다.

제2대 누마 폼필리우스
로물루스가 죽고 난 뒤 재발한 라틴인과 사비니인의 내부 항쟁을 해소시키기 위해 외부에서 '스카우트' 되었다.

로마로 이주하지 않은 사비니 족 가운데 한 사람이었다. 그의 높은 덕과 깊은 교양은 이미 정평이 나 있었고 신망도 두터웠다. 즉위 후에는 국내의 질서를 바로잡는 일에 중점을 둔 정책을 펼쳤다. 국가 세력을 확대하는 방향으로 일관하다 마친 로물루스의 후임으로서 아주 적절한 인물이었다.

제3대 툴루스 호스틸리우스
로물루스와 같은 라틴계 로마인. 그래서인지 로마는 다시 확대 노선으로 바뀐다. 앞에서 소개했듯이 '라틴인의 본가' 알바 롱가를 정복하고 알바 인을 로마에 동화시킨 인물.

제4대 앙쿠스 마르키우스

로마에 귀화한 사비니 족 출신. 테베레 강 건너편 기슭에 요새를 구축한다. 또한 테베레 하구 마을 오스티아를 정복해 그곳을 로마의 외항으로 삼는다.

이때까지는 왕좌를 라틴, 사비니, 라틴, 사비니가 번갈아 가며 맡았다. 말하자면 '주고받으며 교대로 맡은 인사'라고도 볼 수 있는데, 제5대째가 되면 전혀 새롭게 전개된다.

제5대 타르퀴니우스 프리스쿠스

타르퀴니우스는 실제 로마 시민은 아니고 그리스인과 에트루리아인을 부모로 둔 혼혈아였다. 스스로 운명을 개척해 나가고자 로마로 이주하여 공증인으로서 성공한다. 그리고 스스로 입후보하여 왕이 된다.

왕이 된 뒤에는 적극적인 공공 공사를 실시하여 로마의 사회기반시설을 정비함으로써 시민들로부터 폭넓은 지지를 받았다.

제6대 세르비우스 툴리우스

선왕 타르퀴니우스가 특별히 재능을 아껴 등용한 에트루리아인. 태생이 확실하지 않고 노예의 아이라고도 알려져 있다.

선왕이 암살당하자 시민회의 의결까지 가지 않고 원로원의 의결만으로 취임한다. 군제(세제)를 정비했을 뿐 아니라 로마군의 전법도 확립했다. 치세 34년(기원전 578~기원전 545) 동안 로마군은 연전연승했다.

오만왕 타르퀴니우스

초대 왕 로물루스에서부터 6대째 세르비우스까지의 업적을 보면 로마 시민들은 왕의 선택에서 꽤 지혜로웠다는 것을 알 수 있다. 게다가 5대째의 타르퀴니우스, 6대째의 세르비우스에서 알 수 있듯이, 로마인은 결코 혈통이나 태생 등을 따지지 않았다. 세르비우스의 경우는 태생도 확실하지 않은 에트루리아의 고아였다.

아직 소년기에 지나지 않는 로마가 살아남기 위해서 로마인들은 민족 감정 같은 것은 일단 접어 두고 어디까지나 능력주의로 관철시킬 수밖에 없다고 생각했을 것이다. 그래서 현실적인 선택이 이루어졌고, 또한 선출된 왕들도 그 기대에 부응했다. 하지만 어떠한 제도라도 제도 그 자체의 '수명'이 있다. 처음에는 잘 운용되던 시스템도 시대가 바뀌면 폐해들이 고개를 드는 것이다.

로마 왕정도 예외가 아니었다. 로물루스가 생각해 낸 왕과 원로원과 시민회라는 로마식의 삼권분립은 젊은 로마를 발전시키는 중추 역할을 하였다. 그 결과 로마의 위세가 확대되고 국내 경제도 안정되었다. 그러자 사정이 바뀌기 시작한다.

아무리 국권을 셋으로 나누었다고 해도 왕정인 이상, 로마의 통치권은 역시 왕에게 있었다. 그 왕이 권력을 남용하고자 한다면, 왕위가 종신제이기 때문에 그것을 저지할 방법이 없었다. '시민에게서 선택된 왕'이라는 자각이 없는 왕이 나타나서 왕이 가진 권력을 남용하면 어떻게 될까? 그 실례가 7대째의 '오만왕 타르퀴니우스'에서 이미 나타나기 시작한다.

피로 물든 즉위극

'오만왕 타르퀴니우스'는 그 이름에서 알 수 있듯이, 제5대 왕 타르퀴니우스 프리스쿠스의 아들(루키우스 타르퀴니우스 수페르부스)이다. 그런데 로마 시민에게 자신의 신념과 정견을 호소하여 당당히 당선된 아버지와는 완전히 달랐다. 그는 '왕을 살해'하고 왕좌를 차지했다. 시민회의 의결이나 원로원의 승인을 받지 않았음은 말할 것도 없다. 그렇지만 왕을 살해한 실행범은 그 자신이 아니었다. 세르비우스의 숨통을 끊은 사람은 바로 왕의 친딸 툴리아였다.

일의 발단은 세르비우스가 자신의 두 딸을 선왕 타르퀴니우스의 아들들과 결혼시키려고 마음을 정하면서부터 시작되었다. 세르비우스에게 있어서 타르퀴니우스는 에트루리아의 고아인 자신을 거두어 준 은인이었기에 그 은혜에 보답하려는 심정도 있었을 것이다. 그런데 이 결혼은 생각지도 못한 화를 불러일으켰다.

세르비우스에게는 성격이 강한 툴리아라는 딸과, 툴리아와는 달리 얌전한 성품의 딸이 있었다. 한편 타르퀴니우스 가에는 역시 성격이 강하고 야심가인 아들 타르퀴니우스와 성격이 온화한 또 한 명의 아들이 있었다.

세르비우스는 일부러 성격이 다른 사람끼리 결혼을 시켰다. 결혼에 의해 서로의 단점을 보완할 수 있으리라고 생각했을 것이다. 그러나 그러한 부모의 마음은 통하지 않았다. 툴리아는 자신의 남편이 패기가 없다고 싫어했다.

결국 자신과 비슷한 성격의 시동생 타르퀴니우스를 유혹했으며,

얼마 후에 온화한 성격의 두 사람이 수수께끼 같은 죽음을 맞고 툴리아와 타르퀴니우스가 재혼한다.

이 두 사람의 결혼에 대해 왕 세르비우스는 아무 말도 하지 않았다. 사랑하는 딸의 죽음에 충격을 받았을 것이다. 그런데 서로 닮은 이 부부 사이에 주도권을 잡은 쪽은 아내 툴리아였다. 툴리아는 남편 타르퀴니우스를 부추겨 왕위에 대한 야망에 불을 붙인다.

이미 세르비우스의 통치는 40년을 넘겨, 그도 늙어 있었다. 하지만 로마의 왕위는 세습이 아니다. 시민회의 선거를 거치지 않고서는 왕이 될 수 없을뿐더러 선거에 출마한다 해도 당선된다는 보장도 없다. 가능하다면 실력으로 왕위에 올라 자신을 왕비로 만들어 달라고 그녀는 남편을 조른다.

원래 야심가이던 타르퀴니우스는 자신의 후원자들을 거느리고 원로원 앞에 나가 왕을 탄핵하는 연설을 한다.

"태생도 확실하지 않은 사람을 왕으로 섬긴다는 것은 로마의 수치가 아닌가?"라고 외친 것이다. 그의 친아버지 타르퀴니우스 프리스쿠스도 순수 로마인이 아니었다. 그 사실은 제쳐 놓은 탄핵 연설이었다.

그 자리에 왕 세르비우스가 달려왔다. 그러나 세르비우스가 행동을 취할 틈도 주지 않고 타르퀴니우스는 왕을 원로원의 계단 위에서 밀어뜨려 버린다.

그러나 왕은 바로 죽지 않았다. 다쳐서 고통스러워하며 왕궁으로 돌아가는 세르비우스의 숨통을 끊은 것은 바로 친딸 툴리아였다. 왕은 그녀가 모는 마차에 치여 죽었다고 전해진다.

스캔들은 왜 일어날까

이처럼 쿠데타로 왕좌를 차지한 타르퀴니우스는 반대파 원로원 의원들을 다 없애 버린다. 그 후로는 원로원의 승인을 요구하지도, 시민회의 찬반을 묻지도 않고 정치를 한다.

이쯤 되면 로물루스가 정해 놓은 제도는 완전히 붕괴된 것이나 마찬가지이다. 그런데 이 전제군주는 군사적인 면에서만은 특별한 재능이 있었다. 그래서 로마 시민들은 뒤에서는 '오만왕 타르퀴니우스'라고 비난하면서도, 앞에서는 아무 말도 못했다. 그러나 25년에 이른 그의 통치도 후기에 가까워지면서 서서히 그늘이 드리워지기 시작한다. 그 계기가 된 것은 에트루리아 민족의 쇠퇴였다.

'오만왕 타르퀴니우스'는 에트루리아 혈통을 이어받았으며, 로마에서 그를 왕으로 받들어 준 사람들도 에트루리아계 시민이었다.

로마가 발전하면서 로마에는 장사나 기술이 뛰어난 에트루리아계 시민들이 유입해 왔고, 로마의 신흥계급이 되어 급속하게 힘을 가지게 된 그들은 자신들에게 이익을 줄 것으로 기대하고 타르퀴니우스를 왕좌에 앉히는 데 힘을 실어 주었다.

왕위에 오른 타르퀴니우스도 에트루리아계 시민을 우대해 주었으며, 에트루리아 본국과의 외교 관계도 강화해 나갔다. 그런 탓에 "로마는 에트루리아인의 것이 돼 버렸다."고 한탄하는 시민들도 많았다. 그런데 에트루리아가 정확히 그 즈음부터 쇠퇴의 조짐을 보이기 시작한다.

에트루리아 민족은 북이탈리아에서 급속히 세력을 늘려 왔지만 쇠퇴 또한 빨랐다. 에트루리아의 쇠퇴는 타르퀴니우스에게는 후원자들의 요동이 시작되었다는 것을 의미했다.

어떤 세상에서든 그 인물의 영향력이 강할 때는 스캔들이 쏟아지지 않는다. 하지만 조금이라도 힘이 약해지면, 마치 노리고 있었다는 듯 곧바로 터진다. 현대에도 정부나 대기업의 우두머리가 실적을 올리고, 그것이 숫자로 나타나고 있을 동안에는 아무도 괴문서를 뿌리거나 스캔들을 터뜨리지 않는다. 그러나 인기가 떨어지고 실적이 조금이라도 나빠지면 갑자기 돌변하는 것과 같은 이치이다.

타르퀴니우스의 경우 그 스캔들의 불씨가 된 것은 친아들이었다.

왕의 추방

사건은 타르퀴니우스의 외아들 섹스투스가 친족 콜라티누스의 아내 루크레티아를 연모하는 데서 시작되었다. 거기서부터 왕의 추방극은 막을 연다.

섹스투스는 루크레티아의 남편 콜라티누스가 없는 틈을 노리고 그녀를 찾아간다. 친족이기도 한 그를 루크레티아와 가족은 환대하고 집에 묵게 해 준다. 그런데 섹스투스는 야음을 틈타 그녀의 침실에 숨어 들어간다.

섹스투스는 강제로 뜻은 이루었지만, 그의 어리석은 행동에 루크레티아는 가슴에 상처를 입는다. 그런 그녀를 뒤로 하고 섹스투스는 서둘러 돌아가 버린다. 목적만 달성하면 나머지는 상관없다는 태도였으니, 무분별에도 정도가 있을진대 너무나도 감수성이 부족한 남자였음이 분명하다.

혼자 남겨진 루크레티아는 그가 돌아가자마자 하인을 시켜 전쟁터에 나가 있는 남편에게 급히 편지를 보낸다. 변고를 알아차리고 달려온 일행은 남편 콜라티누스와 그녀의 아버지 루크레티우스, 그리고 남편의 친구인 브루투스, 아버지의 친구 발레리우스 네 사람이었다.

그들 네 사람 앞에서 루크레티아는 단검으로 자신의 가슴을 찔러 자살하며, 숨이 끊어지기 직전에 "부디 제 원수를 갚아 주세요."라고 남자들에게 간청한다. 남자들이 그러겠다고 맹세했음은 말할 것도 없다.

루크레티아의 장례가 끝나자마자 곧바로 움직이기 시작한 사람은 브루투스였다. 브루투스는 소집한 시민들 앞에서 이 만행을 폭로한다. 그리고 섹스투스의 아버지가 선왕을 암살하고 왕위를 빼앗은 인물이라는 것을 청중들에게 상기시키면서, 왕과 왕의 일족을 로마에서 추방하자고 제안한다.

그때까지 강력한 힘 앞에서 왕에 대한 불만을 억누르고 있던 시민들도 브루투스의 연설을 듣고 분노를 폭발하였다. 브루투스는 이를 위해 시민병을 결집하자는 호소도 덧붙여 시민들의 동의를 얻어냈다.

일의 갑작스러운 전개를 전쟁터에서 알게 된 타르퀴니우스

✝ 루크레티아의 죽음은 로마 역사의 큰 전환점을 불러왔다.

왕은 즉시 수하의 부하들을 거느리고 로마로 향했다. 하지만 로마 시민들은 그에게 성문을 열어 주지 않았다. 자신이 추방되었다는 것을 알게 된 왕은 에트루리아로 달아난다. 아버지인 왕을 자신의 손으로 죽인 툴리아는 이미 로마에서 도망치고 없었다. 그녀는 무사했으나, 원래 이 사태의 원인을 만든 외아들 섹스투스는 도망치다가 죽임을 당한다. 이전에 그가 모독했던 사람에 의해 살해당했다고 전해진다.

소년기의 마지막

기원전 509년, 브루투스에 의한 타르퀴니우스 추방극으로 로마의 역사는 큰 전환점을 맞는다. 이 사건을 계기로 244년 동안 7대까지 이어진 왕정은 끝이 나고 공화정 시대가 시작된다.

추방된 타르퀴니우스는 전체적인 업적으로 보면 결코 나쁜 왕으로만 단정할 수는 없다.

정치는 어디까지나 결과로 평가된다. 동기가 아무리 선의로 가득 찼다 해도 그 결과가 국가나 시민에게 불리하게 나와 있으면 그것은 악정이다. 반대로 동기는 불순해도 결과가 좋으면 선정이라고 판단할 수밖에 없다. 이것이 공인과 개인을 평가하는 기준의 차이이다.

타르퀴니우스는 그가 이끈 전쟁에서 반드시 승리했다. 그것이 물론 로마에 이익을 가져온 것도 사실이다. 그러나 어떤 일에도 물때가 있다. 로마의 왕정도 썰물 때에 접어들고 있었을 것이다. 왕 한 사람에게 모든 것을 맡기기에는 로마가 너무 커진 것이다.

현대인의 시각으로 보면 처음부터 '구시대적', '반동적'이라고 단죄하기 쉬운 것이 왕정이지만, 왕정을 악으로 치부할 수만은 없다.

국가가 신생되어 작을 때는 왕이 중앙집권적으로 통치하는 것이 기동성도 있고 효율도 높다. 탄생되어 얼마 지나지 않은 국가는 무엇보다도 생존이 최우선 사항이어서, 사람들이 서로 논의나 하고 앉아 있을 여유가 없다.

되돌아보면 7대까지 이어진 로마의 왕들은 놀랄 만큼 '적재적소'였다고 생각한다. 그만큼 로물루스가 정한 제도가 훌륭했던 것이다. 게다가 각각의 왕들이 모두 오래 통치했다. 자신의 생각을 실행에 옮기고 그 성과를 볼 수 있는 시간적 여유가 있으면, 잘못된 점도 고쳐 나갈 수 있고 방향 전환도 할 수 있다. 또한 대를 잇는 왕들도 선왕의 실적을 근거로 새로운 정책을 실행할 수가 있다. 이 점에서 당시의 로마는 행복했다.

그렇지만 신생 국가가 성장하여 규모가 커지면 계속해서 왕의 결단에만 맡겨 놓을 수가 없다. 시스템의 변화 없이 주변 환경만 바뀐다면 옛날과 다르지 않은 그 시스템에 의해 오히려 폐해가 초래될 것이다.

건국 당시에 작았던 로마도 '오만왕 타르퀴니우스' 시대에 이르러 상당한 규모로 되어 있었다. 시민의 숫자가 늘어나면 초기와 같은 굳건함이나 단결도 어려워지고 이해가 상반되는 세력이 나오게 마련이다. 그런 탓에 그것을 조정하기 위한 기관이 필요하다. 왕 혼자서 일체를 결정하는 것에 대해서는 아무리 추종 세력에 의한 지지가 있다 하여도, 더 이상 그것만으로 충분하지 않게 되었다.

타르퀴니우스의 '지지 모체'가 에트루리아계 시민들이라는 점에 다른 시민들이 불만을 갖고 있다고 앞에서 거론했다. 그런데 이러한 불만은 타르퀴니우스 아닌 다른 누가 왕이 되었어도 틀림없이 분출되었을 것이다.

결국 로마 왕정이 쓰러진 것은 '오만왕 타르퀴니우스' 개인의 문제라기보다는 로마에서 왕을 선출하는 시대가 이미 끝났기 때문이라고 보아야 한다.

작은 도시국가에서 펼쳐 나가던 로물루스 시대는 이제 옛날 얘기가 되어 가고, 로마는 새로운 시대를 맞이하는 중이었다. 인간의 일생에 비한다면 젊고 꿈에 넘치는 소년기는 마지막을 고했으며, 이제 미혹은 많아도 체력에서는 지지 않는 청년기를 로마는 맞이하게 된 것이다.

---

* **에트루리아인**_ 에트루리아인의 기원은 아직까지 수수께끼로 여겨지고 있지만, 일찍부터 철기의 제조법을 알고 있었으며, 이탈리아 반도에 그들이 정착한 것도 반도 중부에 있는 광산이 목적이었으리라 생각되고 있다. 고대 에트루리아인에게는 12개의 도시국가가 있었지만, 뛰어나게 힘을 가진 국가는 없었으므로 에트루리아 전체가 함께 행동하는 경우는 없었다. 이것이 나중에 에트루리아가 쇠망하는 치명상이 되었다.

3장 공화정은 하루아침에 이루어지지 않았다

로마의 원로원 의원들은 진정한 의미에서 '귀족 정신'의 소유자였다.

'노블레스 오블리주'는 '엘리트로서의 책무'라는 의미를 지니는데,

로마의 엘리트들은 문자 그대로 이 노블레스 오블리주의 견본과 같은 사람들이었다.

'바보' 의 혁명

기원전 509년 오만왕 타르퀴니우스를 추방하고 왕정을 폐지한 중심
인물은 브루투스였다.

　브루투스의 어머니는 타르퀴니우스의 여동생이므로, 즉 왕과 왕을
추방한 브루투스와는 외삼촌과 조카 사이였다. 왕가에 연결된 인물
이 왕을 추방한다는 것은 얼핏 기이해 보일는지 모른다. 하지만 권력
을 가까이에서 보면 오히려 잘못된 부분이 제대로 보일 수가 있다.

　브루투스란 원래 별명인데 '바보' 라는 뜻이었다. 말하자면 왕정
시대 때 브루투스는 주위에서 '바보' 라고 멸시당하던 남자였다. 그
러다가 어느새 브루투스는 통성이 되었다. 하지만 그는 바보가 아니
있다. 자신이 놓인 상황을 잘 알아차렸고, 참아야 할 때는 참아 내는
판단력을 가지고 있었다. 또한 유사시에는 과감하게 행동에 옮기는

실행력도 있었다. 그리고 오랫동안 권력 가까이에서 왕정의 실태를 냉철하게 관찰하면서 '로마에 왕정은 더 이상 적합하지 않다.'고 간파하고 있었다.

개혁자는 간혹 체제 내에서 주목받던 인물일 경우도 있다. 그러한 점에서 본다면 개혁, 보수라는 분류는 결코 간단하지 않은 일이다.

이보다 460년 뒤에 카이사르를 암살하는 사람도 마르쿠스 브루투스라는 이름의 인물이다. 이 두 브루투스 사이에는 혈연관계도 없었다.

그러나 공화정 창시자와 같은 가문의 이름을 가졌다는 이유로 카이사르를 죽인 마르쿠스 브루투스가 '내게는 공화정을 지켜야 할 운명이 주어져 있다.'고 생각했다 해도 전혀 이상하지 않다. 인간이란 올바른 것인지 아닌지는 별개로 하고, 자신의 뜻을 내세울 대의명분이 없으면 결코 큰일을 저지를 수 없기 때문이다.

왕에서 집정관으로

왕을 추방하는 일에 성공한 브루투스는 로마 시민을 모아 놓고, "앞으로 로마는 어떤 인물도 왕위에 오르는 것이 허용되지 않을 것이고, 어떤 인물도 로마 시민의 자유를 침해할 수 없다."고 맹세하게 하였다. 그렇지만 권력자를 추방해 버리는 것으로 모든 것이 잘돼 나가는 것도 아니다. 19세기의 경제학자 빌프레도 파레토가 지적한 것처럼 "인간은 온갖 통치 형태를 생각해 냈지만 지배계급이 존재하지 않는 통치 형태만은 생각해 내지 못했기" 때문이다.

계급 없는 사회를 목표로 한 사회주의 혁명의 결말은 거론할 필요도 없다. 어느 사회에도 지도자는 필요불가결하다. 지도자가 존재하지 않고 구성원 모두가 평등하다면 결국 아무도 책임을 지지 않는 무책임한 사회가 돼 버리기 때문이다.

따라서 로마도 추방한 왕을 대신할 수 있는 지도자를 세울 필요가 있었다. 그렇지 않으면 로마 시민의 자유를 지킨다는 것은 공허한 구호나 슬로건으로 전락할 것이다. 그래서 브루투스는 '집정관'이라는 최고 지도자의 지위를 생각하였다.

집정관은 왕과 다름없이 시민회에서 선출되어 로마의 내정에서 최고 권력을 행사하며, 유사시에는 지휘관으로서 군대를 통솔한다. 그렇지만 백악관에 앉아서 '전쟁 지휘'를 하는 미국 대통령과는 다르다. 로마에서는 실제로 최전선에 나가 지휘를 맡는 것이 보통이었다. 따라서 공화정의 집정관은 총리 겸 합동참모회의 의장 겸 야전군 사령관을 합친 관직이었다.

이처럼 큰 권력과 무거운 책임을 주는 한편, 브루투스는 집정관이 장래에 왕이 되지 못하도록 제어 장치를 설치하였다.

그 제한이란 '집정관은 반드시 시민회에 의해 두 명을 선출하며,

✚ 로마 귀족 계급의 엘리트 계층 가운데 중요한 인재는 빠짐없이 원로원에 모였다. 즉 로마의 원로원은 '인재의 총집합체'였다.

그 임기는 1년으로 한다.' 는 것이었다. 재선은 가능하지만 반드시 매년 선거 세례를 받게 되면 왕처럼 군림할 수는 없다는 의미였다. 게다가 브루투스는 집정관을 2인제로 만들어 더욱 강력한 보험을 걸어 놓았다.

두 명의 집정관에게는 상하 관계가 없고 각각 거부권이 주어져 있었다. 즉 한쪽 집정관이 어떤 일을 결정해도 다른 한쪽이 그것에 찬성하지 않으면 정책으로서 실행할 수가 없었다. 이 정도라면 집정관이 독단으로 로마의 정치를 움직일 수 있는 위험을 상당 부분 억지할 수 있다.

이렇게 해서 태어난 새로운 관직인 집정관의 초대 취임자는 브루투스와 자살한 루크레티아의 남편 콜라티누스였다.

공화정의 열쇠를 쥔 원로원

브루투스는 최고 지도자의 권력을 가능한 한 제한하기 위해 집정관 제도를 고안해 냈다. 물론 임기 1년에 2인 병립제라는 시스템에는 큰 약점도 있었으며, 그 자신도 그것을 알고 있었다.

가장 큰 문제는 불과 1년뿐인 임기로는 장기적인 정책 입안과 그 실시를 기대할 수 없다는 것이다.

집정관보다 조금 더 임기가 긴 미국 대통령조차 다음 선거 준비에 정신이 없다는데, 불과 1년으로는 안정된 정책을 바랄 수도 없다. 자연히 선거를 염두에 두고 인기를 얻으려는 행동 정치에 매달리게 될 것이다. 그래서 브루투스가 생각한 것이 원로원의 기능 강화였다.

로물루스가 창립한 원로원은 당초 정원 100명으로 시작했다. 그
후 제5대 왕 타르퀴니우스에 의해 정원이 배증되었는데, 브루투스
는 이것을 300명으로 늘린다. 새로운 의원으로는 로마의 신흥 세력
에 속하는 유력 가문의 가장이 선출되었다.

그렇다면 왜 원로원을 확대, 강화하는 것이 공화정의 안정으로 이
어진다고 생각했을까? 그 이유 중 하나는 원로원이 가진 특성에 있다.

로마의 원로원 의원들은 현대의 국회의원과는 달리 임기가 종신
제였다. 즉 원로원 의원들은 선거 세례를 받을 필요도 없고 따라서
인기몰이에 분주할 필요도 없었다. 또한 오랜 세월 국정에 관여하기
때문에 로마가 안고 있는 문제점을 잘 파악할 수 있다.

원로원은 왕정 시대부터 '의견 제시' 적인 기능을 갖고 있었다. 그
런데 이러한 원로원의 '무게'를 증대시켜 정치의 안정성을 확보하
겠다는 것이 브루투스의 목적이었다.

오늘날의 시각으로 보면 원로원의 정원을 증가하는 것이 오히려
비효율적이라고 생각할 수도 있겠으나, 로마에 한정해서 말하면 정
원의 대폭 증가에는 의미가 있었다. 왜냐하면 300명으로 늘어난 원
로원은 당대 사회의 유력자를 거의 망라했기 때문이다. 원로원 의원
의 지위는 세습이 아니다. 가문도 중요했지만 식견, 역량, 행동력,
덕망 등도 심사 대상이었다.

따라서 로마 귀족 계급의 엘리트 계층 가운데 중요한 인재는 빠짐
없이 원로원에 모였다고 할 수 있었다. 즉 로마의 원로원은 '인재의
총집합체'였다. 또한 집정관 후보는 원로원 의원 중에서 출마하는
것이 통례였고, 다음 차례 집정관을 추천하는 일도 원로원 내의 '여

론'이 결정했다.

만일 원로원 밖에서 입후보자가 나올 경우에도 원로원은 유력한 대항 후보를 내서 상대를 낙선으로 몰고 갈 수도 있었다. 또한 1년간의 임기를 마친 집정관은 다시 원로원이라는 '옛 보금자리'로 돌아가기 때문에 맞대 놓고 원로원과 자주 부딪칠 염려도 없었다.

제도적으로는 시민회에서 선출한다고 하지만 집정관이 되려면 원로원의 지지가 없이는 불가능했다. 그것은 임기 중에도 원로원과 좋은 관계를 유지하는 것이 유리한 방책이라는 것을 의미한다. 하물며 재선을 바란다면 더 말할 나위도 없다. 그래서 원로원을 강화하고 확대하는 것은 집정관의 독단과 폭주를 막는 길이 되었다. 게다가 원로원이라는 유력한 후원 세력을 갖고 있으니 집정관의 권위에도 훨씬 관록이 붙는다. 그래서 일석이조라는 것이 브루투스의 '전략'이었다.

이러한 로마의 원로원은 공화정이 시작되고서부터 카이사르가 루비콘 강을 건널 때까지 추정하여 약 450년에 걸쳐 기능을 완수했다.

노블레스 오블리주

로마의 원로원은 어떻게 수백 년에 걸쳐 그 역할을 완수할 수 있었을까? 가장 큰 이유는 역시 한번 원로원 의원이 되면 선거 세례를 받지 않고도 계속할 수 있었던 것이다.

선거 없이 종신으로 의석이 보증된다고 하면 현대인은 '특권 계급'이라는 말을 연상할 것이고, 그런 사람들이 사익보다 국익을 중시할 리가 없다고 생각하기 쉽다. 하지만 그렇게 단정해서는 안 된다.

선거가 없으면 현대의 국회의원들처럼 자신의 지역구에 이익을 유도하거나 시궁창 같은 선거판에서 전력투구할 필요가 없다. 하물며 선거 자금 긁어모으는 데 급급하지 않아도 된다. 그런 의미에서 현대의 국회의원보다 로마 시대의 원로원 의원 쪽이 정치가로서의 정신과 시간 사용법에서 훨씬 자유로웠다.

또 하나, 현대의 국회의원과 결정적으로 다른 점은 로마 원로원 의원들은 진정한 의미에서 '귀족 정신'의 소유자였다. '노블레스 오블리주'는 '엘리트로서의 책무'라는 의미를 지니는데, 로마의 엘리트들은 문자 그대로 이 노블레스 오블리주의 견본과 같았다.

로마인들은 공화정으로 이행한 후에도 지속되는 전쟁 수행을 한다는 점에서는 생활의 변화가 없었다. 그때 전쟁터에 맨 먼저 달려나가고 최전선에서 지휘를 맡은 사람들은 다름 아닌 그들이었다. 그들은 원로원 의원으로서 로마의 장래와 관련된 정책을 논의하고, 또한 군사를 인솔하여 로마를 지키는 일도 자신들의 책무라고 생각했다. 그것에 조금도 의혹을 품지 않았다.

이러한 노블레스 오블리주의 정신은 로마가 제정으로 이행해 감에 따라 서서히 약해지기는 했지만 원로원이 오랫동안 그 기능을 수행해 온 결과 중추가 된 것만은 확실하다.

"아버지들이여, 신참자들이여"

그런데 로마에 전쟁 위기가 닥칠 경우 최전선에서 지휘를 맡는 로마

엘리트들의 책무감은 또 다른 파생 효과를 원로원에게 안겨 주었다.

로마의 원로원 의원들은 유사시에 로마군단의 선두에 서서 싸우는 일이 많았던 만큼 전사자 또한 적지 않았다. 공화정 로마는 거의 매년 전쟁을 치르다 보니 전사자가 속출했다. 그러다 보니 원로원 의원 구성원이 수시로 바뀌었고, 그 결과 동맥경화가 발생할 위험성이 낮아졌다. 그래서 브루투스에 의한 공화정 이행 이후 원로원 연설에 앞서 '파트레스 콘스크립티!' 라고 외치는 것이 관습으로 되었다. 이 말은 직역하면 '(건국의) 아버지들이여, 새로 들어온 사람들이여!' 라는 뜻이다.

왕정 시대 원로원은 건국에 종사한 로마의 아버지들인 유력자와 그 자손들로 구성되어 있었다. 그래서 첫 말은 '파트레스' 였고 그 다음은 원로원의 정원 확대로 들어온 '새로 들어온 사람들(신참자)'을 덧붙이게 된 것이다.

왕정 시대 의원과 추가된 신참 의원을 구별하는 이러한 호칭은 그야말로 구습의 폐단처럼 보일지도 모르겠지만, 사실은 그 반대의 효과가 있지 않았을까 하는 생각도 든다.

연설할 때 반드시 '신참자들이여' 라는 호칭을 덧붙이면, 그것을 듣고 있는 사람들은 '원로원의 문호는 개방되어 있다.' 는 이미지를 갖게 되기 때문이다. 말이 가지는 힘이란 이처럼 크다.

사실 그 후의 역사를 보면, 원로원은 항상 '콘스크립티', 즉 신참 의원들을 받아들이고 수용해 나갔다.

종신제와 조직의 신진대사가 함께하는 것이 얼핏 모순되어 보이는 두 요소를 겸비하였기 때문에 원로원은 수세기에 걸쳐 기능을 발휘해 나갈 수 있었을 것이다.

젊은이들은 왜 '저항 세력'이 되었을까

지금까지 살펴보았듯이, 브루투스의 개혁은 단지 로물루스가 정한 '왕, 원로원, 시민회'라는 삼극 체제에서 왕을 집정관으로 교체한 것만이 아니었다.

로마의 정치체제는 왕의 통치 체제를 바꿨다. 그리고 원로원을 중심으로 한 소수의 엘리트 집단지도 체제로 질적 전환을 한 것이다. 이 같은 정치 형태를 '과두정치 체제'라고도 한다.

정치, 군사의 최고 권력이 집정관에게 집중되어 있다는 점만을 보면 로마의 정치체제는 집정관이 통치하는 것처럼 보일 수도 있다. 혹은 시민회에서 집정관을 선택한다는 점만을 보면 민주 정제와 혼돈할 수도 있다. 그러나 로마의 공화정은 단 한 사람이 정치를 독점하는 독재 체제도 아니고 시민의 총의에 근거한 민주정제도 아니다.

로마에서 정치의 실권은 원로원이라는 소수의 엘리트 집단이 잡았다. 그러므로 '과두 정체'라고 하는 것이 가장 적격이다. 하지만 이처럼 정치 형태를 바꾼다고 해서 모든 문제가 마법처럼 정리되는 것은 아니다. 개혁은 그리 간단하지 않다. 왜냐하면 모든 개혁에는 그것을 저지하려는 저항 세력이 나오게 마련이기 때문이다. 개혁자 브루투스에게 그것은 전혀 생각지 못한 형태로 나타난다.

혁명이 일어나면 어디서나 예전의 '구체제'를 그리워하며 왕정복고를 목표로 한 운동이 일어난다. 그런데 로마의 경우는 그것이 기득권을 가진 노인들이 아니라 젊은이들 속에서 일어났다.

원로원에 의한 과두 체제의 확립은 로마의 유력 가문 출신 젊은이들에게 일종의 박탈감을 안겨 줬다. 젊고 야심찬 청년들이 원로원에 들어갈 차례를 가만히 앉아서만 기다리는 것은 견딜 수 없는 일이었다.

왕정 시대라면 경험이나 실적이 별로 없는 젊은이라도 왕의 눈에 들면 발탁될 수도 있었다. 그러나 공화정이 되고 나서는 전혀 그럴 기회가 주어지지 않는다. 이렇게 생각한 젊은이들은 추방당한 타르퀴니우스를 귀환시켜 왕정복고를 해야겠다고 생각한다.

이러한 음모에 가담하여 혈서로 연판장에 서명까지 한 젊은이들 속에 자신의 아들이 둘이나 끼어 있으리라고 과연 브루투스는 상상이나 했을까? 하지만 그것은 사실이었다. 즉시 소집된 시민회에서 이 젊은이들에 대한 재판이 이루어졌다. 민중은 집정관 브루투스의 복잡한 심정을 헤아려 그의 아들들을 국외 추방형에 처하자고 제안한다.

국가 반역죄는 사형이다. 그러나 아버지가 자식들의 사형을 집행하는 것은 너무 가혹하다고 민중들은 생각했다.

그러나 이에 대해 브루투스는 집정관이 아니고 가장으로서 행동하기로 한다. 로마의 가장에게는 자식의 생살여탈권까지 포함된 강력한 권한이 있었다. 만약 가족 중에서 가문의 이름을 더럽힌 행위를 저질렀을 경우에는 법과 관계없이 사형을 선고할 수가 있었다. 브루투스는 이 가장권을 행사했다.

그는 피고석에 선 두 아들에게 세 차례 계속 죄의 유무를 물었다. 그들은 고개를 숙이고 아무 대답도 하지 않았다. 그것을 보고 브루투스는 사형 집행을 선고했다. 그 자리에서 바로 형이 집행되었다. 두 아들은 옷이 벗겨지고 채찍질을 당한 다음, 도끼로 목이 잘렸다.

"브루투스는 그 잔혹한 광경을 표정도 바꾸지 않고 끝까지 지켜보고 나서 자리를 떴다."고 사서는 전한다.

전쟁의 연속

브루투스가 자신의 아들에게 사형을 선고했던 것은 단순히 가문의 이름을 욕되게 했다는 분노 때문이 아니었다.

젊은이들의 왕정복고 계획은 '아이들의 불장난' 정도일 수도 있다. 하지만 아무리 작은 불씨라도 확실하게 꺼 놓아야 할 만큼 로마 공화정은 아직 불안정했다. 그래서 브루투스는 그 반란 무리에 대해 단호하게 대처해야만 한다고 생각했을 것이다.

브루투스의 이 예감은 적중했다. 로마에서 추방당한 선왕 타르퀴니우스가 왕위 탈환을 위해 움직이기 시작한 것이다.

그는 젊은이들의 왕정복고 계획이 실패로 끝난 것을 알고, 이제 남은 것은 실력 행사의 길밖에 없다고 생각, 그것을 실행에 옮기기 시작했다.

타르퀴니우스에게는 승산이 있었다. 그는 에트루리아의 혈통을 이어받았는데, 에트루리아 사람들은 급성장한 로마의 존재를 전부터 꺼림칙하게 여기고 있었다. 그러한 에트루리아인들이 타르퀴니우스에게 전쟁 원조를 해 주겠다고 약속하였기 때문이다.

타르퀴니우스는 왕으로는 부적합할지라도 장군으로는 이미 탁월

한 재능을 인정받은 상태였다. 그러므로 에트루리아의 도시국가들 가운데 그에게 협력하겠다는 나라들이 나오는 것은 너무나 당연한 일이었다.

이미 쇠퇴기에 들어섰다고는 해도 에트루리아는 아직도 이탈리아 북부에 큰 세력을 형성하고 있었다. 국력도 로마와는 비교가 되지 않을 정도였다. 로마 시민들의 눈에 에트루리아인들은 모두 국왕으로 보일 정도였다. 이것을 보면 당시 로마와 에트루리아의 국력 차이를 짐작할 수 있다.

더욱 불리한 것은 이 타르퀴니우스와 에트루리아의 불온한 움직임을 지켜보더니, 그때까지 로마와 동맹 관계에 있던 주변 부족들까지 움직이기 시작한 것이다. 말하자면 '불난 집에서 도둑질' 하기를 하겠다는 것이다. 그 결과, 공화정을 수립한 이후 로마는 거의 매년 전쟁을 치러야만 했다.

여기에 대해서는 《로마인 이야기》 제1권에 상세하게 썼다. 그렇게 계속 이어지는 전쟁으로 로마가 지불한 희생은 결코 적지 않았다.

브루투스는 에트루리아 군과의 첫 전쟁에서 타르퀴니우스 왕의

✤ 무키우스의 암살 시도가 있은 뒤 에트루리아 쪽에서 화평 제의가 온다. 포르센나로서도 로마 시민이 일치단결하여 왕정복고를 거부하는 상황에서 타르퀴니우스를 위해 전쟁을 계속해도 얻을 게 없다고 판단한 것이다.

장남과 결투하여 상대를 찔러 죽이고 자신도 상대의 칼에 죽는다. 다시 습격해 온 에트루리아 군은 로마를 완전히 포위했다. 그로 인해 로마에는 밀 한 톨 들어올 수가 없었다. 그러나 존망의 위기에 직면하자 로마인들은 모두 일치단결했다. 로마는 에트루리아 군에게 승리를 거둘 수는 없었지만 항복하지는 않았다.

왼손잡이 무키우스

두 번째 에트루리아 군의 습격에서 그 유명한 '왼손잡이 무키우스'의 에피소드가 생겨났다.

정공법으로는 더 이상 압도적인 에트루리아의 포위망을 무너뜨리기 어려웠다. 이렇게 된 바에는 적의 왕을 죽일 수밖에 없다고 가이우스 무키우스라는 청년은 생각했다.

그는 에트루리아 군을 인솔하는 키우시의 왕 포르센나를 죽일 계획으로 혼자서 적진에 숨어 들어간다. 그러나 그 시도는 허망하게 실패로 끝나고 무키우스는 적에게 붙잡힌다.

꽁꽁 묶인 무키우스는 왕 앞에 끌려 나갔다. 그런데도 그는 당당하게 가슴을 펴고 왕에게 외쳤다.

"나는 로마 시민이다. 이름은 가이우스 무키우스라고 한다. 적의 왕을 죽이려다 뜻을 이루지는 못했지만 나는 이제 죽을 각오가 되어 있다. 운명을 감수하는 것은 로마인의 특성이다.

로마의 젊은이들은 당신을 향해 끝없이 투쟁할 것이다. 전쟁의 결과란 정해져 있지 않다. 내가 죽으면 내 뒤를 이어 다른 젊은이가 나설 것이다. 그 젊은이도 실패하면 또 다른 사람이 나설 것이다. 우리의 전쟁은 당신하고만 계속된다. 당신도 각오하는 게 좋을 것이다."

격노한 포르센나는 고문을 해서라도 배후 관계를 캐려 했지만 무키우스는 더욱더 큰소리로 외쳤다.

"겁쟁이나 자신의 몸을 아낀다!"

이렇게 외친 젊은이는 타오르는 횃불을 왼손으로 움켜쥐고 그것을 자신의 오른손에 대고 눌렀다. 살 타는 냄새로 숨을 쉬기 어려웠다. 포르센나는 무키우스에게 말했다.

"이제 됐다. 너는 내게 주는 것보다 훨씬 큰 고통을 너 자신에게 주었다. 너의 그 담대함을 칭송하지 않을 수 없다. 내 백성 중에도 너 같은 젊은이가 있다면 얼마나 좋을까? 너를 아무 조건 없이 놓아 주겠다. 자, 어서 가거라."

가이우스 무키우스는 그 후로 '왼손잡이 무키우스'라는 별명을 얻게 된다. 불에 타서 문드러진 오른손을 더 이상 사용할 수 없었기 때문이다.

《로마인 이야기》 1에서

이 일이 있은 뒤 에트루리아 쪽에서 화평 제의가 온다. 포르센나로서도 로마 시민이 일치단결하여 왕정복고를 거부하는 상황에서 타르퀴니우스를 위해 전쟁을 계속해도 얻을 게 없다고 판단한 것이다. 게다가 에트루리아의 장군조차 놀랄 만큼 로마인의 애국심과 전의는 높았다.

그 후로도 타르퀴니우스는 몇 번이나 로마로 쳐들어왔지만 로마는 굽히지 않았다. 결국 그의 야망은 무너졌다.

공화정의 약점

이렇게 해서 아슬아슬하긴 하지만 로마는 어떻게든 공화정을 지켜
낼 수 있었다. 주위가 전부 적으로 둘러싸인 상황에서 그들이 살아
남을 수 있었던 것은 무엇보다도 로마 시민에게 '공화정을 지키겠
다'는 의식이 충만해 있었기 때문이었다.

로마인들은 힘든 상황에서도 위에서 아래까지 일치단결하여 결코
굽히지 않고, 결국 승리를 거둘 수 없었지만 패하지는 않았다.

그런데 간신히 전쟁 극복에 성공하자 일치단결된 힘은 붕괴되고,
이번에는 귀족과 평민간의 계급 대립이 표면화되기 시작했다.

물론 이것은 로마에만 한정된 이야기는 아닐 것이다. 그러나 로마
의 경우 이러한 대립이 그 후 100년간에 걸쳐 계속되었으니, 어떤 의
미에서는 전쟁보다 훨씬 더 심각한 위기였다고 할 수 있다.

왕정 시대의 로마에서 귀족과 평민 간의 대립은 별로 문제되지 않
았는데, 왜 공화정 시대에 들어 대립이 격화되었을까? 가장 큰 이
유는 바로 공화정의 구조에 있었다.

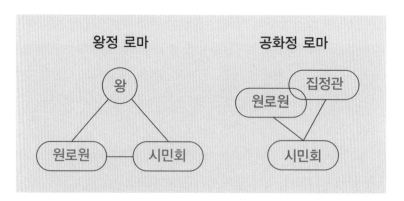

이미 말했듯이 로마의 왕정은 로물루스가 정한 '왕, 원로원, 시민회'의 삼극 구조로 되어 있었다. 시민회에서 선출된 왕이 원로원의 도움을 받아 통치하는 이 시스템에서는 귀족과 평민의 대립은 별로 심각하지 않았다.

왕정에서는 원로원 의원이 귀족 중에서 뽑혔다. 이 원로원은 단지 왕에게 조언과 권고만 하는 기관이라 권위는 있어도 권력은 없었다. 게다가 왕의 재위 기간이 길어지면서 원로원에 의지하지 않는 경향도 있었다.

이에 비해 로마 시민권을 가진 사람이라면 누구라도 참가할 수 있는 시민회가 왕이 발표하는 정책이나 전쟁을 승인할 권리를 가지고 있기 때문에 왕에게도 중요한 기관이었다. 따라서 상대적으로 귀족의 권력이 제한받게 되어 평민이 귀족에게 불만을 품는 경우도 적었다. 그런데 이 같은 구도가 공화정에 의해 크게 바뀐다.

앞에서 말한 것처럼 브루투스에 의해 원로원은 왕정 시대와는 전혀 다르게 중요한 지위를 갖게 되었다. 원로원이 '인재의 총집합체'가 되면서 로마의 최고 지도자인 집정관과 원로원 사이에 강고한 결합을 이루어, 마치 2인조로 이루어진 팀처럼 보일 정도였다. 그러자 원로원과 아무 연관도 없는 평민 계층에서는 당연히 불만을 느끼게 되었다.

이전의 왕정에서는 왕과 원로원, 시민회가 세 축을 이루고 있었다. 그들의 삼각 구조를 통해 권력의 균형을 유지할 수 있었다. 그런데 공화정에 들어서 그것이 집정관-원로원과 시민회라는 두 기둥으로 바뀌었다. 세 다리의 탁자는 있어도 두 다리 탁자는 없다. 따라서 로마의 정국은 공화정으로 이행되어 오히려 불안정해졌다.

평민들의 불만

게다가 이러한 대립 관계에 박차를 가한 것이 잇따른 대외 전쟁이었다.

여러 차례 거론했듯이 고대 로마에서는 나라에 큰일이 생기면 신분을 초월해 로마 시민으로 단결하는 아름다운 특성이 있었다. 그 덕분에 공화정 로마는 에트루리아나 주변 부족들 틈에서 전쟁을 극복할 수 있었다. 그런데 유사시에 귀족과 힘을 합쳐 전쟁을 치러 낸 평민들은 전쟁으로 인해 자신들의 생활이 더욱 힘들고 궁핍해졌다는 현실을 알아차렸다.

로마에서는 왕정 시대부터 직접세 대신에 병역에 나가는 것이 의무로 되어 있었다. 따라서 전쟁이 시작되면 몹시 궁색한 프롤레타리를 제외하고 귀족이든 평민이든 무보수로 전쟁터에 나가게 되어 있었다. 물론 그동안은 가업을 이어 갈 수 없다. 그러나 같은 무보수라 해도 귀족들은 넓은 농원을 경제 기반으로 삼고 있어 장기간 집을 비워도 생활이 곤궁해지지 않았다.

이에 비해 평민들에게 미치는 경제적 영향은 아주 심각했다. 수입이 없어 빚을 갚을 수 없다 보니 돈을 빌린 사람에게 노예처럼 혹사당하는 일도 적지 않았다. 이렇게 될 바에야 로마를 지키는 전쟁에 무엇을 위해 출전했는지 모르겠다는 불만이 터져 나왔다. 이와 함께 평민들의 불만을 증폭시킨 것은 토지 분배를 둘러싼 문제였다.

로마는 플루타르코스도 지적한 것처럼 '패자도 동화시킨다' 는 특징을 지니고 있었다. 하지만 전쟁에 이겼다고 해서 상대 부족을 모두 동화시킨 것은 아니다. 이 점에서 로마인은 원리주의자가 아니라 사례별로 대응하는 현실주의자였다.

한마디로 말할 수는 없지만 로마는 전쟁에서 이기면 보통 패자의 토지를 일부 몰수해 공유지로 만들었다. 이렇게 해서 증가한 공유지를 로마 시민에게 대여했다. 평민들은 이 공유지 대여에 대해 불만을 품었다.

로마인은 원래 농경민족이다. 그래서 다른 민족에 비해 토지에 대한 애착이 강했고, 그들에게 자산은 곧 토지를 의미했다.분배받은 공유지는 농경지로 쓰이므로 그들에게 토지의 질은 무엇보다 중요했다. 그런데 실제로 비옥한 토지는 귀족에게 빌려 주고 자신들에게는 좋지 않은 토지를 빌려 준다고 평민들은 의혹을 품고 있었다.

이 문제에서도 귀족과 평민의 대립은 격화되었고, 평민들은 원로원과 집정관이 행하는 정치에 불신감을 갖게 된다.

건국 최초의 '스트라이크'

결과부터 말하면 귀족과 평민의 대립은 공화정으로 옮겨 가던 시기부터 대략 1세기 동안 해결되지 않았다.

평민들은 원로원에서 자신들이 납득할 만한 정책을 내놓지 않는 것에 분노하며 로마가 시작된 이래 처음으로 '스트라이크'를 일으켰다. 즉 병역에 나가는 것을 거부하고 로마의 언덕에 모여 여러 차례 농성을 벌였다.

평상시에 일으킨 스트라이크도 아니고, 외적이 로마 가까이 다가오고 있는 시점의 병역 거부인지라, 원로원도 그대로 방치할 수 없었다. 그래서 원로원이나 집정관들은 다양한 형태로 평민들의 불만을 해소하려고 애썼다. 그러나 이러한 타개책은 아무런 성과를 거두지 못했다.

평민들을 고통스럽게 만든 부채 문제를 해결하기 위해 집정관이 제출한 법안을, 귀족들이 주도권을 잡은 시민회에서 부결시켰다. 시민회는 로마 시민이라면 누구라도 참가할 자격은 주어지지만, 병역 부담이 더 무거운 귀족은 평민들보다 더 많은 표수를 가지고 있었기 때문이다. 그래서 평민의 권리를 지키려면 명문화된 법률이 필요하다고 판단하고, 당시의 선진국인 그리스에 조사단을 파견한 적도 있었다.

이렇게 만들어진 것이 '십이동판법'*이다. 하지만 뚜껑을 열어 보니 그 내용은 구태의연한 것이어서, 이것 또한 평민들의 분노만 불러일으키는 결과를 낳았다. 십이동판법에서는 귀족과 평민의 결혼조차 금지되는 것으로 하였으니, 평민들은 당연히 자신들이 모독당했다고 생각하였을 것이다.

'거부권'이야말로 권력 중의 권력이다

그렇게 오랫동안 끌어 온 대립과 혼란 속에서도 성과가 전혀 없었던 것은 아니다. 호민관의 창설이 그 중 하나였다.

기원전 494년에 만들어진 호민관 제도는 이름 그대로 평민계급의 권리를 위한 것이다. 호민관에 오르는 것은 평민계급 출신자로만 한정되었다. 또한 호민관 선출은 귀족이 출석하는 시민회가 아닌, 평민만 출석할 권리가 있는 평민회에서 이루어졌다. 임기는 1년으로, 초기의 정원은 두 명이었다.

호민관에게는 2가지 특권이 주어졌다. 하나는 집정관이 내린 결정에 거부권을 행사할 수 있었고, 또 하나는 집정관에게도 주어지지 않은 '육체의 불가침권' 이라 할 수 있는 특권이었다. 즉 누구라도 호민관에게 육체적 위해를 주거나 암살을 해서는 안 된다는 것이다. 말할 나위도 없이 이것은 귀족 계급에 의한 호민관 공격을 염두에 둔 것이었다.

2가지 권리 중에서 정말 중요한 것은 거부권이다. 거부권은 모든 특권 중에서 가장 강력한 것으로 꼽을 수 있다. 거부권을 가진 것과 그렇지 않은 것에 따라 권력은 하늘과 땅만큼이나 엄청난 차이가 있다.

후대의 예를 들면, 영국에서 입헌군주제도가 언제 확립되었는지에 대한 지표가 되는 것도 이 거부권이다.

입헌군주제 확립 이전부터 영국의 국왕은 '마그나카르타' 등에 의해 특권을 제한받아 왔지만 한 가지, 왕이 결코 포기하지 않은 것이 거부권이었다. 즉 의회나 내각이 내세운 정책 가운데 절대로 승인할 수 없는 것에 대해 국왕은 그것을 거부할 수 있었다. 왕이 거부권을 갖고 있는 한, 의회가 아무리 힘이 강해도 영국은 국왕 중심의 절대 군주제 국가인 것이다.

그러나 시대가 바뀌어 영국에서 국왕이 거부권 행사를 하지 않게 되었다. 그렇다고 국왕이 거부권 포기를 선언한 것은 아니고, 다만 행사하지 않았을 뿐이다. '비장의 수단'인 거부권을 행사하지 않게 됨으로써 비로소 영국이 의회 중심의 입헌 군주국가로 되었고, 국왕은 '군림은 하지만 통치하지 않는다'는 상징적 존재가 되었다고 구미의 학자들은 생각하였다. 거부권이야말로 권력 중의 권력이기 때문이다. 유엔의 안전보장이사회 상임이사국인 미국, 영국, 러시아, 중국, 프랑스 5개국이 왜 국제 정치사회에서 힘을 갖고 있는지를 생각해 보면 쉽게 이해할 수 있을 것이다.

왜 계급 대립은 해소할 수 없었을까

호민관 창설에 따라 일시적으로 평민의 불만도 해소되는 것처럼 보였으나 그것도 오래가지 않았다. 원래 호민관에게 부여된 거부권은 전시에는 행사할 수 없도록 조건지워져 있었기 때문이다.

위기관리 차원에서 보자면, 반드시 국론통일을 이루어야 했으므로 조건을 붙이는 것은 당연하였다. 하지만 당시 항상 전쟁을 치르고 있던 로마에서 호민관의 거부권은 사실 사용할 기회가 없는 권력이 되었다. 그런 이유에서 다시 평민의 불만이 높아져 갔다.

그렇다 하더라도 이 시대의 역사를 되돌아보면 귀족, 평민 양자의 대립이 쓸데없이 지속되었다고 말할 수밖에 없다. 평민들은 자신들의 경제 상황을 개선해 달라거나 공유지 문제를 해결해 달라고 호소한다. 그것을 귀족이 무시하고 짓밟는다. 그래서 다시 평민이 분노한다……는 식이다.

같은 도시국가라도 그리스의 아테네라면 어느 시기는 평민 측이 주도권을 잡고 민주정치가 행해진다. 그러다가 귀족 측이 유리해지면 귀족정치가 된다. 이처럼 마치 추가 양극을 왕복하는 것처럼 움직인다. 하지만 로마에서는 그렇게 되지 않았다. 마치 진흙탕 싸움처럼, 아무리 허우적거려도 출구가 보이지 않는 상태가 계속되었다.

이런 상황이 된 데에는 몇 가지 이유가 있었다.

그 중 하나는 평민과 귀족 양쪽 모두가 '시민으로서의 프라이드'를 가졌다는 것이었다. 로마 시민들은 적이 쳐들어온다고 하면 그때까지의 경위는 다 잊어버리고 모두 힘을 합쳐 전쟁에 돌입한다.

평민들의 스트라이크가 큰 효과를 내지 못한 것도 이 때문이었다. 병역거부를 외치며 농성을 벌이던 평민들도 막상 '적이 쳐들어온다'는 연락을 받으면 즉시 농성을 해제하고 전쟁터로 달려갔다. 그래서 스트라이크조차 철저하게 벌이지 못하고 끝날 수밖에 없었다.

칼을 버리고 괭이를 쥔 독재관

그러나 그런 상황에서 귀족들이 자신들에게 주어진 지위나 권리에만 안주하고 있었다면 평민들의 불만도 폭발했을지도 모른다. 하지만 로마의 귀족들은 앞에서 보았듯이 노블레스 오블리주의 기개로 가득 차 있었으니 그럴 리가 없었다.

로마에서는 이미 말했듯이 항상 두 명의 집정관이 각각 군단을 이끌고 로마 방위를 맡았다. 그러나 군사학의 기본을 거론할 필요도 없이 위기를 맞았을 때 명령 체계가 둘로 나뉘어 있다면 혼란이 일어날 것이다.

또한 집정관에게는 동료의 결정에 대한 거부권도 있었으므로, 만일 두 집정관의 의견이 일치하지 않는다면 정치는 마비되어 버릴 수 있었다. 그래서 위기를 잘 넘기기 위한 특례 조치로서 독재관 제도를 설정하였다.

독재관은 두 명의 집정관이 지명하는 임시직이다. 정원은 물론 한 사람이다. 이 독재관에게는 정치 체제를 바꾸는 것을 제외한 모든 일에 대한 결정권이 주어져 있었다. 그래서 그가 내린 결정은 누구나 따라야 했다. 참으로 전지전능한 힘이 주어졌다고 해도 과언이 아니다. 그렇지만 독재관은 어디까지나 특례였다는 사실에는 변함이 없었다. 그리고 이 독재관의 임기는 불과 6개월로 정해져 있었다.

한때 독재관 자리에 킹킨나투스라는 이름의 귀족이 지명된 적이 있었다. 그는 평소 괭이를 들고 농사를 지으며 생활하고 있었는데 집정관 지명을 받고 거절할 수가 없었다. 괭이를 버리고 전쟁터로 나간 그의 지휘로 로마군은 불과 15일 만에 적을 물리칠 수 있었다.

제도에 따르면 독재관의 임기는 아직도 다섯 달 반이나 남아 있었다. 그대로 독재관의 임기를 채운다 하여도 누구도 간섭할 수 없었다. 그런데 그는 주어진 임무를 마치자 즉시 독재관 자리를 반납하고 다시 농사일로 돌아가 버렸다.

이러한 노블레스 오블리주의 견본 같은 귀족이 있었기에 평민들도 '썩어빠진 귀족들을 타도하자'고 말할 수가 없었다. 평민과 귀족의 대립이 결정적인 국면까지 이르지 않은 것은 이 같은 사정도 한몫하였을 것이다.

로마인들의 '의리와 인정'

귀족과 평민의 대립이 로마에서 격화되지 않았던 또 한 가지 중요한 이유는 로마의 귀족들에게는 강력한 '지지 기반'이 있었다는 점을 들 수 있다.

로마에서는 귀족으로 인정받으려면 넓은 농지와 풍부한 자산을 가진 것만으로는 불충분했다. 한 가지 더 중요한 요건은 그 귀족이 '파트로네스'로서 얼마나 많은 '클리엔테스'를 돌보고 있는가 하는 것이었다.

이 말은 영어의 페이트런(후원자)과 클라이언트(고객)의 어원이 된 것인데, 이 관계는 로물루스가 건국할 당시부터 존재했다고 보는 학자도 있을 정도로 기원이 오래된 것이어서 간단히 정의하기란 힘들다.

요약해 보면 파트로네스인 귀족이 자신의 클리엔테스인 평민들을 돌보고 그 대신 클리엔테스는 귀족에게 충성을 맹세한다는 얘기가 된다. 우선 염두에 둘 것은 이들이 단순한 이해관계를 맺고 있는 것이 아니라는 것이다.

물론 이해관계가 전혀 존재하지 않았던 것은 아니다. 오늘날의 정치가들처럼 로마의 귀족들도 끊임없이 클리엔테스의 상담이나 진정을 들어주어야 했다.

귀족들은 취직 문제, 결혼 상대 소개, 소송 문제에서부터 급기야는 빚 청산에 이르기까지 온갖 상담을 받아 해결해 주고 도와주어야 했다. 이것은 '십이동판법'에도 명기되어 있다. 말하자면 공적인 의무였다. 그래서 로마 귀족들은 매일 아침 한두 시간을 클리엔테스들의 고충을 들어주는 것으로 일과를 삼았다고 전해진다.

그렇다면 이와 같은 은혜를 클리엔테스들은 어떻게 갚았을까. 예컨대 자신의 파트로네스가 어떤 공직에 입후보하면 클리엔테스들은 그 선거회장에 가서 시민으로서 한 표를 주었다. 또한 전쟁이 일어나면 귀족에게는 자산액에 따른 병력 제공의 의무가 있어, 큰 자산을 가진 대귀족이라면 다수의 병사를 모아야만 했다. 이때 이들 클리엔테스들은 자진하여 병사가 되어 주었다.

그러나 파트로네스와 클리엔테스의 관계는 결코 '돈만으로 묶어진 인연'은 아니었다. 이것은 중요한 사실인데, 이들 사이를 묶고 있는 것은 이해관계가 아니고 '신의(信義)'였다.

따라서 비록 파트로네스가 내리막길에 접어들어도 끝까지 따라가는 것이 클리엔테스의 도리였다. 마찬가지로 파트로네스도 끝까지 지켜 주었다. 그래서 로마법에서도 파트로네스, 클리엔테스 관계에 있는 둘 중 어느 한쪽이 고발당하면 다른 한쪽에게 증언을 요구하지 않도록 되어 있다.

현대처럼 고대 로마법정에서도 위증은 죄였다. 그런데 만약 증언자와 피고가 '파트로네스와 클리엔테스'의 관계에 있다면 증인에게 법정에서 진실을 말하라고 강요하는 것은 신의를 버리라고 명령하는 것과 같다. 신의를 최우선으로 삼고 있다고 하여 위증을 용서할 수는 없기 때문이다.

그렇게 국가의 법과 개인 간의 신의에서 딜레마가 발생할 위험을 미연에 방지하려고 이러한 규정을 설정했을 것이다. 비록 상대가 범죄자일지라도 신의를 끝까지 지키는 일이 파트로네스의 길이며 클리엔테스의 길이었다. 그것이 이들의 관계였다.

카이사르는 왜 '오른팔'을 잃었을까

이러한 파트로네스와 클리엔테스의 관계는 지연과 혈연에만 한정되는 것이 아니었다. 뭔가 큰 은혜를 입게 되면 은혜를 준 사람의 클리엔테스가 된다. 그리고 그 관계는 자손들까지도 이어졌다. 이처럼 로마 사회에는 눈에 보이지 않는 인간관계 네트워크가 긴밀하게 형성되어 있었다.

이보다 한참 뒤에 카이사르가 루비콘 강을 건너려고 했을 때였다. 카이사르 휘하에서 도망치는 병사가 없었지만, 단 한 명 예외가 있었다. 그것은 카이사르의 부관 라비에누스였다.

라비에누스는 아마도 카이사르가 가장 신뢰하고 있던 부하였으리라. 갈리아를 제패했을 때도 자신이 맡을 수 없는 일은 꼭 그에게 일임했을 정도였고 라비에누스도 카이사르를 진심으로 존경하고 있었을 것이다.

그러나 라비에누스는 카이사르의 부하인 동시에 카이사르의 적이 되어 버린 폼페이우스의 클리엔테스였다. 폼페이우스와 라비에누스의 관계는 조상 대대로 이어져 왔다. 평민 라비에누스의 출신지는 귀족 폼페이우스의 영지에 속해 있었다.

폼페이우스는 은밀하게 라비에누스에게 사자를 보내 자신의 진영으로 돌아갈 것을 설득한다. 라비에누스의 고뇌는 상상조차 할 수 없을 정도였으나 그는 결국 클리엔테스로서 신의를 지키는 길을 택한다.

라비에누스의 결단을 카이사르는 비난하지 않았다. 나중에 카이사르가 쓴 《내란기》에도 그의 배반을 비난하는 말이 한마디도 없었다. 뿐만 아니라 루비콘 강을 건너기 전날 밤 몰래 카이사르 진영을 빠져나간 라비에누스의 짐을 나중에 보내 줄 정도였다. 자신은 귀족 계급에 속해 있다 해도 같은 로마인으로서 카이사르는 라비에누스의 고뇌를 충분히 이해할 수 있었기 때문이다.

귀족과 평민 사이가 명확하게 '단절' 되어 있던 그리스와 달리, 로마 사회에서 이 두 계급은 신의라는 끈으로 단단히 묶여 있었다. 그래서 평민들이 귀족에게 불만을 품는다 해도 그것이 계급투쟁으로 나아갈 정도로 과격해지지는 않았다. 한마디로 귀족과 평민의 대립이라고는 하지만, 귀족 뒤에는 그들을 파트로네스로서 받드는 평민들이 있었기에, 항쟁에 대한 해결이 쉽지 않았던 것이다.

아테네의 개혁, 로마의 개혁

로마 시민으로서의 의무감, 그리고 '파트로네스와 클리엔테스' 의 관계, 이러한 사정에 덧붙여 또 하나 잊어서 안 되는 것은 로마인이 원래 농경민족이었다는 사실이다.

킹킨나투스에 대한 언급에서도 알 수 있듯이, 로마에서는 귀족 계급도 직접 농사를 짓는 것에 결코 부끄러워하지 않았고 드문 일도 아니었다. 이러한 점에서 '흙을 만지는 일은 노예가 해야 하는 것' 이라고 여겼던 아테네 시민과 크게 달랐다.

이러한 농경민족으로서의 정신은 다음 시대에도 계속해서 이어진다. 공화정, 제정을 불문하고 시대의 변천과 관계없이 로마인은 별로 유복하지 않아도 경제력에 맞는 집을 시내와 교외 두 곳에 마련했다. 그 경우 농경지에 둘러싸인 교외의 집이 본가이고, 시내의 주거지는 일을 하기 위한 거주지의 개념이었다. 농업이나 목축이라는 토지와 깊이 결합된 생활을 한다는 것은 좋게 말하면 신중하고 나쁘게 말하면 둔중한 의식을 형성해 왔다는 것이다.

로마인의 역사를 공부하면서 절실히 느끼는 것은 로마에서는 개혁이 결코 단숨에 이루어지지 않았다는 것이다. 오랜 시간을 들여 조금씩 개혁을 이루어 가는 그들의 모습에서 때로는 답답함조차 느껴질 때가 있었다.

그들에 비하면 같은 도시국가라도 역시 그리스인 쪽이 훨씬 과격하고 급진적이다. 예컨대 아테네의 역사만을 보아도, 마치 통치 형태의 상품 전시장처럼 왕정, 귀족정, 민주정, 독재정으로 고양이의 눈처럼 정치 형태를 변화시켜 갔다. 이러한 소위 마음껏 펼쳐 보는 자세가 로마인에게는 없었다.

그렇다고 로마인이 개혁을 두려워하는 보수적인 민족이라고 단정 짓는 것은 잘못이다. 한번 개혁을 행하겠다고 결정하면 시행착오를 거듭하면서도 둔한 소처럼 착실하게 전진해 나간다. 그래서 로마는 개혁의 속도는 늦지만, 그것이 일단 성공하면 장기간에 걸쳐 유지될 수 있었다. 이러한 점에서 급성장을 이룬 다음 쇠퇴도 성장만큼 빨랐던 그리스와는 매우 대조적이다.

하지만 아무리 그렇다고 해도 1세기에 걸친 귀족과 평민의 대립은 역시 너무나 길었다. 왜냐하면 로마를 둘러싼 환경은 그러한 시행착오를 언제까지나 보고만 있을 만큼 온화하지 않았기 때문이다.

카밀루스의 예언

기원전 390년, 공화정체제 이행 후 대략 1세기가 지나 일어난 '켈트족 습격의 충격' 또한 귀족과 평민의 대립이 근본적인 원인이었다.

로마가 당시 전력을 다해 매달리고 있던 것은 숙적인 에트루리아의 유력 도시 베이의 공략이었다. 독재관 카밀루스의 지휘 아래 10년에 걸친 전쟁을 치러 간신히 베이를 함락한 것은 기원전 396년의 일이었다.

베이 함락은 로마인에게 엄청난 희소식이었지만, 그것은 동시에 내부 항쟁의 재개를 의미하였다. 전시에는 일치단결하던 로마 시민이 다시 귀족과 평민이라는 두 파로 나뉘어 대립을 시작하였다. 게다가 이때의 항쟁은 대도시 베이를 손에 넣었기 때문에 더욱 심각한 것이었다. 그것은 평민 측에서 아름답고 잘 꾸며진 도시 베이를 로마 제2의 수도로 삼자고 제안했기 때문이다. 이 제안에는 '귀족이 판치는 로마는 싫으니까 우리를 베이로 이주시켜 달라' 는 의도가 숨어 있었다.

이 같은 평민들의 제안을 선두에 서서 반대한 사람이 독재관 카밀루스였다.

"우리의 오늘이 있게 된 것은 로마 신들의 가호 덕분이다. 그 신들이 사는 로마를 버리는 것은 용서받을 수 없는 행위다."라고 카밀루스는 연설했다. 이 연설을 듣고 평민들은 카밀루스를 몹시 증오하게 된다.

카밀루스는 무장으로서는 유능했으나 평민들 사이에서 평판이 나빴다. 그때까지는 로마가 여름 동안만 전투를 하고 겨울은 휴전하는 것이 관례였는데, 그는 그 관례를 깨고 겨울에도 전투를 했기 때문이다.

귀가도 허용되지 않는 겨울의 고생스러운 야영 생활을 잊지 않고 있던 평민들은 카밀루스의 연설을 듣고 더욱 격분했다. 그래서 그를 쫓아내기 위해 고발이라는 수단을 쓴다. '베이 공략에서 얻은 전쟁 이익금의 용도에 의혹이 있다' 는 이유를 들어 고발했다. 고발당한 카밀루스는 스스로 망명의 길을 택한다.

로마에는 "스스로 국외로 퇴거한 사람에 한해서는 그의 죄를 묻지 않는다."는 규정이 있었다. 시민회에서 이루어지는 재판을 받을 경우, 자신이 분명히 유죄가 될 것이라고 생각한 카밀루스는 로마를 떠난다.

말 많고 귀찮은 존재인 카밀루스가 사라진 것을 알고 평민들은 쾌재를 불렀으며, 잇달아 로마를 떠나 신천지 베이로 이주를 시작했다. 하지만 주민 대이동이 있고 얼마 지나지 않아 카밀루스의 예언은 적중한다. 로마의 신들을 버린 로마인은 건국 이래 최악의 사태를 맞이하게 되었기 때문이다.

'숲의 주민들' 의 침입

켈트 족은 원래 로마인 쪽에서 보면 '알프스 건너편', 즉 유럽 내륙부의 삼림대를 근거지로 한 민족이었다. 로마인은 그들을 '갈리아인' 이라 했다. 그러한 켈트 족 사람들이 마치 물이 스미듯이 알프스를 넘어 이탈리아 반도까지 이주하게 된 것은 기원전 6세기 무렵이었다.

그러나 이 켈트 족은 로마인에게 전혀 위협적인 존재가 아니었다. 왜냐하면 켈트 족과 로마인 사이에 에트루리아라는 큰 장벽이 있었기 때문이다.

켈트 족은 용맹하다고 알려진 민족이었지만 북이탈리아 일대를 제패하고 있는 대국 에트루리아의 방위망을 돌파할 수는 없었다. 그래서 이탈리아 반도의 남쪽으로 내려올 수는 없었다. 그런데 로마는 스스로 에트루리아라는 '방파제'를 무너뜨린 것이다.

이미 말했듯이 왕정 시대부터 로마는 북쪽의 에트루리아와 공방전을 벌여 왔다. 한때 에트루리아는 로마와는 비교도 할 수 없을 만큼 부와 힘, 기술을 갖고 있었지만, 로마가 발전해 가면서 서로 자리바꿈한 것처럼 쇠퇴의 길로 들어섰다.

베이의 함락도 이러한 흐름 속에서 일어난 것이다. '힘의 공백은 침략을 부른다'는 진실은 동서고금을 막론하고 해당된다. 에트루리아의 약체화를 켈트 족이 놓칠 리 없었다.

기원전 390년 여름, 켈트 족은 대거 남하를 시작한다. 그들은 차례차례 에트루리아의 여러 도시를 공략하고 드디어 로마 국경까지 다가왔다.

로마, 불타다

'켈트 족이 나타났다'는 비보에 로마는 공황 상태에 빠졌다. 무엇보다도 평민들이 베이로 이주해 버려 로마군의 병력이 반 가까이 줄어들었다. 게다가 역전의 용장인 카밀루스마저 스스로 국외로 퇴거해 버리지 않았던가.

그래도 로마의 지도자들은 힘겹게 군단을 편성해 침략해 온 켈트족을 맞아 대항했다. 하지만 결국 실패했다. 로마군은 무참하게 짓밟히고, 로마는 마침내 야만족이라고 무시해 온 켈트 족의 손아귀에 떨어져 버렸다. 로물루스에 의해 건국된 후 363년 만에 일어난 사건이었다. 이 '켈트 족 습격 충격'으로 로마인이 맛본 굴욕은 필설로 다할 수 없을 지경이었다.

야만족에 포위당해 갈 곳을 잃은 시민들은 시내의 카피톨리노 언덕에서 항전하기로 하였다. 로마의 일곱 언덕 중에서 이 카피톨리노가 가장 높기 때문이다. 그러나 카피톨리노 언덕은 시민이 항전을 하기에는 너무 좁았다. 현재의 로마에서 이 언덕을 '캄피돌리오'라고도 하는데, 정상에 올라 보면 이 언덕이 얼마나 좁은지 놀랄 것이다.

언덕 위의 평지에는 현재 콘세르바토리와 카피톨리노라는 두 개의 미술관이 마주 보는 형태로 세워져 있다. 예전에는 최고신 유피테르(주피터)와 그의 아내 유노(주노)의 신전이 세워져 있었다. 역시 신전이나 미술관을 짓는 용도로밖에 달리 쓰일 수 없다고 생각될 만큼 카피톨리노 언덕은 좁았다.

이 작은 언덕으로 로마 시민들 모두가 도망칠 수도 없었다. 결국 이 언덕에는 철저하게 항전하겠다는 청장년 남자들과 그들의 아내들만 올라가기로 정해졌다. 원로원 의원이라도 고령자는 제외되었다.

언덕에서의 항전이 허락되지 않았던 사람들의 운명은 이루 다 말할 수도 없었다. 남겨진 로마인들에 대한 켈트 족의 포학은 극에 달했다고 사서는 전한다. 켈트 족에 의해 동족이 살해당하고 정든 로마 시내가 불타오르는 것을 카피톨리노에서 항전해야 하는 사람들은 그저 바라보고 있을 수밖에 없었다.

수렁에서 재출발

7개월에 이르는 항전 끝에 로마인은 켈트 족과 화평을 맺는다. 화평이라고는 해도 그것은 로마인들의 저항이 영웅적이었기 때문이 아니었다. 본래 숲속에서만 살아온 켈트 족에게 도시 점령은 별 매력이 없었다는 것이 가장 큰 이유였다.

그들은 로마인들이 보낸 300킬로그램의 금괴를 받자마자 즉시 돌아갔다. 뒤에 남겨진 것은 얼마 살아남지 않은 로마인과 폐허가 된 로마의 거리뿐이었다.

3세기에 걸쳐 성장을 계속해 온 로마는 다시 무에서 출발하게 된다. 더구나 이 패배를 계기로 그때까지 동맹 관계였던 주변의 여러 부족들마저 로마를 노리게 되었으니, 무라기보다는 마이너스에 더 가까웠다.

수렁에 빠졌다가 다시는 일어서지 못하고 역사의 뒤안길로 사라진 민족은 수도 없이 많다. 그러나 로마는 그 수렁 속에서 20년이라는 세월을 들여 재기하였다.

기원전 370년을 전후하여 원래의 모습으로는 복구되지 않았지만 로마 시내는 어느 정도 부흥한다. 또한 로마군은 방위 체제를 바로 세워 국경도 일단은 안전해진다.

　이 정도도 굉장한 성과였다. 하지만 로마가 다른 점은 단지 부흥을 이룬 것만으로 끝나지 않고, 거기에서 한발 더 나아가 정치체제의 개혁에 나섰다는 것이다.

재기를 위한 우선순위

누구라도 패배를 당한 직후에는 여러 가지 원인을 찾아 반성할 것이다. 그러나 불완전하게나마 그럭저럭 회복이 되고 나면 '식도만 넘어가면 뜨거움을 잊는다.'는 말처럼 고통도 잊고 반성하던 자세도 흐지부지해진다. 그리고 중요하게 여겼던 개혁도 소홀해져 버린다.

　하지만 로마인은 달랐다. 로마사 연구자들이 항상 지적하듯이, 로마인은 문제점을 추출해 내는 능력뿐 아니라 문제 해결을 할 때도 우선순위를 정하는 방법이 뛰어났다.

　문제점을 알고 있다 해도 여러 문제를 한꺼번에 해결할 수는 없다. 그러나 사람은 때로 그것들을 동시에 해결하려고 서두르다 실패한다. 혹은 맨 처음에 정리해야 할 문제를 뒷전으로 미루어 오히려 상황을 혼란스럽게 만든다. 하지만 로마인은 그러한 실수를 웬만해서 범하지 않았다. 비록 시간이 걸린다 해도 하나하나의 문제점을 우선순위에 따라 해결해 나가면서 확실하게 골인을 한다.

　이번 일도 그 같은 로마인의 특성대로 진행되었다. 켈트 족이 떠나고 난 로마에서 우선순위는 로마의 부흥이었다. 그 다음이 주변 여러 나라를 제압하면서 방위 체제를 확립하는 것이었다. 공화정이든 왕정이든 국가로서 가장 중요한 과제는 생존과 안전 확보이다. 그래서 그것부터 일단 정리해 나간다. 내정 개혁은 뒤로 미루어도 상관없다는 명확한 판단이었다.

방위 체제의 재구축은 로마에 귀환한 카밀루스를 중심으로 진행되었다. 그의 생애를 통해 다섯 번째의 독재관을 맡게 된 카밀루스는 스스로 군대를 인솔하고 주변 부족들과 싸웠으며, 승리를 통해 그들을 다시 로마의 동맹국으로 만들어 나갔다. 그의 전적은 한 번도 패한 적이 없을 정도였다. 이리하여 로마의 방위 체제를 재구축한 그는 로물루스를 잇는 '제2의 로마 건국자'라고 불리게 된다.

그러나 로마를 정말로 복구할 수 있을지 없을지는 그때부터였다. 복구의 우선순위에서 마지막으로 미루어졌지만 로마의 장래를 생각한다면 가장 중요한 과제인 정치 개혁의 문제가 아직까지 고스란히 남아 있었기 때문이다.

'리키니우스·섹스티우스법'의 놀라운 내용

제1장에서도 소개했듯이 그리스인 역사가 폴리비오스는 후년의 '대로마'를 이루게 된 원점은 켈트 족 습격의 충격에 있다고 했다.

분명히 폴리비오스의 말처럼 켈트 족의 내습으로 한 차례 괴멸 직전까지 갔던 로마는 미혹 많은 청춘기를 막 끝내고 자신이 나아가야할 방향을 확인한 젊은이처럼 보였다. 미혹을 던져 버릴 수 있는 인간의 강인함을 이 시대의 로마에서 느끼는 것은 나뿐만이 아닐 것이다.

로마인은 켈트 족 습격 충격을 되돌아보고, 한 세기 동안이나 계속된 귀족과 평민 사이의 항쟁이 로마를 폐허로 만든 근본 요인이었음을 직시한다. 그뿐 아니라 그 항쟁을 근본적으로 해소하기 위해 과감한 개혁을 해야겠다고 각오한다. 이렇게 하여 창출된 것이 기원전 367년의 리키니우스·섹스티우스법이다. 이 법의 성립으로 로마 공화정이 본격적으로 시작되었다고 해도 과언이 아니다.

우선 강조해 두고 싶은 것은 이 법률 제출자는 평민 출신인 리키니우스였고, 법안에 찬성표를 던진 사람들은 원로원의 대다수를 차지하는 귀족들이었다는 사실이다. 이 한 가지만으로도 로마인의 의식이 얼마나 특별한지 알 수 있다.

게다가 더욱 놀라운 것은 그 내용이었다. 이 리키니우스·섹스티우스법의 목적은 말할 나위도 없이 귀족과 평민의 대립 해소였다. 그렇다 하여도 그 목적을 달성하기 위해 로마인이 행한 개혁은 참으로 뛰어난 결단이었다.

흔히 귀족과 평민의 대립을 없애기 위해서는 양자를 대등하도록 해야 한다고 생각할 것이다. 예컨대 집정관 정원이 둘이니까, 한쪽은 귀족에게 다른 한쪽은 평민에게 할당한다는 것이 '상식적'인 발상일 것이다.

그러나 로마인은 그런 형태의 평등을 택하지 않았다. 그 대신 그들은 '전면적인 개방'의 길을 선택하였다. 즉 공화국 정부의 모든 관직에 귀족이든 평민이든 로마 시민이면 누구나 다 오를 수 있게 만들었다.

이것은 오늘날의 '기회의 평등'과 같은 것이었다. 모든 관직을 귀족과 평민에게 기계적으로 배분한다면 그것은 '결과의 평등'이다.

결과의 평등은 언뜻 보면 분명 '차별' 해소에 도움이 되는 것처럼 보인다. 그러나 그렇게 되면 오히려 귀족과 평민의 '구별'은 아무리 시간이 지나도 없어지지 않는다.

로마에게 소중한 것은 형식의 평등이 아닌 로마 시민으로서의 연대 확립이었다. 로마인들은 그와 같이 생각하고 그것을 단행한 것이다.

원로원 개방

로마인의 정치 개혁은 원로원이라는 '성역'에도 대담하게 발을 내딛게 된다.

그때까지 로마 원로원은 확실히 귀족들의 아성이었다. 능력에 따른 선별이 있었다고는 하지만 실제로는 귀족만 원로원에 참여할 수 있었다.

그러한 원로원 의석을 중요 공직에 오른 경험이 있는 사람이라면 평민에게도 주어 '신참자'로서 맞아들였다. 이 개혁은 리키니우스 · 섹스티우스법이 제정된 지 몇 년 지나 이뤄졌다. 원로원 개혁에 의해 로마는 진정한 의미의 '과두 정체'로 옮겨갔다고 할 수 있다.

새로운 제도에 의해 평민들의 대표인 호민관조차 그 임기가 끝나면 원로원 의원이 될 수 있었다. 예컨대 기업의 노동조합위원장이 퇴임 후에 이사회에 참가하는 것과 같은 이치였다. 게다가 그 지위는 세습되는 것이 아니어서 원로원에 평민을 받아들여도 '새로운 귀족'이 만들어지는 것은 아니라는 지혜였다.

이 개혁이 민중의 저항 의식을 빼내려는 '잔꾀'에 지나지 않는다고 비판하는 역사가도 있지만, 나는 그렇게 생각하지 않는다. 왜냐하면 귀족뿐만 아니라 평민 중에서도 널리 인재를 모집해야만 비로소 원로원은 '인재의 총집합체'로서 기능을 다할 수 있기 때문이다. 그리고 단 1년밖에 임기가 주어지지 않은 집정관 제도를 이어 나가려면 능력이 뛰어나고 장기적인 안목에서 정치를 생각하는 사람들이 필요했다.

공화정의 열쇠는 역시 원로원이 쥐고 있었다.

융화의 신전

리키니우스 · 섹스티우스법 제정은 당시의 로마인에게 무척이나 기쁜 사건이었다.

그것을 나타내는 것이 고대 로마 중심부인 '포로 로마노'에 세운 콩코르디아 신전이다. 지금은 기둥 하나도 남아 있지 않지만, 이 콩코르디아 신전은 리키니우스 · 섹스티우스법 제정을 기념해 건축되었다.

콩코르디아란 영어 칸코던스(concordance)의 어원이기도 하다. 뜻은 영어와 같은 '융화, 일치, 조화'이다. 즉 콩코르디아 신전에 모신 신은 눈으로 볼 수 없는 융화, 일치라는 개념이라고 할 수 있다. 개념 자체를 신으로서 모신다는 발상은 로마인이기 때문에 가능했을 것이다.

이 콩코르디아 신전을 세운 의도는 말할 필요도 없이 오랜 세월에 걸쳐 국론을 둘로 갈라놓은 귀족과 평민의 대립을 해소하고, 앞으로

는 양자가 융화하고 협조하여 로마를 위해 최선을 다하자는 이념을
구체화한 것이다.

콩코르디아의 신은 여신으로 되어 있는데, 그 후 로마는 이 여신
의 미소가 지켜 주는 듯 발전해 거듭해 마침내 '지중해의 패자' 라고
불리게 되었다. 여기에 대해서는 다음 장에서 얘기하겠다.

＊ **십이동판법**_ 고대 로마 유일의 성문법(이 책 제9장 참조). 이름 그대로 12조항의 조문으로 이루어져
있었지만 대부분 후세에 전해지지 않았다. 제정 초기부터 너무나도 평판이 나빠서 계속 개정되었기
때문이라고 추정된다.

4장 조직의 로마

로마는 '강한 조직'으로 존재했다.

이 조직력으로 로마는 이탈리아를 통일할 수 있었다.

평민 중에서도 뛰어난 인재를 모으고,

원로원 중심의 통치 체제 내에서 그 인재를 활용해 나간 로마의 방식은

오늘날의 표현으로 하면 '조직력'이라는 한마디로 집약된다.

이탈리아 반도 통일

기원전 367년에 완성된 '리키니우스·섹스티우스법'을 통해 대략 1세기에 걸친 귀족과 평민의 대립은 해소돼 갔다. 원로원 의원을 시작으로 모든 국가 요직을 평민 출신에게도 개방함으로써 귀족과 평민이라는 계급의 차이는 사실상 의미가 없었다.

능력과 실적만 있으면 원로원 의원이 될 수 있다는 것은, 관점을 달리하면 평민을 엘리트 계급에 혼합시키는 것이다. 평민의 대표라고 할 수 있는 호민관조차 임기 후에 원로원에 들어갈 수 있게 되었다. 이렇게 되면 계급 대립 사태란 일어나기 어렵다.

뿐만 아니라 로마에서는 귀족과 평민 사이에 결혼마저도 합법화하였다. 그 결과 귀족과 평민을 갈라놓았던 벽이 점점 더 낮아져 갔다. 이러한 로마인의 결단은 누차 반복해서 강조하지만 놀라울 정도로 과감했다. 어떤 사회에나 반드시 있게 마련인 계급 대립을 이러한 '혼합 방식'으로 해소한 곳은 로마뿐이었다. 그리고 결과적으로 그러한 선택이 얼마나 옳았는가는 훗날의 로마사에서 명확해진다.

리키니우스·섹스티우스법이 제정된 지 약 100년 후인 기원전 270년에 로마는 이탈리아 반도를 통일한다.

바로 1세기 전, 켈트 족이라는 '야만족'에 의해 하마터면 멸망당할 뻔했던 민족이 이탈리아의 패자가 될 수 있었던 것은 귀족과 평민의 '융화'가 있었기 때문이다. 계급 대립의 해소는 국가 분열의 위기를 막는 데 그치지 않고 로마를 더욱 강하게 만드는 결과를 만들었다.

아테네는 왜 망했을까

이 책에서 아테네에 대해 자세히 다루기 어렵지만, 고대 그리스 문명의 대표선수라고 할 수 있는 아테네는 다양한 시행착오 끝에 민주 정치 형태를 택한다. 즉 아테네 사람들은 귀족을 밀치고 평민에게 권력을 준다는 양자택일을 하였다.

그 결과 아테네에서는 모든 시민에게 참정권이 주어졌다. 뿐만 아니라 국가의 요직조차도 추첨으로 임명했으니, 이보다 더 나은 평등 사회는 없을 정도였다. 국가의 요직조차도 추첨을 하다 보니 매년 같은 사람이 계속해서 정치의 중심에 설 수 없게 되었다. 아테네 시민들은 귀족 같은 엘리트 계층이 다시 생겨나는 것을 철저하게 싫어했다.

하지만 그 결과 아테네는 어떻게 되었는가. 페리클레스라는 희대의 뛰어난 정치가가 사라지자, 그리스는 금세 대중들의 수준 낮고 어리석은 우민 정치로 전락해 버렸다.

30년에 걸쳐 아테네 정계에서 군림한 페리클레스는 민중파의 거두였다. 하지만 실제로는 민주정을 맹신하지 않은 사람이었다. 민주정의 결점도 적나라하게 알고 있었기 때문이다.

지도자가 대중에 영합하는 것만을 생각한다면 민주 정치는 곧바로 우민 정치로 추락해 버릴 것이다. 반대로 민주정의 지도자가 여론을 무시하면 금세 실각의 쓰라림을 맞이해야 할 것이다. 이 또한 사실이다.

그런 만큼 민주 정체의 방향 잡기란 쉽지 않다. 이 점에서 페리클레스는 천재적인 능력을 지니고 있었다. 그는 대중 입장에 서는 것처럼 행동하면서 실제로는 '국가를 위해서 필요한' 일이라고 자신이 믿고 있는 정책을 차례차례 실행해 나갔다. 확실히 페리클레스는 보통 사람과는 달랐다. 그는 만만치 않은 정치가였다.

✚ 후세의 우리가 동경심과 존경을 담아 돌아보는 '그리스 문화'란 이 페리클레스 시대를 정점으로 하는, 고작 2세기 동안에 이뤄진 결과였다.

이 숙련된 정치가가 이끈 결과 아테네는 국력도 권위도 높아졌고 그리스에서 정치, 경제, 문화의 중심을 이루는 도시국가가 되었다.

사실 후세의 우리가 동경심과 존경을 담아 돌아보는 '그리스 문화'란 이 페리클레스 시대를 정점으로 하는, 고작 2세기 동안에 이뤄진 결과였다. 그러나 이 같은 아테네의 번영도 페리클레스의 실각과 죽음을 경계로 급속히 꺼져 간다.

강력한 지도자를 잃은 아테네는 숙적 스파르타와 펠로폰네소스전쟁이 한창일 때조차 국론을 결정하지 못하고, 마침내 그리스 내에서 패권을 잃는다. 이 후 아테네는 분명히 문화의 중심지였지만 그 후로 화려한 빛을 다시는 회복하지 못했다.

로마인이 얻은 '역사의 교훈'

이 부분은 내 상상이지만, 로마인들이 국가의 요직을 평민에게 전면 개방하겠다는 결단을 내린 것은 이와 같은 아테네의 실패를 자세히 관찰한 결과가 아니었을까?

사실 아테네와 스파르타가 격돌한 펠로폰네소스전쟁이 발발한 것은 기원전 431년. 페리클레스가 실각하고 아테네 정계의 혼미가 시작된 것이 그 다음 해의 일이다. 그리고 아테네가 스파르타에 패해 무너진 것이 기원전 404년이다.

리키니우스 · 섹스티우스법이 제정된 것은 그로부터 약 30년 후의 일이다. 그러므로 이 결단을 내린 로마인들의 머릿속에는 아테네의 역사가 '근현대사의 교훈'으로서 강하게 새겨져 있었을 것이다.

아무튼 당시의 지중해 세계에서 그리스는 일대를 아우르는 선진 지역이었다. 그 중 가장 선진적이었던 곳이 아테네였다. 그 아테네가 민주정의 폭주를 허락했기 때문에 추락했다는 사실을 로마의 지도자들은 공통적으로 인식하고 있었을 것이다.

페리클레스와 같은 시대를 산 그리스의 역사가 투키디데스는 페리클레스 시대를 총괄하여 다음과 같이 썼다.

"외관은 민주정이지만 내막은 단 한 사람이 지배하는 나라."

아마 로마인들도 아테네에 대해 이와 비슷한 감상을 품지 않았을까? 시민 모두가 평등하게 정치 프로세스에 참가하는 민주정은 언뜻 보면 이상적으로 보이지만, 그 제도가 기능을 발휘하게 하려면 뛰어난 지도자가 필요불가결하다는 모순을 감추고 있다.

만약 뛰어난 지도자를 얻지 못하면 민주정치는 백가쟁명의 대중 정치로 타락해 버린다. 그러나 뛰어난 지도자가 항상 나타나는 것은 아니다. 오히려 사실은 그 반대이다. 좀처럼 나타나지 않는다는 것이 진실이다. 사실 그토록 문화와 예술 면에서 인재가 넘치던 아테네조차 페리클레스를 잇는 정치가가 나오지 않았으니까.

로마인들은 이러한 아테네의 교훈에서 '한 개인의 역량에 의지하는 사회는 위험하다' 는 사실을 다시금 확인하지 않았을까? 그래서 귀족과 평민의 대립 해소에서 로마는 아테네와 같은 길을 택하지 않았다. 즉 민주정을 택하지 않은 것이다. 그 대신 그들은 '인재의 총집합체' 로서 원로원을 전면 개방해 과두정치를 강화하고 발전시킨다.

한 사람의 천재에게 의지하지 않고, 대중의 뜻을 모아 비록 수수해도 견실한 과정을 밟아 나가겠다. 이것이야말로 리키니우스 · 섹스티우스법에서 시작된 일련의 정치 개혁 개념이 아니었을까? 나는 그렇게 생각한다.

조직의 로마

평민 중에서도 뛰어난 인재를 모으고, 원로원 중심의 통치 체제 내에서 그 인재를 활용해 나간 로마의 방식은 오늘날의 표현으로 하면 '조직력'이라는 한마디로 집약된다.

　회사 경영에서도 한 사람이 통치하는 기업은 분명히 뛰어난 기동력으로 혁신적 시도를 할 수 있다. 하지만 이러한 기업은 만약 경영자가 불의의 사고로 쓰러지거나 혹은 사내 항쟁으로 퇴진할 경우는 모든 것이 원점으로 돌아간다는 약점을 안고 있다.

　여기에 비해 '적당한 인재'를 적재적소에 배치하는 타입의 기업은 분명 화려하지도 않고 발전 속도도 느릴 것이다. 하지만 회사 전체가 하나로 뭉쳐 목표를 향해 전진해 나갈 것이라고 생각하면, 이러한 조직이야말로 확실하게 목표 달성을 할 수 있다는 이점도 있다. 이런 방식이라면 사장이나 관리직이 교체된다 하여도 그로 인해 조직이 받게 되는 타격은 적어지기 때문이다. 로마는 후자 타입이었다.

　이미 말했듯이 리키니우스·섹스티우스법 제정 후 1세기 동안에 로마는 이탈리아 반도를 통일한다. 그러나 그 통일의 진도는 결코 선명하지도 않고 속도감도 없었다. '천하 통일'을 말하면 우리는 흔히 영웅을 떠올리지만, 그 시대의 로마에는 눈에 띄는 영웅이 탄생하지 않았다. 그 대신 로마는 '강한 조직'으로 존재했다. 이 조직력으로 로마는 이탈리아를 통일할 수 있었다.

예컨대 이 시대 로마 전쟁사에서는 명장으로 지중해 세계에 이름을 떨친 인물을 발견할 수 없었다. 그 대신 천재적이진 않지만 견실하게 지휘를 할 수 있는 인재들이 많이 있었다. 왜냐하면 로마에서 군단 인솔은 1년 임기로 정해진 집정관의 역할이었다. 그렇지만 전쟁이 1년 만에 끝내야 하는 것으로 제한되어 있지 않기에 집정관의 임기를 한정하고 있는 것은 결점이 된다. 하지만 다른 한편으로 보면 이점도 있다.

군단을 지휘하려면 자질도 필요하지만 실전 경험도 중요하다. 그렇게 보면 한 해에 한 번씩 '신인'을 등용할 기회가 있다는 것은 그만큼 군단 지휘관 층이 두터워지는 셈이다. 예컨대 전쟁터에서 집정관이 쓰러졌다고 해도 로마 원로원은 경험자 가운데 즉시 후임 지휘관을 뽑을 수 있는 이점을 누릴 수 있다.

장대한 《로마사》를 쓴 역사가 티투스 리비우스는 그의 저서 《즐겁게 돌아가는 길》에서, 만약 로마군과 알렉산드로스 대왕의 군대가 싸우면……이라는 시뮬레이션을 시도한 다음, "조직력에서 우수한 로마군이 최종적으로는 이겼을 것"이라고 결론을 내린다.

물론 이것은 어디까지나 '역사의 가정'이므로 정답이라고는 할 수 없다. 또한 리비우스는 로마인이었으니까 편향된 부분이 없다고도 단정할 수 없다. 하지만 그가 제시한 이유를 주목해야 한다.

"한명 한명의 전사는 각자의 운에 따라 죽거나 살거나 한다. 다만 로마에서는 전사 한 사람의 죽음이 직접적으로 국가의 손실로 연결되지 않고 끝난다."

리비우스의 이 말은 '전사'를 '지휘관'으로 바꾼다 하여도 그대로 통용된다. 그리고 확실히 이 점이 로마가 강하다는 것이다.

왜 로마인에게 '신상필벌'은 필요하지 않았을까

조직의 로마를 말할 때 빠뜨린 것이 하나 있다. 바로 로마에서는 전투에서 졌을 경우에도 패한 군대의 지휘자를 처벌하지 않았다는 사실이다.

비록 로마군이 패전에 패전을 거듭했다 해도—이것은 나중에 설명하는 한니발과의 싸움에서 실제로 일어난 일이지만—지휘관은 바닥날 염려가 없다. 또한 패전 지휘관도 실패 경험을 다음 전투에서 활용할 수가 있다. 즉 패전 경험에서 다음 승리를 이끌어 낼 수 있는 효과도 있다는 것이다.

그러나 이것은 어디까지나 결과론이고, 로마인들이 그러한 효과까지 고려하여 패장을 재판하지 않았던 것은 아니다. 이렇게 말하는 것은 원래 로마인의 관념에서 보면 패장을 해임하거나 혹은 처벌할 필요성은 처음부터 고려되지 않기 때문이다.

이미 말했듯이 공동체 의식이 강한 로마에서는 무엇보다도 명예를 존중했다. 일단 전쟁이 나면 귀족도 평민도 모든 것을 내던지고 국가 방위에 나서는 로마인이었다. 귀족과 평민의 항쟁이 좀처럼 결론에 도달하지 못했던 것도 그 때문이었다.

그러한 로마인이기에 자신에게 주어진 임무를 완수하지 못하여 패전의 책임자가 된다는 것은 가장 견디기 힘든 치욕이었다. 이것이 당시 로마사회의 상식이었다.

그러니 죽고 싶을 정도로 치욕스럽다는 생각을 하고 있는 지휘관을 굳이 재판할 필요가 없지 않은가? 이렇게 생각했기 때문에 로마에서는 패장의 책임을 거론하지 않았다. 이미 그는 패장이 된 시점에 수치라는 큰 벌을 받은 셈이니까.

미국식 경영 이론서의 첫 페이지에는 큰 고딕 문자로 '신상필벌'이라는 말이 쓰인 경우가 많다. 그것을 보면 나는 놀려 주고 싶기도 하다.

과연 명예심 따위를 약으로 쓰고 싶지 않은 현대 조직의 운영에서는 신상필벌은 매우 중요하여 꼭 필요한 규칙일 것이다. 그러나 이 규칙을 일부러 꺼내 들지 않아도 잘 움직인 조직이 실제로 존재했던 것이다.

두 가지 네트워크

역사가 리비우스가 "알렉산드로스도 물리쳤을 것이다."라고 한 로마의 조직력은 공화정에 의한 것만은 아니다. 리키니우스 · 섹스티우스법 이후의 로마에는 같은 시대의 다른 나라가 가지지 않은 두 가지 큰 '무기'가 있었다.

하나는 물건이나 사람을 움직이게 하는 네트워크로서의 도로망, 그리고 또 하나는 로마를 중심으로 하는 국가간 네트워크로서의 '로마 연합'.

이 두 가지 네트워크의 힘으로 로마는 이탈리아 반도의 패자가 되었고, 얼마 후에는 지중해 세계의 패자도 된다. 그런데 사실 이 둘은

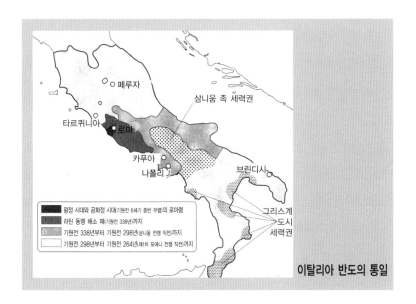

이탈리아 반도의 통일

동전의 양면을 이루는 것으로 볼 수 있다. 표현을 달리하면, 도로망이 하드웨어라면 '로마 연합'은 소프트웨어였다고 할 수 있다.

제2장에서 소개한 플루타르코스의 말을 기억할 것이다.

역사가인 플루타르코스는 로마가 주변국을 누르고 커진 이유를 한마디로 요약했었다.

"패자마저도 자신들에게 동화시킨다는 그들의 방식만큼 로마의 강대화에 기여한 것은 없다."

이처럼 멋진 특성은 이미 로물루스 시대 사비니 족을 동화시킬 때부터 나타나기 시작하여, 왕정에서 공화정으로 이행한 후에도 바뀌지 않았다. 오히려 그들은 그 특성을 한층 강화했다.

이탈리아 반도를 통일하는 과정에서 로마는 이탈리아 반도 중부의 산악 지대를 본거지로 삼고 있던 삼니움 족과 싸우고, 또 이탈리

✤ 피로스_ 기원전 280년, 이탈리아 남부의 그리스계 도시국가 타란토는 로마가 남하하는 것을 두려워하여 선제공격을 계획했다. 그래서 고용된 인물이 그리스의 왕국 에피로스의 왕 피로스였다.
명장 피로스는 같은 해에 일어난 서전, 그리고 다음해의 전투에서도 로마군을 압도하였지만, 로마는 강화에 응하지 않고 철저히 항전할 것을 결의한다. 기원전 275년, 피로스와 로마군은 말레벤툼(현재의 베네벤토)에서 다시 싸웠으며 이번에는 로마가 승리했다. 오랜 기간에 걸쳐 싸움이 계속되자 전의를 상실한 피로스는 이 패전을 계기로 철퇴한다.

아 남부에서 큰 힘을 가진 그리스계 도시국가와도 싸운다.

그 전쟁은 결코 희망적이지 않았다. 아니, 오히려 고전이었다는 표현이 적확할 것이다. 삼니움 족과의 전투에서는 그들의 게릴라 전법에 휘말려 로마군은 항복을 피할 수 없었다. '카우디움의 굴욕'＊이라는 이 패배는 오랫동안 로마인의 기억에서 사라지지 않았다.

또한 그리스계 도시국가와의 전투에서는 북부 그리스에서 초빙해온 피로스라는 명장에 의해 로마군단은 연패를 당한다. 로마는 수도 방위를 위해 프롤레타리의 소집이라는 전례 없는 긴급 수단을 실시했을 정도였다.

하지만 그 같은 고통을 안겨 주었던 적에 대해서도 로마인은 분노하면서 그들을 멸망시키지 않았으며, 또한 노예로도 만들지 않았다. 그 대신 그들은 예전의 적을 자신들이 이끄는 '로마 연합'의 일원으로 포함시켜 나갔다.

그러나 그것은 로마인들이 당시에는 아직 나타나지도 않은 기독교의 '박애 정신'에 눈을 떴기 때문은 결코 아니다. 그들의 이러한 선택은 일찍이 자신들이 맛보았던 씁쓸한 경험에서 크게 영향 받았기 때문이다.

라틴 동맹은 왜 실패했을까

건국 이래 로마는 비록 느린 속도였으나, 그 세력을 넓혀 올 수 있었으면서도 항상 동맹 부족의 배반으로 골치를 앓아 왔다.

로마인은 왕정 시대부터 이미 주변의 라틴 부족들과 동맹을 맺기에 그 이상 안전한 상대도 없다고 생각하여 시작한 것이 '라틴 동맹'이었는데, 이 동맹은 로마가 원하는 만큼 효과를 내주지 않았다. 그것은 원래 로마가 주체가 되어 시작한 이 동맹에서, 맹주국인 로마의 힘이 그 당시 특출하지 못했던 탓도 있었다. 로마 이외의 라틴족이 이 동맹에 참가한 것은 어디까지나 참가하는 것만으로도 이익을 얻을 수 있다고 생각했기 때문이었다.

맹주국 로마의 힘이 충분하여 다른 부족과의 전쟁에서 승리를 거두는 동안에는 전리품도 분배받을 수 있으므로 그들은 로마를 따랐다. 그러나 로마의 힘이 약해지면 즉시 등을 돌렸다.

실제로 로마가 왕정에서 공화정으로 바뀌었을 때나 '켈트 족 습격 충격'과 함께 로마가 잿더미로 뒤덮였을 때나 피폐해진 로마를 맨 먼저 공격해 온 부족도 그들 동맹자였다. 켈트 족이 돌아간 후로 20

년에 걸쳐 로마는 동맹자 관계였던 부족들과의 전쟁에 전력을 기울여야 하는 처지에 놓이기도 했다.

이런 뼈아픈 경험을 통해 로마가 배운 것은 아무리 같은 라틴 부족의 피를 나눈 한패의 동맹이라 해도, 그 동맹을 유지시키는 것은 우정이나 신의 등의 추상적인 것이 아닌 군사력이라고 하는 현실이었다.

그래서 리키니우스 · 섹스티우스법이 제정된 약 30년 후, 로마는 새로운 동맹 관계 형성에 착수한다. 이것이 바로 20세기의 역사가 아널드 토인비가 '정치 건축의 걸작'이라고 말한 '로마 연합'의 시작이었다.

보수도 철저하면 혁신에 이른다

그 이전의 '라틴 동맹'과 새로 만들어진 '로마 연합'은 여러 가지 면에서 차이가 있다. 무엇보다 중요한 것은 로마의 힘을 동맹국에 인식시키고 납득시키는 일이었다. 좀 더 단도직입적으로 말하면 외교교섭을 통해 동맹 관계를 쌓아올리는 것이 아니다.

전쟁에 이긴 후 패한 그들을 동맹에 가세시키는 방법이 로마가 택한 길이었다.

이렇게 설명하면, '말하자면 로마 연합이란 승자가 패자를 강압적으로 누르는 것이 아닌가?'라는 생각이 들 것이다. 사실 그렇다.

그러나 인류의 긴 역사를 돌아보면, 전쟁에 진 패자를 기다리고 있는 것은 예속의 운명뿐이었다. 재산을 몰수당하고 피정복민으로서 정복자의 지배를 받는 것은 당연한 것으로, 노예로 팔리거나 더 심한 경우에는 민족 자체가 멸망해 버리는 경우도 흔하다. 이에 비하면 로마가 택한 동화 방식은 '패자에게 지나친 관용'이라는 평가를 받을 정도였다.

물론 로마인은 관용을 베풀려고 이 길을 택한 것은 아니다. '패자도 동화시킨다'는 옛적부터의 삶의 방식에 충실하겠다는 생각과 현실적인 이득도 냉철하게 판단해 내린 결론이 '로마 연합'이었다고 할 수 있다. '보수주의도 철저하게 한다면 일대 혁신이 일어난다'의 좋은 사례라고 할 수 있다.

로마 연합이란

로마 연합의 과정을 간단하게 살펴보자.

로마 연합은 크게 다섯 요소로 구성되어 있다.

제1요소는 연합의 중심은 로마이다. 이것은 말할 필요도 없을 것이다.

제2요소는 한때 라틴 동맹에 속해 있던 나라들, 즉 켈트 족 습격 충격 때 일단 로마에서 등을 돌렸다가 다시 로마 군대의 발밑에 엎드린 나라들이다.

이 같은 배반 국가들에게는 징벌을 내리는 경우가 대부분이지만 로마는 달랐다. 그 대신 로마는 그들에게 완전한 형태의 로마 시민권을 주었다. 말하자면 로마 본국 사람들과 완전히 똑같은 참정권과 재산권을 보증해 준 것이다.

물론 로마 시민권에는 그 권리와 함께 병역의 의무가 뒤따르지만, 그것조차 완전히 평등했다. 유사시에는 로마 병사와 함께 전쟁에 나가야 했다. 결국 로마에게 완전히 합병당하는 것이었지만, 그 합병이 완전히 대등한 형태로 이루어진다는 것이 로마에서만 가능했던 특색이었다.

'패자도 동화시킨다'는 로마인들은 이미 로마에 반기를 들었거나 전쟁에서 패했다는 과거조차 전혀 묻지 않았다. 과거에는 적대 관계에 있던 사람들에게 로마의 공직에 오를 수 있는 피선거권까지 주었다. 실제로 그들 중에는 나중에 로마의 집정관이 된 사람도 포함되어 있다. 이러한 일을 예사롭게 펼쳐 나가는 데 로마인의 강함이 깃들어 있었다.

제3요소는 '무니키피아(municipia)'라는 나라들이다.

현대 이탈리아어로 '무니치피오'라고 하면 지방자치단체를 가리키는 말이다. 로마 연합에 속한 무니키피아는 로마 내에서 자치가 허용된 나라들이었다. 로마에서는 무니키피아에 속하는 사람들을 '준로마 시민'으로 취급하기로 한다.

이렇게 말하면 그들을 마치 이류 시민처럼 생각할지 모르지만 사실은 그렇지 않았다.

무니키피아 거주자에게 로마 시민권은 주어지지 않았지만, 보통의 생활에서 그들은 로마인과 똑같은 법적 권리를 인정받았다. 로마인과의 결혼도 자유로웠다. 그들에게 주어지지 않은 것은 투표권과 피선거권뿐이었다. 그것은 무니키피아가 자치체인 탓에 당연한 조치였다. 하지만 로마는 이 무니키피아 사람들에게도 차례차례 로마 시민권을 주었다. 이 또한 한 순간이 아닌, 서서히 '패자의 동화'를 행한 셈이다.

이전의 적에게도 시민권을 준 '로마의 지혜'

'로마 연합'의 제4요소는 라틴어로 '소키(socii)'라는 동맹국이었다. 이곳에는 로마 연합이 생긴 뒤에도 로마와 전투를 하였던 제국이 포함된다.

앞에서 말한 삼니움 족이라든가 나폴리를 선두로 하는 그리스계 도시국가들은 모두 로마와의 전쟁에서 패하여 '소키'로서 연합에 가맹하게 된다. 그러나 군대의 발밑에 엎드린 소키에 대해 로마는 아주 너그러웠다.

이들 소키는 로마에서 완전한 자치가 허용되어 있었고, 로마는 그들에게 동화를 요구하지도 않았다. 통치 형태, 문화, 종교…… 모든 것이 전과 똑같아도 상관하지 않았다. 그리스 건국에서 시작된 나폴리 등에서는 그리스어가 일상적으로 사용되고 있었다. 그것도 문제가 아니었다. 말하자면 패전국이 아니라 완전한 독립국으로서 대우한다는 것이었다.

다만 '로마 연합'의 일원인 이상 조건은 있었다. 그것은 '만약 로마 연합이 전쟁을 일으키면 동맹국으로서 병력을 제공한다'는 것이다. 바꿔 말하면 이 의무만 완수하면 소키는 로마에게 세금이나 공납금을 낼 필요가 없었다고 하니, 이 또한 관대한 조건이다.

더욱 놀라운 것은 소키의 지배계급에 대해 로마 시민권의 취득을 적극적으로 권한 것이다. 로마 시민권을 취득하라는 것은 로마 시민의 한 사람으로서 로마의 국정에 참가해 달라는 것이나 다름없다. 이 경우에 자국 시민권을 버릴 필요가 없었으므로 소위 이중국적이 되었지만, 로마는 전혀 개의치 않았다.

이 같은 로마의 조치가 얼마나 놀랄 만한 것인지는 현대 세계로 바꿔 놓고 생각해 보면 금방 알 수 있다.

예컨대 제2차 세계대전 후 미국이 패전국 일본이나 독일의 국회의원에게 "미국 시민권을 취득해 우리나라 선거에서 투표해 주십시오."라든가 "뜻이 있으면 우리나라 선거에 입후보해도 좋습니다."라고 말한 예가 있을까? 물론 그런 일은 미국에도 없었고, 그 이전의 강대국인 대영제국에서도 없었다.

그런데 로마는 그것을 예사롭게 행했다. 로마인은 '동맹국이라도 등을 돌릴 수 있다'는 현실을 냉정하게 지켜본 다음, 어떻게 하면 그것을 최소한으로 억제할 수 있을까를 생각했다. 그리고 주저하지 않고 실행에 옮긴 것이다. '로마 연합'의 결속을 견고하게 하기 위해서라면 체면에 얽매일 필요가 없다고 생각했기 때문에 로마인들은 로마 시민권을 소키의 지배층에도 나누어 주기로 한 것이다.

콜로니아 없이는 동맹 불가

'로마 연합'을 구성하는 마지막 요소는 '콜로니아(colonia)'였다. 콜로니아는 영어의 콜로니, 번역하면 식민지라는 라틴어이다. 콜로니아는 근현대의 식민지와는 정취가 다르다. 그래서 나는 '식민지'라고 번역해 생길지도 모르는 오해를 막기 위해 콜로니아를 '식민 도시' 라고 번역한다.

영국이나 네덜란드 등, 근대 유럽 제국의 식민지는 현지 노동자에게 일을 시키고, 카를 마르크스 식으로 말하면 수탈하기 위한 곳이었다. 하지만 로마의 콜로니아는 그런 경제적인 목적으로 만들어진 곳이 아니었다.

이미 말했듯이 로마는 연합 가맹국에게 다양한 혜택을 주고 담대한 동화 정책을 펼쳐 동맹국의 배반을 미연에 방지하려고 했다. 하지만 그것으로 모든 일이 해결된다고 여길 만큼 호인들은 아니었다. 아무리 궁리를 하고 지혜를 짰다고 해도, 동맹은 동맹인지라 그들이 배반하지 않는다는 보장이 없다.

그래서 로마인이 생각한 것은 전략상 중요하다고 생각되는 땅에 '쐐기' 를 박듯 로마인을 배치해 가는 것이었다. 즉 일단의 로마 시민을 그곳으로 이주시켜 그들이 살면서 방위하는 마을을 건설하겠다는 것이다.

콜로니아뿐 아니라 당시 이탈리아의 마을은 모두 성벽으로 둘러싸인 요새였다. 따라서 만약 주변 동맹국이 불온한 움직임을 시작하였더라도 중요 거점을 콜로니아라는 형태로 묶여 있었기 때문에 동맹국들은 경거망동을 할 수 없었다. 만일 배반한다 해도 로마 시민이 살고 있는 '콜로니아' 에서 보루 역할을 맡아 가로막았다. 그렇게 적의 발목을 묶어 놓고 있는 동안에 수도 로마에서 군단이 출격하는 것이다.

'콜로니아' 중에는 로마 시민이 아닌 동맹국 사람들이 이주한 '라틴 식민 도시' 라는 곳도 있었다. 그러나 이 라틴 식민 도시도 목적은 같았다. 그들은 이러한 종류의 식민지에 이주하여 로마와 이해를 일치시키는 것이 자신들에게도 이익이라고 생각하는 사람들이었다. 로마 측에서 보면 충분히 신뢰할 수 있는 사람들로 한정되어 있었다.

이 콜로니아를 전략 요지로 둔다는 '정략' 은 제정 시대에 접어들어서도 유효한 수단으로 활용된다.

현대 서유럽의 주요 도시 중에는 로마제국 시대의 콜로니아가 기원인 곳이 적지 않다. 프랑스의 파리나 리옹도 고대의 콜로니아이다. 라인 강 중류 쾰른의 경우는 콜로니아를 독일어 식으로 읽은 것이 그대로 도시 이름이 되었다. 약 2,000년 전의 콜로니아가 현재도 도시로서 기능하고 있는 것을 보면, 로마인의 지세를 읽는 눈이 얼마나 적절했는지 명확해진다.

왜 로마인은 가도를 만들었을까

지금까지 로마 연합을 대략적으로 설명했다. 그런데 그것이 로마 방위의 소프트웨어였다고 한다면 하드웨어로서 기능한 것은 도로망이었다.

이것은 인간이나 마차의 잦은 왕래에 의해 이루어진 길을 말하는 것이 아니라 처음부터 부설한 가도를 말한다. 그런데 이렇게 계획하여 가도를 부설한 것은 로마인의 독창적인 아이디어는 아니었다. 기원전 5세기 페르시아 제국에는 페르시아 만에서 지중해에 이르는 가도가 정비되어 있었다고 역사가 헤로도토스는 놀라워했다.

그러나 가도를 단순한 물자나 사람을 수송하는 것만이 아니라 좀 더 유기적으로 이용하고자 하는 생각을 해내고, 게다가 가도를 네트 워크화하면 비약적인 효과를 올릴 수 있다고 깨달은 것은 전적으로 로마인의 발명이었다고 말할 수 있을 것이다. 그것은 전적으로 로마 인이 발명한 것이었다.

　　로마의 가도 부설은 기원전 312년, 당시 산악 민족인 삼니움 족과 의 전쟁이 한창일 때 시작된다. 최초로 착공한 것은 지금도 이탈리 아에 남아 있는 '아피아 가도'이다. 로마 재무관인 아피우스가 입안 과 감독을 했던 것에서 이름붙여진 아피아 가도는 그때까지 지구상 에 존재한 가도와 목적을 전혀 달리하였다. 왜냐하면 이 가도의 가 장 큰 목적은 로마 연합을 강화하고 보완하는 것이었기 때문이다.

　　지금까지 살펴보았듯이 로마는 동맹 관계를 맺기 전까지는 전쟁 을 하였어도, 그 후부터는 힘으로 억압하는 것이 아니라 동화를 통 하여 동맹국과 관계를 강화하는 길을 택했다. 그래서 로마는 자신들 이 제패한 땅에 일부러 병력을 주둔시키지 않았다. 군대를 배치한다는

✚ 아피우스가 입안과 감독을 했 던 것에서 이름붙여진 아피아 가 도의 목적은 로마 연합을 강화하 고 보완하려는 데 있었다.

것은 그 땅이 지배당하고 있다는 것을 어제까지의 적에게 확인시켜 주는 것과 같았다. 그러한 감정은 그 후의 동맹 관계에도 마이너스로 작용할 것이라고 생각했기 때문이다.

그렇다면 만약 전쟁이나 분쟁이 일어났을 때 기지에서 급파할 수밖에 없다는 결론이 나온다. 그런데 당시 로마군 주둔지는 수도 로마 이외에는 존재하지 않았다. 따라서 어떻게 하면 1초라도 빨리 목적지에 도착할 수 있을지가 관건이었다. 그래서 로마 가도라는 아이디어가 나온 것이다. 역사상 유명한 로마 가도의 첫 번째 목적은 군용 가도였다.

왜 패자는 승자를 원망할까

그러나 가도의 부설 목적이 이 한 가지만은 아니었다.

내가 로마사를 공부하면서 경탄하는 것은 로마인들이 어떤 일을 행할 경우 그것이 단일한 목적만으로 이루어지지 않는다는 것이다. 이 경우에도 마찬가지였다.

가도 부설에는 또 하나의 큰 이유가 있었다. 그것은 인간이나 물건의 이동을 통해 '패자의 동화' 노선을 더욱더 추진해 나가겠다는 것이었다.

군용 가도로서의 기능성을 첫 번째 목적으로 생각한다면, 가도는 수도인 로마를 기점으로 해서 일직선에 가까운 코스를 택하는 것이 가장 합리적일 것이다. 그러나 실제로 로마 가도가 부설된 경로를 보면 꼭 그렇지는 않다. 그것을 단적으로 알 수 있는 것은 정략적, 전략적으로 중요한 땅에는 반드시 그 마을 중앙으로 가도가 통과하게 되어 있다는 사실이다.

만약 군대의 민첩한 이동만을 생각했던 군사 가도로서의 효율성을 우선시했다면 일부러 가도 가에 해당하는 모든 마을의 중앙부를 통과할 필요가 없을 것이다. 마을 근처를 지나간다 해도 그곳에서 마을 중앙부에 간선도로를 잇는 편이 훨씬 합리적이고 비용도 적게 든다.

하지만 로마인은 그렇게 하지 않았다. 왜냐하면 한 가지 목적을 위해 완벽하게 만들어진 가도라면 다른 목적으로 바꾸어 이용하는 것도 완벽하게 가능할 것이기 때문이다.

민첩한 군대 이동이 가능하도록 로마의 가도는 기본적으로 돌로 포장을 했다. 비가 내리거나 눈이 쌓인다 하여도 그 물이 길 양쪽을 따라 파 놓은 배수구에 흘러들어가게 되어 있었다. 그래서 기후가 나쁜 시기에도 이용할 수 있었다. 게다가 이 로마식 가도는 차도와 보도가 구분돼 있어, 기마대나 마차가 전속력으로 달리고 있을 때도 보행자는 방해를 받지 않았다.

물론 이 같은 설계는 군사 가도의 용도를 염두에 두었기 때문이다. 하지만 이 정도로 정비된 가도라면 물자 이동이나 여행자의 왕래에도 최적이었음은 말할 것도 없다. 그리고 사람이나 물자 이동이 늘어나면 필연적으로 그 가도가 지나는 주변 일대의 경제가 활성화된다.

패자가 승자에게 불만을 느끼는 경우는 보편적으로 2가지 경우이다. 하나는 승자에게 자치권을 빼앗기는 경우이다. 이에 대해 로마는 이미 지방자치체인 무니키피아 및 동맹국에 대해 내부 자치권을 인정하는 방향으로 대책을 세워 해결함으로써, 그러한 불만이 쌓일 위험을 최소한으로 억제하였다. 또 다른 이유는 경제상의 곤궁이다. 만약 패자인 자신들이 착취당하고 있다는 생각을 하게 되면 아무리 정치적 자유가 주어진다 해도 불만은 쌓일 수밖에 없다.

　로마의 가도 부설은 이러한 경제적 불만을 해결하기 위한 방책일 수도 있다. 로마와 동맹국 사이에 물류가 증가해 가면 요즘 말하는 광역 경제권 형식의 연결이 이루어지게 되어 저절로 현지 경제도 활성화되기 때문이다. 로마인 측에서 보면 다소 우회한다 해도 마을의 중심부를 관통하는 형태로 가도를 부설한 이유가 있다고 할 수 있다.

✤ 페르시아의 크세르크세스에 맞서 싸운 스파르타의 레오니다스 왕과 전사들에 대한 이야기를 그린 자크 루이 다비드의 그림.

운명 공동체의 필요성

또한 가도를 통해 운반되는 것은 물자만이 아니다.

로마인의 문화나 풍습도 다른 지방으로 흘러가게 된다. 이것도 동맹 강화를 위해서 꼭 필요했다. 승자가 승자로서 계속 존재하려면 단순히 무력뿐만 아니라 지도자로서 존경받는 것도 중요하기 때문이다.

무력만으로는 승자로서의 지위를 유지할 수 없다는 것을 단적으로 상징해 주는 것이 그리스 스파르타의 몰락이다.

스파르타는 기원전 404년 펠로폰네소스전쟁으로 아테네를 항복시켜 그리스의 승자가 된다. 하지만 스파르타의 패권은 불과 30년밖에 유지되지 못했다. 그 이유는 여러 가지를 들 수 있겠지만, 궁극적으로 스파르타에는 패자를 끌어당길 만한 매력이 없었다는 점이다.

오늘날 '스파르타식' 이라는 용어에서 전해지는 것처럼, 스파르타 사람들은 모든 것을 희생시켜 군사 국가를 만들기 위해 총력을 기울였다. 어린아이들도 6세가 되면 부모에게서 떨어져 30세까지 공동생활을 하며, 하루 종일 전사로서 훈련을 받았다. 그 과정을 거친 후에야 가정생활을 할 수 있었다. 그러한 생활상은 '검소하고 강건' 하다는 말 이외에 달리 표현할 수 없을 정도이다. 아무튼 타락의 원인이 된다는 이유로 사유재산을 인정하지 않는 것부터 시작해 문학이나 예술도 환영받지 못하는 나라였으니까.

이 정도라면 당연히 스파르타가 강해질 것이다. 하지만 이러한 스파르타 인의 라이프스타일을 동경하고 그것을 따르겠다는 나라가 어디 있겠는가? 스파르타의 패권이 의외로 단명으로 끝났다는 것은 결국 여기에 문제가 있었던 것이다.

이야기를 되돌리면, 로마 연합이 기능하려면 무엇보다도 먼저 로마와 동맹국, 다른 말로 하면 승자와 패자가 운명 공동체를 형성하는 것이 필요불가결하다고 로마인은 깨닫고 있었다.

그러기 위해서는 말로만 우호를 주창하여서는 의미가 없고, 물심양면으로 교류가 있을 때에 비로소 승자와 패자는 융합해 간다. 이를 알아차린 로마인의 지혜가 참으로 대단했음을 솔직히 감탄할 수밖에 없다.

모든 길은 로마로 통한다

기원전 312년에 시작한 로마 가도의 부설은 기원전 1세기의 공화정 시대에 본국 이탈리아를 총망라하며 완성되었고, 제정 시대에 접어들어서는 유럽, 중근동, 북아프리카에 걸친 제국 전역을 망라해 나간다. 그 결과, 로마제국 전역에 둘러쳐진 가도는 주요 간선도로만도 375갈래, 그 전체 길이는 8만 킬로미터를 넘었고, 자갈 포장을 한 간선도로나 사도까지 합하면 총연장 길이는 30만 킬로미터에 이르렀다.

이처럼 광범위하게 로마인을 가도 부설에 몰아넣은 원동력 중 하나가 건국 이래로 길게 이어져 온 '패자도 동화시킨다'는 로마의 유전자였다고 할 수밖에 없다.

국가 방위 면에서 생각하면 도로망 부설은 양날의 검이기도 하였다. 양날의 검이란 사용 여하에 따라 유용하기도 하지만 위험할 수도 있다. 왜냐하면 분명히 고대판 고속도로라고 할 수 있는 가도가 있기 때문에 로마의 군단은 모든 벽지로 빠르게 이동할 수가 있었다. 그러나 자국 군대가 빠른 속도로 이동할 수 있는 만큼 적 또한 그만큼 빠른 속도로 이동할 수 있었다. 라퐁텐이 표현한 것처럼 '모든 길은 로마로 통하기' 때문에 수도 로마는 모든 방향에서 오는 적을 경계해야만 했다.

물론 로마인들도 가도 건설이 방위 면에서 마이너스가 되는 이 위험성을 깨닫고 있었을 것이다. 그러나 그럼에도 불구하고 그들은 도로망을 충실하게 부설하는 쪽을 택했다.

이 점에서 정반대인 곳이 고대 중국제국이다. 물론 고대 중국에도 가도는 존재했다. 그러나 중국에서는 가도를 둘러치기보다는 강대한 방벽, 즉 만리장성을 쌓아올리는 쪽에 에너지를 쏟았다.

사람의 왕래를 끊는 방벽과 사람의 왕래를 촉진하는 가도……. 똑같이 고대 제국이라 일컬어진 로마와 중국이었지만, 두 나라의 '삶의 방식'은 전혀 달랐다. 그리고 로마의 도로망은 '팍스로마나(로마의 평화)'로 연결된 데 비해 만리장성은 중국에 '팍스(평화)'를 가져다주지 못했다.

조직의 로마를 뒤흔든 남자

리키니우스 · 섹스티우스법의 제정으로 상징되는 평민에 대한 공직 개방, 로마 연합의 창설, 또 그것과 표리일체를 이루는 도로망의 부설⋯⋯. 켈트 족 습격 충격을 계기로 로마는 조직의 로마로 향하는 길을 걷게 되었다고 해야 할 것이다.

그러나 조직이라고 해도 로마에서는 자기 완결형의 폐쇄 조직이 아니었다. 로마인들은 항상 밖을 향해 조직을 개방했다. 이것이야말로 로마를 로마답게 하는 특색이었다.

로마의 강함은 귀족의 아성이었던 원로원을 평민에게도 개방하고, 로마 연합에 패한 자에게도 로마 시민권을 나누어 주었으며, 도로망을 깔아 로마 연합 내부에서 사람이나 물건의 흐름을 활성화시키는 등 여러 요소들이 유기적으로 결합됨으로써 나타나게 되었다.

그 원점이 된 것은 몇 번이고 반복하지만 건국 때부터 지켜 온 '패자도 동화시킨다'고 하는 유전자였다.

그러나 이 로마가 '지중해의 승자'가 되어 대제국으로 등장하기까지는 아직도 넘어야 할 시련이 수없이 많았다.

그 최초의 시련은 로마의 이탈리아 통일이 끝나자마자 나타난다.

로마가 이탈리아 반도 통일을 완성한 것은 기원전 270년. 그리고 불과 6년 뒤 로마는 당시 지중해 최고의 해군 국가인 카르타고와 전쟁을 하게 된다. 간헐적으로 싸웠다 해도 그 후 130년간이나 계속된 포에니전쟁의 시작이다.

이 포에니전쟁에서 로마는 최강의 라이벌과 맞부딪친다. 그 라이벌은 다름 아닌 한니발. 한니발은 로마를 그저 위기에 빠뜨렸던 것만은 아니었다. 그의 존재 자체가 로마인의 삶의 방식에 대한 도전장이었다고 해도 과언이 아니다. 왜냐하면 조직의 로마가 이 한 인물에 의해 17년이라는 긴 세월을 계속 농락당하기 때문이다.

한 사람의 천재보다는 조직 전체의 강함을 강구했던 로마가 이 위기를 어떻게 넘겼을까? 그것을 다음 장에서 얘기하겠다.

---

* **카우디움의 굴욕**_ 기원전 321년, 카우디움의 계곡으로 유인되어 나간 로마군은 삼니움 족의 책략에 빠져들어 며칠 동안 갇혔다. 식량이 떨어져 로마군이 항복하자, 삼니움 족은 로마 병사를 무장해제시키고 그들의 갑주마저 빼앗아 속옷 바람으로 만들어 버렸다. 그리고 그 모습으로 창을 겨눈 군사들 사이로 걸어가게 만들어 조롱하였다.

5장 한니발의 도전

로마는 경제력에서도 군사력에서도 카르타고에 미치지 못했다.

또한 카르타고에는 희대의 명장 한니발이 있었다.

카르타고보다 '전혀 나은 것이 없는' 입장에서

로마는 카르타고와 포에니전쟁을 치른다.

이 전쟁은 로마의 조직력이 진가를 발휘한 전쟁이라고 할 수 있다.

카르타고는 '평화국가'인가

기원전 367년의 리키니우스·섹스티우스법 제정을 계기로 로마는 도약의 시기를 맞이한다. 내부에서는 귀족과 평민의 융화가 이루어지고, 밖에서는 그때까지 느슨했던 라틴 동맹을 해체하고 로마를 중심으로 강고한 로마 연합을 발족한다.

그 후 로마는 결코 화려하지는 않지만 착실하게 세력을 확대해 나간다. 그리고 기원전 270년, 마침내 이탈리아 반도의 통일을 이루어낸다. '켈트 족 습격 충격'으로부터 계산하면 120년째 되는 해였다.

한때 켈트 족의 습격을 받아 존망의 위기에 직면하기도 했지만, 강한 조직, 강한 시스템을 확립할 수 있었던 로마는 이탈리아의 패자가 될 수 있었다. 그러나 고투와 시행착오 끝에 이탈리아 반도를 제패한 로마에게 휴식의 시간은 허용되지 않았다. 반도 통일 후 불과 6년 만에 로마는 카르타고와 '포에니전쟁'에 돌입하게 되기 때문이다.

카르타고는 통상에 뛰어난 페니키아 민족이 세운 국가였다. 같은 상업 민족인 그리스가 몰락한 뒤 지중해 세계에서 카르타고는 탁월하게 경제 대국으로 올라섰다.

당시의 로마는 지중해 세계 속에서는 신흥국인 셈이었다. 가까스로 이탈리아 반도를 통일했을 때까지는 괜찮았지만, 토대가 농경민족이었기 때문에 항해술조차 변변히 알지 못하였다. 하물며 바다를 건너 카르타고를 정복한다는 것은 꿈에도 생각할 수 없었다.

그때까지의 로마는 카르타고와의 불평등 조약(기원전 348년)에 따라 사르데냐와 코르시카 섬 서쪽, 즉 지중해 서쪽 전역과 통상이 금

✚ 카르타고의 은화(위)와 로마의 동화(아래). 모두 기원전 3세기경의 것이다.

지되어 있었다.

"카르타고의 허가 없이 로마인은 바다에서 손도 씻을 수 없다."라고 카르타고 사람들이 엄포를 놓았다고 전해질 만큼, 지중해 세계에서 카르타고의 힘은 압도적이었고, 그에 비해 로마는 그 발밑에도 미치지 못했다. 양국의 경제력 차이는 두 나라의 통화에서도 뚜렷이 드러난다(이전 페이지 참조).

'자위전쟁'으로 시작된 포에니전쟁

그렇다면 왜 대국 카르타고와 신흥 로마가 포에니전쟁에서 맞붙게 되었을까? 로마 측에서 보자면 이것은 전적으로 방위전쟁이었다.

기원전 264년, 제1차 포에니전쟁의 무대가 된 곳은 부츠를 연상시키는 이탈리아 반도의 발끝에서 당장이라도 채일 것 같은 위치에 떠 있는 시칠리아 섬이었다.

이탈리아 반도와 시칠리아 사이에 놓인 메시나 해협은 가장 좁은 곳의 폭이 불과 3킬로미터였다. 그 시칠리아 섬 서쪽의 반을 전부터 지배해 온 카르타고가 세력을 동쪽으로 뻗쳐 섬 전체를 차지하려고 한 것이 발단이었다. 만약 시칠리아 전체를 카르타고가 차지하면 로마 및 로마 연합 모든 나라의 방위 체제는 무너진다.

원래 삼면이 바다로 둘러싸여 있고, 엎드리면 코가 닿는 곳에 위치한 시칠리아까지 카르타고의 거점이 되면, 이탈리아 반도는 머지 않아 해운에서도 으뜸인 카르타고의 지배 아래 놓일 것이다. 로마인들이 이렇게 생각한 것도 무리가 아니었다.

그러나 당시 시칠리아 섬은 서쪽 절반은 카르타고, 동쪽 절반은 그리스계 메시나와 시라쿠사가 지배하고 있었다. 하지만 카르타고는 말할 것도 없고 메시나도 시라쿠사도 '로마 연합'의 일원이 아니었다. 따라서 메시나가 카르타고 내습에 대처하기 위해 원군 파견을 요구했을 때도 당시 로마의 원로원은 출병을 망설이다가 최종 결단을 시민회에 일임했을 정도였다.

그런데도 로마가 출병을 하게 된 것은 역시 로마 연합의 안전 보장을 위해서는 불가피하다는 판단이 섰기 때문이었다. 그래서 이 결정을 내린 로마인들도, 아무리 그렇더라도 이 파병이 카르타고와의 전면 대결로 발전하리라는 것도, 게다가 130년이나 전쟁이 계속되리라는 것도 전혀 예상하지 못했다. 로마의 관심사는 그저 단순히 눈앞의 위기를 넘기자는 것뿐이었으니까.

그런데 이 포에니전쟁이 카르타고의 멸망이라는 형태로 종결되었을 때, 로마는 지중해의 확고부동한 패권국가가 되어 있었다. 지중해는 로마인에게 '우리의 바다'가 되었고, 도시 로마는 '세계의 수도'라고 칭송받게 되었다. 물론 이렇게 전개되리라고는 포에니전쟁을 시작했을 무렵의 로마인들은 꿈에도 생각하지 못했다.

세부 속에 역사의 묘미가 있다

그렇다면 도대체 어떻게 이탈리아 반도의 신흥국인 로마가 대국 카르타고를 끌어내리고 지중해의 패권국가로 도약할 수 있었을까? 아마도 많은 사람들이 여기에 흥미를 느낄 것이다.

그러나 먼저 양해를 구하지만, 그 '해답'을 한정된 페이지에 다 쓰라고 하면 '불가능'하다고 말할 수밖에 없다. 왜냐하면 역사란 살아 있는 인간들이 움직이는 것이다. 그 등장인물들의 움직임을 하나하나 따라가다 보면 비로소 역사를 읽는 묘미가 생겨난다.

더 깊이 말하면 전쟁이란 우연의 연속이기도 하다. 전쟁터에서는 아무도 예상하지 못한 사건이 자주 일어나고, 때로는 그것이 승패를 좌우한다.

그러한 상세한 것을 전혀 언급하지 않고 마치 자연과학에서처럼 인과 관계를 간단하게 몇 줄로 요약해 보이는 것도 역시 학자에게는 소중한 임무일지 모르지만, 2,200년 전 옛날의 로마와 카르타고의 남자들에게 빠져들어 상세한 이야기를 하나하나 좇아가며 《로마인 이야기》를 썼던 나로서는 절대로 불가능하다.

포에니전쟁에 관한 부분은 로마의 역사가 리비우스도 그의 저서 《로마사》에서 3분의 2 이상을 할애했을 정도로 로마사의 하이라이트 장면이다. 내 《로마인 이야기》에서도 이 130년에 걸친 전쟁의 흐름을 쓰는 데 단행본 한 권이 필요했다.

이처럼 포에니전쟁 이야기를 요령 있고 간결하게 쓴다는 것이 나로서는 도저히 불가능하다. 하지만 포에니전쟁을 하나의 관점에서 돌아본다면 어떻게든 쓸 수 있을지도 모르겠다. 즉 대국 카르타고와의 전쟁에서 '조직으로서의 로마'가 어떻게 대처했는가 하는 관점이다.

로마는 경제력에서나 군사력에서나 카르타고에 미치지 못했다. 또한 인재 면에서도, 카르타고에는 한니발이라는 희대의 명장이 있었다. 말하자면 카르타고보다 '전혀 나은 것이 없는' 로마는 단 하나, 조직력을 가지고 있었다.

　포에니전쟁은 로마의 조직력이 진가를 발휘한 전쟁이라고 할 수 있다.

육지의 로마, 바다의 카르타고

라틴어로 '페니키아인과의 전쟁'을 의미하는 포에니전쟁에서 로마와 카르타고는 세 차례에 걸쳐 사투를 벌인다.

제1차 포에니전쟁(기원전 264～기원전 241)

주 전쟁터는 시칠리아와 그 주변 바다. 이미 설명했듯이, 기원은 로

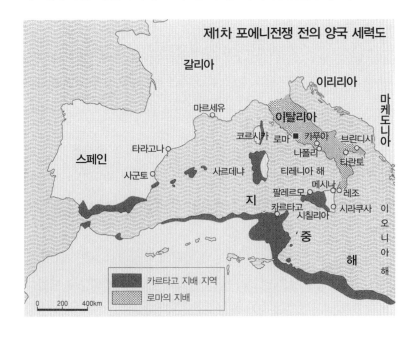

마의 방위전쟁이었다. 이 전쟁 결과, 로마는 지중해 서쪽 절반의 해상권 획득.

제2차 포에니전쟁(기원전 218~기원전 202)

고대의 손꼽히는 명장 한니발이 이탈리아 반도에 쳐들어가면서 시작된다. 전쟁은 이탈리아뿐만 아니라 스페인, 아프리카까지 확대되었다. 역사가에 따라서는 '역사상 최초의 세계대전'이라고 부르는 사람도 있을 만큼 규모가 큰 전쟁이었다. 강화조약에 의해 카르타고 해군 해체.

제3차 포에니전쟁(기원전 149~기원전 146)

전쟁터는 카르타고 본국. 이 전쟁 결과 카르타고 멸망. 그 후 1세기에 걸쳐 카르타고의 수도는 사람이 살지 않는 땅이 되었다.

　이 세 차례의 전쟁 중에서 역사적으로 가장 중요한 의미를 지닌 것이 제2차 포에니전쟁이다.

　제1차 포에니전쟁에서 로마군은 건국 이래 처음 바다를 건넌다. 그때까지 자기 부담의 군선은커녕, 상선조차 가진 적이 없는 로마인이 카르타고의 우수한 해군과 싸운다. 그런데도 이겼으니 이것은 주목해야 할 사건임에 틀림없다.

　그러나 그 후의 역사에 미치는 영향력의 관점에서 보면 제1차 포에니전쟁의 중요성은 비교적 작은 편이다. 카르타고 해군에 이겼다고 해서 로마가 육군국에서 해군국으로 방향을 바꾼 것은 아니기 때문이다. 보수적인 로마인들은 어디까지나 자신들의 역량이 육상에 있어야만 충분히 발휘된다고 믿고 있었다.

여기서는 상세히 설명하지 않지만, 이 제1차 포에니전쟁의 해전에서는 능숙한 카르타고가 미숙한 로마의 전술에 휘둘렸다. 또 로마 측도 미숙했던 탓에 여러 차례 실패를 거듭한다.

게다가 로마가 승리한 그늘에는 '동맹국'인 남부 이탈리아의 그리스계 도시 국가들의 지원이 있었다는 것도 간과할 수 없다. 그리스 민족은 원래 해상 민족이었다. 그들의 도움을 받아 로마는 급조한 것이기는 하지만 해군을 창설할 수가 있었다.

그런데 이 구도가 제2차 포에니전쟁에서는 역전한다. 육지에서는 압도적으로 강한 로마가 어이없게도 한니발의 이탈리아 반도 침입을 막지 못했다. 게다가 그로부터 햇수로 17년에 걸친 '본토 결전'을 치러야 했다.

왜 '육지의 로마'가 고전을 면치 못했을까? 그리고 이 경험에서 로마인은 무엇을 배웠을까? 이것을 아는 것은 그 후의 로마사를 이해하는 데 아주 중요하다.

'로마의 상식'에 대한 반대 명제

제2차 포에니전쟁은 로마 대 카르타고라기보다 로마 대 한니발의 전쟁이었다.

로마는 이 카르타고의 무장 한 사람에게 17년간이나 계속해 완전히 농락당한다. 로마 방위망의 허를 찌른 '알프스 넘기'라는 전대미

✚ 한니발 군대는 알프스를 넘어왔으므로 강자들로 구성되어 있을지 모르지만, 대부분이 용병이었다. 말하자면 오합지졸의 군대에 지나지 않았다.

문의 전술을 시작으로 이탈리아 반도 공격에 들어간 후부터 한니발은 로마군단을 손바닥에 올려놓고 마음대로 조종했다.

알프스를 넘는 시점에서 한니발의 군세는 보병 2만과 기병 6,000으로 합쳐 2만 6,000명에 지나지 않았다. 이에 비해 로마는 로마 연합을 포함해 동원 능력은 75만 명이었다. 숫자가 현황을 말해 주는 지상전에서 한니발의 군단은 사지에 몰려 있는 것과 다름없었는데도 로마군은 계속해 전쟁에서 패한다. 로마인들 입장에서 보면 '도대체가 바보 같은' 이라는 심정이었을 것이다.

아무튼 나라를 사랑하고 명예를 존중하는 시민들에 의해 병사가 구성되어 있다는 것이 로마군단의 자랑이다. 사기가 충천되어 있고 군인의 질에서도 다른 어느 나라 군대에도 지지 않는다.

이에 비하면 한니발 군대는 알프스를 넘어왔으므로 확실히 강자들로 구성되어 있을지 모르지만, 대부분이 용병이었다. 말하자면 오합지졸의 군대에 지나지 않았다. 게다가 그 오합지졸의 군대를 인솔하는 한니발은 이탈리아에 진공해 올 당시 불과 28세의 애송이였는데 무엇을 말하겠는가.

로마공화정에서는 이처럼 새파란 애송이가 지휘를 맡는 것 자체를 생각할 수 없었다. 종신제가 취지인 원로원 체제에서는 무엇보다도 먼저 경험이 중시되었다. 즉 연공서열제였다. 원래 로마의 과두정은 독재자를 만들어 내지 않기 위해서 짜낸 시스템이기 때문에 실력주의를 배제하는 것은 당연한 조치라고 할 수 있다.

따라서 군단을 인솔하는 집정관이 되려면 설령 능력 있는 인물이라도 여러 관직을 거치지 않고서는 어려웠고, 아무리 빨라도 40세까지 기다려야 했다. 반대로 말하면 40세를 넘지 않으면 군단을 지휘하는 중임은 무리라고 생각했다. 즉 한니발은 이러한 '로마의 상식'을 죄다 부정한 존재로서도 로마인에게는 충격적인 적이었다.

칸나에전투

제2차 포에니전쟁 3년째인 기원전 216년, 로마가 만반의 준비를 하고 임한 칸나에 싸움에서도 한니발의 세력은 압도적이었다.

그 전해에 로마는 중부 이탈리아의 트라시메노에서 한니발의 기습을 받고 2개 군단을 모두 잃는다. 칸나에의 결전은 로마에게는 트라시메노 패전의 설욕이라는 의미도 있어 절대로 질 수 없는 싸움이었다.

그래서 로마는 동맹국 병사를 포함하여 8만 5,000이라는 공전의 대군을 편성한다. 이에 비해 한니발 진영은 갈리아인(켈트 인) 용병 2만 4,000을 합쳐도 겨우 5만에 지나지 않았다. 조직의 로마로서는 최상의 준비를 마치고 필승 태세로 칸나에에 기세를 몰아갔다.

그런데 이 칸나에에서도 로마군은 한니발 군대에게 문자 그대로 분쇄돼 버린다. 고대 역사서에 의하면 이 전쟁에서 로마 측 사망자는 7만에 이르렀다고 한다. 그런데 한니발 측의 희생자는 불과 5,500명. 확실히 완패였다. 로마의 대군은 한니발 한 사람에 의해 괴멸되었다고 해도 과언이 아니었다.

칸나에 싸움은 2,200년이 지난 오늘날에도 세계의 모든 육군사관학교에서 강의하는 내용이다. 칸나에에서 한니발이 보인 전술의 묘는 기술면에서 볼 때 비교가 되지 않을 만큼 진보한 현대 육군의 사관후보생조차도 배워야 할 점이 많기 때문일 것이다.

한니발은 왜 강했을까

그렇다면 왜 한니발은 숫자에서는 열세인 군대를 이끌고 있었음에도 불구하고 로마의 대군을 쳐부술 수 있었을까?

그 비밀을 알려면 역시 현대의 육군사관학교 강의처럼 칸나에에서 벌어진 양군의 움직임을 자세히 점검해 나가는 것이 올바른 방법일 것이다. 그러나 그것을 글로 쓰기 시작하면 그것만으로도 이 장은 끝난다. 그래서 여기에서는 요점만을 짚어 나가면서 간단히 설명하겠다.

한니발이 로마군을 압도할 수 있었던 것은 특별한 신무기를 가졌기 때문이 아니었다. 한니발이 코끼리를 이끌고 알프스를 넘어온 얘기는 유명하다. 현대의 전차에 해당하는 코끼리는 추운 이탈리아 반도에서 치러야 하는 이 전쟁에서는 아무짝에도 쓸모가 없었다.

그러면 한니발은 뭐가 달랐을까? 구체적으로 말하면 그것은 기병의 활용이었다. 로마에 한정하지 않고 옛날부터 전쟁에서는 보병은 보병끼리, 기병은 기병끼리 싸우는 것이 정법이었다. 양쪽 모두 같은 기술을 가진 군사가 싸우므로, 당연한 일이지만 그곳에서는 질보다 양이 중요하다. 즉 육상의 전투에서는 병사의 수가 많은 쪽이 압도적으로 유리하다.

이 상식을 뒤집은 최초의 인물이 마케도니아의 알렉산드로스 대왕이며, 그 전쟁 방식을 계승한 사람이 다름 아닌 한니발이었다.

알렉산드로스가 창안하고 한니발이 계승한 이 전법은 기병이 가진 기동력을 최대한으로 살리는 것이었다. 즉 아군의 기병을 그대로 적의 기병과 맞붙게 하는 단순한 방법이 아니었다. 기병이 가진 스피드를 최대한 활용해 적을 배후에서 공격하거나 혹은 적진을 분산시키는 방법이다. 기병을 움직여 적진을 헝클어 놓고 거기에 보병을 투입해서 최종적으로는 적을 포위하고 섬멸해 버린다……. 이렇게 문장으로 표현하면 무척 간단해 보이겠지만, 이것을 실전에서 응용하여 승리를 거둔다는 것은 그리 쉬운 일이 아니다. 말하자면 실제 전투에서는 기대대로 움직여 주는 것도 아니므로 임기응변적인 대응이 필요하기 때문이다.

알렉산드로스나 한니발이 명장이라고 일컫는 것도 '기병의 기동성 활용'을 축으로 하면서도 실제 전투에서는 기병을 보병과 맞붙게 하는가 하면, 이와 반대로 보병을 적의 기병과 맞붙게 하는 등 다양한 대응을 할 수 있었기 때문이다.

알렉산드로스는 그것을 다음과 같이 말했다.

"전투란 격동하는 상태이다. 그러므로 전쟁터의 모든 행위는 격동적으로 이뤄지지 않으면 안 된다."

천재란 '무에서 유를 만들어 낼 수 있는 인물'이라고 생각하기 쉽지만 실제로는 다르다. 옛날부터 눈앞에 있었는데도 아무도 주목하지 못했던 것을 주목해 그것을 활용할 줄 아는 사람이 진정한 천재이다.

알렉산드로스나 한니발은 그런 의미에서 분명히 천재였다. 왜냐하면 그들은 어느 군대나 똑같이 갖고 있는 보병이나 기병인데도 군사를 잘 활용하는 용병술 하나로 전혀 다른 타입의 전쟁을 할 수 있음을 직접 보여 준 지휘자였다.

로마가 많은 군사를 동원해 카르타고 군을 양으로 누르려고 했지만 실패했던 것을 생각해 보면 명확해진다. 로마는 '낡은 전쟁'을 했고 한니발은 '새로운 전쟁'을 했던 것이다.

✚ 폼페이의 벽화에 그려진 알렉산드로스와 다리우스 간의 전쟁

왜 로마군은 바꿀 수 없었을까

그런데 한니발에게 여러 차례나 완패를 당한 로마는 심각한 이 사태를 어떻게 대응했을까? 그것이 문제이다.

한니발이 걸어 온 '새로운 전쟁'에 대항하려면 누구나 기병력의 증강이 방법이라고 생각할 것이다. 그런데 로마는 그 길을 결코 밟지 않았다. 그 이유 중 하나는 기병을 늘리려고 해도 늘릴 수 없는 사정이 있었다.

당시 이탈리아에서는 기병이 타는 말을 조달하려면 준마 산지인 아펜니노 산맥의 산악 지대에서만 구할 수 있었고 말의 숫자도 적었다. 더구나 말이 입수되었다고 해도 곧바로 기병을 늘릴 수 있는 것도 아니었다.

왜냐하면 그 시대에는 말등자가 발명돼 있지 않아, 말을 탄 채로 무기를 사용하려면 자신의 두 다리로 말의 몸통을 단단하게 조이는 테크닉을 마스터해야만 했다. 이 같은 기능은 어렸을 때부터 말을 즐기지 않은 사람이라면 웬만해서는 금방 몸에 익힐 수가 없었다.

그 결과 로마 기병은 꽤 유복한 귀족의 자제이거나 아니면 준마 산지 출신의 기마민족이 맡는 것으로 정해져 있었다. 로마 병제에서 기병이 가장 유복한 계층의 시민에게 할당되어 있었던 것도 그 이유였다.

그런데 한니발 군에게는 카르타고와 동맹 관계에 있는 북아프리카의 누미디아 인과 이탈리아 침공 뒤 참가한 갈리아인 등 기마에 뛰어난 민족이 기병으로 포함돼 있었다. 로마에는 그러한 기마민족의 동맹국이 당시의 시점에서는 존재하지 않았다. 그러므로 곧바로 기병을 늘린다는 것은 아무리 지혜를 짜도 무리였다.

로마군의 전력은 주로 중장비 보병

그리고 로마군이 기병 중심의 군대로 다시 태어날 수 없는 또 한 가지 이유가 있었다. 그것은 한니발의 카르타고 군을 그대로 흉내 내면 중장비 보병을 중시한 '로마군단다운 특색'이 사라져 버리기 때문이었다.

대개 어떤 나라에서도 군대란 그 나라의 국정을 비추는 거울이다. 로마의 경우 그것이 중장비 보병의 중시라는 형태로 나타났다.

제2장에서 얘기했듯이 로마에서는 시민권을 가진 사람 모두에게 병역의 의무가 있었지만, 그 내용은 자산의 액수에 따라 5등급으로 분류되었다. 로마 시민에게는 이른바 직접세가 존재하지 않았다. 그 대신 병역의 의무가 부과되어 있었다. 그래서 자산의 많고 적음에 따라 병역의 내용도 달라졌다.

그래서 로마 시민의 핵심세력이라고도 할 수 있는 제1등급에서 제3등급까지는 군단 입단 때 거의 예외 없이 중장비 보병으로 참가한다고 규정되어 있었다.

중장비 보병이라고 해도 그 시대에는 중세 유럽 정도의 장비는 아니었다. 머리에는 철이나 강철로 만든 투구를 썼지만 온몸을 가리는 갑옷은 입지 않았다. 그 대신 흉갑이라 하여 상반신을 가리는 철제나 가죽제 가슴막이를 걸쳤고, 같은 재료로 만든 정강이 보호대를 감았다.

이러한 방어용 기구와 함께 긴지름이 1.5미터인 타원형 방패를 들었다. 그리고 무기는 검이나 창이었다. 검은 제2차 포에니전쟁 후기에 스키피오가 단검을 도입할 때까지는 가느다랗고 긴 검을 계속 채용해 그것으로 적을 베었다. 창의 길이는 3미터였다. 무게가 1킬로그램 이상인 창을 보통 두 개 준비한다. 창은 던지기도 하고 적을 찌르기도 했다.

이 같은 장비로 무장한 중장비 보병은 '백인대'라는 소대에 배속된다. 그리고 이 소대를 지휘하는 사람이 고대 로마를 무대로 한 영화에는 반드시 등장하는 백인대장이다.

로마군단에서는 이 백인대장이 '군단의 척추' 역할을 했다. 현대의 군대라면 이 정도 등급은 겨우 대위 수준이고 군 전체로 보면 그저 하급 장교에 지나지 않는다. 하지만 고대 시민사회인 로마에서는 그렇지 않았다.

중장비 보병은 로마 사회에서는 중류 이상의 시민이었으므로 그것을 통솔하는 백인대장의 지위도 자연히 높아졌다. 게다가 로마의 군제에서는 대대장 이상의 장성급은 시민회에서 선임했으나, 이 백인대장만은 중대 안에서 투표로 뽑았다. 따라서 백인대장은 백인대의 지휘관일 뿐만 아니라 '시민의 대표'라는 역할을 지니고 있었다.

또한 이 백인대장 가운데 상급 백인대장에게는 군단의 작전 회의에도 출석이 허용되었다. 그들 이외에 작전회의에 출석할 수 있는 사람은 군단의 지휘관인 군단장과 12인의 장성, 기병대장 한 사람, 그리고 여러 동맹국의 지휘관뿐이었다. 그러므로 백인대장과 그의 휘하에 있는 중장비 보병이 얼마나 존중받고 있었는지를 알 수 있다.

'자기다움'을 빼 버린 개혁은 무의미하다

이러한 사정을 살펴 나가면, 로마가 한니발에게 계속 패배하면서도 쉽게 기병을 주 전력으로 하지 못한 이유가 명확해질 것이다.

만약 로마의 군단이 기병 중심으로 바뀌어 버리면 그 군단은 이미 로마의 군단이라고 할 수가 없다. 중장비 보병을 존중하지 않는다는 것은 로마 시민이 주권자인 로마의 공화정을 버리는 것이고, 로마인의 영혼을 버리는 것과 같다.

사실 알렉산드로스의 마케도니아 왕국이 기존 상식을 뒤엎고 기병 병력을 증강할 수 있었던 것은 전제 국가였기 때문이었다. 또한 한니발이 기병에 힘을 쏟았던 것도 용병을 쓰고 있어 가능했다.

로마인들은 로마인으로서의 정체성을 버리면서까지 한니발을 이기겠다고 생각하지 않았다.

국제화란 분명히 아름다운 단어이다. 그러나 조금이라도 길을 잘못 들어서면 자신의 정체성을 잃어버리게 되고 단지 부평초로 끝나버리는 결과에 이르기 쉽다. 로마인은 그 위험성을 잘 알고 있었던 것이다. 그렇다고 로마인들을 단순한 보수주의자라고 생각하면 곤란하다. 그들은 '좋다'고 생각하면 그것이 적의 무기라도 서슴없이 채용할 만큼 유연성도 지니고 있었다.

예컨대 로마의 보병이 사용한 투창을 봐도 알 수 있다. 그것은 원래 이탈리아 통일 과정에서 싸운 삼니움 족이 사용하던 것이었다. 그 다음에는 스페인 원주민들이 사용하던 쌍날 단검도 실전에 도움이 된다고 생각하고 로마군은 정식으로 채용했다. 이처럼 로마군은 자기 개혁에 관해서는 오히려 열심이었지만 기병 도입만은 그것이 급선무라는 것을 알면서도 단념할 수밖에 없었던 것이다.

조직의 로마에 대한 자각

기병의 확보가 사실상 불가능하다고 밝혀진 이상, 어떻게 하면 한니발을 이길 수 있을까? 그래서 로마가 결단을 내린 것은 스스로가 가진 최대의 장점을 이용하겠다는 것이었다. 즉 조직력을 최대한으로 활용하는 길을 선택한다.

로마는 한니발과 싸워 이길 만한 사람이 한 사람도 없다는 씁쓸한 현실을 직시했다. 그런 다음 '한니발을 이길 수 없다면 지지 않으면 된다.'고 생각했다. 그래서 절대로 정면에서 맞붙는 전투는 피하고 철저히 지구전에 돌입하기로 한 것이다.

이 전략을 낸 사람은 칸나에의 전투 다음 해에 집정관으로 취임한 파비우스 막시무스였다. 당시 60세였던 파비우스는 자신보다 30세나 젊은 한니발의 실력을 과소평가하지 않고 다음과 같은 전략을 제안한다.

'한니발은 분명히 강하다. 하지만 그 한니발의 군대에는 장군이

✠ 파비우스 막시무스는 한니발과의 전면전보다 카르타고 군의 취약점을 찾아 공격해, 이를 통해 전체의 힘을 서서히 약화시키는 전략을 쓸 것을 제안했다.

라고 불릴 만한 사람은 한니발 외에는 한 사람도 없다. 그것이 그의 아킬레스건이다. 로마군은 거기를 찔러야 한다.'

칸나에의 전투 이후 한니발은 남부 이탈리아 대부분의 지역을 지배했다.

'그 넓은 지역을 한니발 혼자 지켜 낼 수가 없다. 그러다 보면 반드시 허술한 구멍이 어딘가에서 생기게 마련이다. 그런 지역에서 한니발이 부재일 때를 노려 카르타고 군을 치자. 그렇게 되면 아무리 한니발이 귀신같은 강한 힘을 내세운다 해도 결국은 *그가 이끄는 군 전체의 힘*이 약해져 갈 것임에 틀림없다.……'

이 파비우스의 전략을 채용한 원로원은 로마가 가진 힘을 모두 투입하기로 한다. 칸나에의 전투에서 큰 타격을 입은 로마군을 재편성하고, 로마 역사상 최대 규모인 20개 군단을 투입한다.

로마의 군제에서는 보통 사령관 한 사람이 2개 군단을 통솔하게 되어 있었다. 따라서 20개 군단이라면 적어도 열 명의 사령관이 필요하다는 결론이 나온다. 한니발 정도의 명장은 없어도 열 명의 경험 있는 지휘관을 갖추고 있다는 것이 조직의 로마의 강점이었다.

한니발의 오판

이리하여 한 사람의 천재 한니발을 무너뜨리기 위해서 로마는 갖고 있는 모든 조직력을 투입한다. 말하자면 목숨을 건 지구전으로 나가게 된 것이다. 그런데 한니발에게도 오산이 없었던 것은 아니다.

한니발이 혼자 한정된 숫자의 군대를 이끌고 알프스를 넘어 이탈리아 반도에 쳐들어온 것은 그 나름대로의 승산이 있었기 때문이었다. 말할 필요도 없지만, 불과 몇 만 명의 군세로서는 아무리 한니발이라고 해도 로마를 정복하기는 힘들었다. 그것을 한니발도 알고 있었다.

그러나 만약 한니발이 로마군을 철저하게 눌러 힘의 차이를 과시할 수 있다면 이야기는 달라진다. 철통 같은 결속을 자랑하는 '로마 연합'이라도 동맹 주체인 로마를 배반하고 한니발 진영에 들어오는 도시가 속출할 것이 틀림없다. 그렇게 되면 이미 75만 명 대 2만 6,000명이 아니다.…… 이것이 한니발의 노림수였다.

그래서 한니발은 굳이 수도 로마에 군대를 끌고 들어가지 않고 로마의 여러 동맹국 영토 내에서 로마군과 결전을 하기로 한 것이다. 눈앞에서 로마군을 괴멸시키는 것만큼 동맹국의 동요를 유도하는 것은 없다고 생각했다. 트라시메노나 칸나에에서의 대규모 작전은 정확히 그러한 전략에 따라서 감행된 전투였다.

그런데 한니발의 예상을 뒤엎고 로마 연합의 연대는 강고했다. 칸나에에서 대승을 거둔 뒤 한니발의 편에 선 동맹국은 카푸아, 시라쿠사, 타란토뿐이었다. 로마가 오랜 시간 공들여 완성한 '정치적 건축'은 역시 한니발의 심리 작전에도 크게 동요하지 않았다.

이미 이탈리아 반도의 여러 동맹국들은 시민권 확대와 가도의 정비 등에 의해 '로마화'가 돼 있었으므로 로마와 자신들은 운명 공동체라고 생각하고 있었다. 또한 각지의 콜로니아(식민 도시)는 연합 결속의 요지로서 기능하고 있었다.

굳건한 결속을 앞세운 것은 로마의 내부도 마찬가지였다.

국가적 위기에 직면하면 대부분의 나라에서는 국론이 분열한다.

펠로폰네소스전쟁에서 아테네가 진 것도 결국은 그 때문이었다. 그런데 로마의 경우는 달랐다.

패하지는 않지만 선명한 승리를 거의 거둘 수 없는, 지구전 전략을 취하면서도 로마인의 단결은 시종일관 무너지지 않았다. 리키니우스 · 섹스티우스법 제정 이래 진행돼 온 귀족과 평민의 융화가 완벽하게 성공을 거두고 있다는 증거였다.

지도자의 조건

로마 연합 내부의 도미노식 붕괴를 노린 한니발의 전략은 예상이 어긋나고 실패로 끝난다. 하지만 한니발 군도 그 때문에 의기소침해지지는 않았다.

포에니전쟁의 역사 자료에는 한니발의 인품이나 사람됨을 알 수 있는 단서가 거의 없다. 사적인 일화조차도 전무할 정도이다. 그것은 부하들과 가깝게 지낼 기회가 거의 없었다는 증거이다. 그런데도 한니발의 부하들은 그를 우러르고 따랐다.

17년에 걸친 적지에서의 전쟁이다. 카르타고의 병사들은 하루라도 편하게 잠을 잘 수가 없었을 것이다. 또한 부족한 식량 보급으로 제대로 먹지도 못했을 것이다. 그런데도 그들은 한니발에게서 도망치지 않았다.

더구나 한니발 밑에서 싸우던 사람들은 로마처럼 시민병이 아니라 아프리카, 스페인, 갈리아 출신의 용병들이었다. 로마군의 지구전 작전으로 인해 보수마저 만족스레 받지 못했을 것이니 그들이 곧

바로 한니발을 떠나도 비난받을 이유가 없었다. 그런데도 떠나지 않았다. 왜 그랬을까?

리비우스는 이 고고한 지도자의 모습을 다음과 같이 전했다.

"추위나 더위도 그는 묵묵히 참았다. 병사의 것과 똑같은 내용의 식사도 시간에 맞춰서가 아니고 공복이 느껴질 때만 먹었다. 잠도 마찬가지였다. 그가 혼자서 처리해야 할 문제가 끊이지 않았으므로 휴식을 취하는 것보다도 그것을 처리하는 것이 항상 우선이었다. 그에게는 밤낮의 구분조차 없었다. 잠이나 휴식이 부드러운 침대와 평온함을 의미하지 않았다.

병사들에게는 나무가 그림자를 만들어 놓은 땅바닥에서 병사용 망토만 두르고 잠을 자는 한니발의 모습은 눈에 익은 풍경이었다. 병사들은 그 곁을 지날 때면 무기 소리만은 나지 않게 주의했다."

한니발과 만난 적이 없는 우리는 추측할 수밖에 없지만, 아마도 그에게는 부하들 스스로가 '우리가 없어서는 안 돼.'라고 생각하게 만드는 '뭔가'가 있지 않았을까?

부하 병사들에게 친밀하게 말을 거는 것도 아니고 격려해 주는 것도 아닌데, 부하들은 한니발을 한없이 경애했다. 한니발의 잠시뿐인 휴식을 무기가 내는 소리로 방해하지 않게 마음을 써 줄 정도였다.

동서고금에서 뛰어난 지도자로 알려진 사람들은 모두 이 '뭔가'를 가진 사람들이었다. 단지 통솔력만으로 지도자가 될 수 있는 것은 아니다. 사람을 이끄는 재능이 있고, 이와 함께 사람들에게 존경받는 재능이 있어야 주위에서 그를 지도자로 인정한다. 한니발은 군사와 전술 면에서도 천재였지만, 확실히 진정한 지도자였다. 그래서 그가 이끈 병사들은 로마의 지구전 전략에도 버티어 나갔던 것이다.

스키피오의 등장

파비우스의 지구전 전략은 로마의 총력을 결집시켰음에도 불구하고 칸나에의 전쟁에서 6년이라는 시간이 지난 기원전 210년이 되어도 한니발을 궁지에 몰아넣지 못했다. 20개 군단이 넘는 로마군은 한니발 부대의 포위망을 만들었다. 그 결과 행동의 자유를 제약하는 것은 성공했지만 결정타를 주지는 못했다.

그러나 이 6년간은 로마에게 헛된 세월은 아니었다. 왜냐하면 로마는 그해 푸블리우스 코르넬리우스 스키피오라는 젊은 군단 사령관을 얻게 된 것이다.

나중에 '아프리카를 제압한 사람'이라는 의미의 아프리카누스라는 존칭으로 불리게 되는 스키피오는 당시 25세였다. 칸나에의 전투 때 19세 소년이었던 그는 한니발의 싸우는 모습을 계속 관찰해 왔다. 그리고 로마가 왜 이길 수 없는지를 계속해서 파악했다. 그리고 그는 "한니발을 이기려면 한니발처럼 싸워야 한다."는 결론에 이른다.

연쇄살인사건 범인을 잡으려면 그런 종류의 범죄자 심리의 움직임을 따라가 보는 수밖에 없다고 하는데 그것과 아주 흡사하다. 어쩌면 그것이 성공의 열쇠인지도 모른다. 그렇긴 하지만 알렉산드로스의 제자라고 자인한 한니발도 설마 자신을 답습한 '제자'가 자신의 적인 로마인 속에서 나오리라고는 생각지도 못했을 것이다. 그러나 그 '설마'가 현실로 일어났다.

이 스키피오 아프리카누스의 등장으로 제2차 포에니전쟁은 양상이 완전히 바뀐다.

그때까지 '천재 대 조직'의 전쟁으로 시종일관해 오던 것이 이제는 한니발 대 스키피오의 싸움이 되었다. 또한 싸움의 무대도 이탈리아 반도에서 카르타고 본국이 있는 북아프리카로 옮겨 갔다. 그리고 기원전 202년에 치러진 자마의 싸움에서 한니발은 자신을 답습한 스키피오에게 패하고 만다.

이 일련의 이야기를 여기서 짧게 요약한다는 것은 도저히 불가능하다. 기병 병력이 부족한 로마군의 약점을 스키피오가 어떻게 극복했는지, 그리고 자마전투에서 '스승과 제자의 대결'은 어땠는지에 흥미가 있다면 내가 쓴 《로마인 이야기》 제2권(한니발 전쟁)을 읽어 보라고 권할 수밖에 없다. 포에니전쟁에 한하지 않고 모든 역사 이야기는 상세함 속에 진정한 묘미가 있다. 불충분한 개요는 역사를 읽는 즐거움을 빼앗는다.

한니발의 '불길한 예언'

그렇다고 하더라도 젊은 스키피오의 등장이 로마에 커다란 과제를 안겨 주었다는 것만은 얘기해야겠다.

이미 말했듯이 처음 군단 사령관에 취임했을 때의 스키피오는 약관 25세였다. 평시의 원로원 체제에서는 지휘관은커녕 공직에도 임명되지 못하는 젊은 나이였다.

그런데도 그가 사령관에 오른 것은 장기간에 걸친 지구전으로 인해 역시 로마에도 지휘관이 부족했기 때문이었다. 그래서 원로원으로서는 '어쩔 수 없는' 감이 있지만 내릴 수밖에 없는 결정이었다. 말하자면 그의 재능을 내다보고 발탁한 것은 아니었다. 원래 연공서열을 취지로 삼는 로마공화정에서는 '재능에 의한 발탁' 같은 것을 할 리가 없다.

그런데 임기응변적으로 선택된 스키피오가 당치도 않게 한니발을 이기고 카르타고를 무너뜨려 버렸으니 이 얼마나 기막힌 일인가.

스키피오의 활약에 의해 로마의 패권이 동쪽은 소아시아에서 서쪽은 지브롤터 해협까지 단번에 확대되었다. 하지만 한편으로 이 승리는 굳건했던 로마 원로원 체제에 큰 균열을 가져온다.

한쪽은 스키피오 발탁으로 상징되는 능력주의를 요구하는 개혁파, 한쪽은 원로원 본래의 과두정의 견지를 확신하는 보수파의 등장

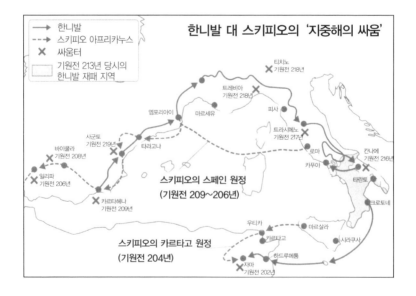

이 그것이다.

　개혁파가 포에니전쟁의 승리는 스키피오의 발탁에 의해 이뤄졌다고 실적을 내세우면 보수파는 "그 스키피오의 승리도 총력 태세로 나갔던 한니발 포위망 전략이 성과를 올렸기 때문에 얻을 수 있는 일"이었다고 주장했다. 어느 쪽이든 사실이다 보니 거리가 결코 좁혀지지 않았다. 이러한 대립이 실제적으로 나타난 것이 '스키피오의 재판'이었다.

　구국의 영웅이라고 칭송할 만한 스키피오를 로마의 보수파는 못마땅하게 여기며 주시하고 있었다. 그들은 개인숭배만큼 로마공화정에서 위험한 것은 없다고 생각했다. 원래 공화정이란 '영웅을 필요로 하지 않는 시스템'이 아니었던가. 그런데 제2차 포에니전쟁 후의 로마 정치는 일인자라는 칭호가 주어진 스키피오의 주도로 이루어지게 되고 말았다. 이것은 로마에 있어서는 몹시 염려스러운 일이다…….

　그래서 보수파는 스키피오를 재판장에 끌어내어 '로마의 정치를 개인의 소유물처럼 여긴다'고 탄핵하기로 한다. 이에 대해 스키피오는 그 따위 시시한 일로 재판받는 것은 떳떳하지 못하다며 스스로 정치적 은퇴의 길을 택한다. 그로부터 몇 년 지나 이 영웅은 별장에서 쓸쓸하게 죽는다.

　이리하여 로마 정계는 일단은 보수파가 승리를 거둔 것처럼 보였다. 그러나 그렇지가 않았다. 포에니전쟁이 기원전 146년 카르타고 멸망에 의해 완전히 종결된 뒤 로마의 개혁파와 보수파의 대립은 더욱 격렬해졌다.

리비우스의 《로마사》에 의하면 일찍이 한니발은 이렇게 말했다고 한다.

"아무리 초강대국이라 할지라도 장기간에 걸쳐 계속 안정과 평안이 이어질 수는 없다. 국외에 적이 없다 해도 국내에 적이 생기게 된다. 밖의 적은 얼씬 못하게 하는 강건한 육체라 하더라도, 신체 내부에 질환이 있으면 육체의 성장이 따라갈 수 없다. 그것은 강건한 육체가 내장 질환으로 고통 받는 것과 흡사하다."

이 '한니발의 예언'은 로마의 현실에서 소름끼칠 만큼 적중한다.

✤ 동서고금에서 뛰어난 지도자로 알려진 사람들은 모두 이
'뭔가'를 가진 사람들이었다. 단지 통솔력만으로 지도자가 될
수 있는 것은 아니다. 사람을 이끄는 재능이 있고, 이와 함
께 사람들에게 존경받는 재능이 있어야 주위에서 그를 지
도자로 인정한다. 한니발은 군사와 전술 면에서도 천재였지
만, 확실히 진정한 지도자였다. 그래서 그가 이끈 병사들은 로
마의 지구전 전략에도 참아 냈던 것이다.

6장 승자의 혼미

로마인은 현실주의적인 민족이다.

관념론으로 '이렇게 되어 있어야 한다.'고 생각하는 그리스인과는

다른 정신세계의 소유자들이었으니까.

그러나 포에니 전쟁 결과, 동쪽은 소아시아에서 서쪽은 이베리아 반도까지

로마의 판도가 너무나 확대돼 버린 나머지,

유감스럽게도 그들이 바라는 대로 역사는 나아가지 않았다.

급성장의 주름살

약 1세기에 걸친 포에니전쟁이 끝나자, 로마는 지중해 세계의 패권 국가가 되어 있었다.

오늘날 리비아, 튀니지, 알제리에 해당하는 카르타고의 옛 영토는 물론이고, 한니발 가의 사유지 같았던 스페인, 그리고 그리스와 마케도니아, 소아시아(현재의 터키)까지도 영토에 편입시켰다. 또한 동맹국도 동쪽에 있는 아르메니아와 시리아, 그리고 북아프리카의 이집트, 누미디아, 마우리타리아(현재의 모리타니) 등으로 늘어났다. 로마의 동맹국은 로마의 유사시에 군사를 제공해 줄 의무가 있었다. 그렇기 때문에 결국은 대국인 이집트와 시리아조차도 로마의 패권에 굴복한 것이다.

한니발은 로마를 타도할 생각이었지만, 결과적으로는 오히려 로마의 잠재능력을 이끌어내 준 셈이 돼 버렸다.

한니발을 통해 단련된 로마의 공화정은 스스로가 가진 조직력을 최대한으로 끌어올리는 데 성공한다. 그 결과 정신이 들고 보니 지중해는 로마인에게 '우리들의 바다' 혹은 '내해'가 돼 있었다. 그러나 이 급성장은 로마에게 '승자의 혼미'를 초래한다.

혼미란 보통은 패자 쪽에 일어나는 현상처럼 생각하지만 결코 그렇지 않다. 대승리를 거두고도 그로 인해 혼미가 일어나는 경우가 드물지 않다. 더구나 같은 혼미라도 승자 쪽이 훨씬 심각한 경우가 많다. 왜 그럴까? 그 이유는 간단하다.

패자일 경우는 패자니까 혼미가 일어나는 것은 어쩔 수 없는 일이라고 누구나 이해하고 단념해 버린다. 패배했는데도 밝은 미래가 기다린다고 믿는 사람은 정말 경박한 사람이 아니면 바보일 뿐이다. 그러나 이와 반대로 승자에게 혼미가 덮쳐 왔을 경우에는 그렇게 간단하지가 않다. '우리가 이겼는데 혼미해질 리가 없다, 밝은 미래가 기다리고 있다'고 당연하게 생각한다. 그런데 현실은 그렇지 않다. 그래서 '뭔가 이상하다'고 발버둥을 친다. 하지만 혼미 속에서 발버둥을 치면 사태가 더 심각해질 뿐이다……

포에니전쟁 후 로마를 덮친 것이 바로 이 같은 사태였다.

강대해진 원로원

스키피오 아프리카누스의 등장으로 로마는 한니발을 타도했다. 천재를 이기기 위해서는 결국 또 한 사람의 천재가 필요했던 것이다.

그렇다면 그것으로 원로원으로 상징되는 조직의 로마는 과거의 일이 되었을까? 그렇지 않았다. 오히려 그 반대였다.

포에니전쟁이 끝나고 보니 원로원의 권위와 권력이 전쟁 전보다 더 강고해졌다. 원로원이 로마 그 자체가 되었다고 해도 과언이 아닐 정도였다.

기원전 509년에 루키우스 브루투스에 의해 시작된 공화정은 집정관, 원로원, 그리고 시민회라는 세 기둥에 의해 유지되고 있었다. 로마의 정치와 군사를 담당하는 집정관, 그 집정관을 보좌하는 원로원, 그리고 집정관 등 국가의 요직에 오르는 사람을 선출하는 시민회 이들 세 기관이 조화를 이루어 로마의 공화정이 기능하게 되어 있었다.

원로원은 왕정 시대부터 본질적으로 '자문' 기관이었고, 그 자체로는 결정권이나 어떠한 권리도 없었다. 집정관의 선출 등에 관해 은밀한 힘을 발휘하는 일은 있어도 원로원이 무엇인가를 결정하여 그것을 실행할 권리는 없었다. 어디까지나 로마의 공화정은 '주권재민'이었다.

그런데 그때 나타난 것이 한니발이었다. 한니발과 싸우기 위해서는 평상시의 공화정으로는 역부족이라고 생각한 로마는 원로원에 모든 권한을 집중시키기로 했다. 즉 군사령관의 배치에서부터 외교권, 인사권, 재정권, 사법권 등 모든 권력을 원로원이 장악함으로써 신출귀몰하는 한니발에 즉각 대응한다는 위기관리 체제가 갖추어졌다.

원로원의 권력 집중은 확실히 로마의 방위에는 효과가 있었다. 한니발의 맹공을 로마가 계속 버틸 수 있었던 것도, 파비우스의 지구전 전략을 충실하게 실천할 수 있었던 것도 합동참모회의로서 원로원이 존재한 덕분이었다.

그런데 포에니전쟁이 끝난 뒤에도 원로원의 권한 집중은 여전히 계속되었다. 포에니전쟁 결과, 로마의 패권이 지중해 전역에 이를 정도가 되었으므로 오히려 원로원의 권력은 더욱 강대해졌다. 그러나 원로원 사람들은 원로원이 로마 전체, 이탈리아 전체, 그리고 지중해 전 지역의 사실상의 지배자가 된 것을 당연하다고 여기고 있었다. 어쨌든 원로원은 카르타고까지 타도한 것이다. 이런 성공 체험이 원로원의 자신감을 확고부동하게 만들었다.

혼미는 왜 생겼을까

정치란 어디까지나 결과론의 문제이다. 그래서 비록 원로원의 돌출로 로마의 공화정이 변질되었다고 해도, 그것으로 정치가 잘 기능하고 있으면 불만은 일어나지 않는다.

아마도 당시 로마인들도 그렇게 생각하고 있었을 것이다. 로마인은 어디까지나 현실주의적인 민족이다. 관념론으로 '이렇게 되어 있어야 한다.'고 생각하는 그리스인과는 다른 정신세계의 소유자들이었으니까.

그러나 유감스럽게도 그들이 바라는 대로 역사는 나아가지 않았다. 그 가장 큰 이유는 로마의 판도가 너무나 확대돼 버린 데 있었다. 포에니전쟁 결과, 로마의 영토는 동쪽은 소아시아에서 서쪽은 이베리아 반도까지 퍼져 있었다. 그리고 이집트, 시리아를 비롯한 동맹국도 늘어나 '로마 연합'도 또한 급격하게 팽창되고 있었다.

이런 상황의 변화에 대응할 수 있을 정도의 유연성이 원로원에도 있었으면 좋았겠지만 실제는 그렇지 않았다.

먼저, 원로원의 구성원이 너무나 고정화되어 있었다. 기원전 367년의 리키니우스 · 섹스티우스법에 의한 개혁으로 로마의 원로원은 평민에게도 문호를 개방하여 원로원의 경직화를 막을 생각이었지만 오랜 시간이 지나면 개혁의 효용도 약해지게 마련이다.

포에니전쟁 무렵에는 소위 '원로원 계급'이라고 불릴 만한 집단이 형성되었고, 그 집단 이외의 인물은 집정관으로 선택될 수 없게 되었다. 귀족과 평민 사이에는 기회의 평등은 실현되었지만, 그 대신 새로이 '원로원 계급'과 그 이외의 시민 집단으로 로마 사회가 둘로 나뉜 것과 마찬가지였다.

구성원을 교체하지 않으면 그 집단은 필연적으로 내향적이 된다. 그리고 그것은 구성원 상호간의 이익을 보호하는 것을 우선시하는 '이권 집단'으로 화한다.

현실에서는 로마의 판도가 거대해졌다. 그만큼 골고루 살펴야 할 일이 증가하고 있음에도 불구하고, 로마 원로원 의원들의 '현실'은 로마 국내, 그것도 자신들의 계급과 관련된 일로만 좁혀져 갔다.

더구나 원로원에는 강렬한 자부심이 있었다. 성공 체험에서 생긴 자부심은 때로는 인간의 눈을 흐리게 만든다. 한니발을 패배시켰다는 자신감에서 원로원은 '자신들의 판단에 문제가 있을 리가 없다.'고 생각하게 된다. 이런 상황에서는 원로원의 자기 개혁은 기대할 수조차 없을 것이다. 내향적인 정신세계와 강렬한 자부심이 복합되어 버리면 거기에서 생기는 것은 현상 유지적인 발상뿐이다.

후세는 이런 현상을 '동맥경화 현상'이라고 한다.

자신들이 속한 '공동체', 이것을 고대에서는 '국가'라고 생각하고 있었다. 하지만 이 '공동체'에 대한 공공심과 자기비판의 정신 양쪽 모두가 없으면 개혁은 실행될 수 없다. 이 두 가지 모두를 기피할 때 남겨진 길은 현상 유지, 아니면 기껏해야 형식적인 개혁이 고작이다.

포에니전쟁 이후의 로마는 '패권 국가'라는 자신의 현실에 잘 대응하지 못한 채, 약 1세기 반에 걸친 긴 혼미의 터널에 돌입하게 된다.

'새로운 현실'의 아픔

비록 로마의 원로원 계급이 '새로운 현실'을 직시하지 않고 계속 회피한다 하더라도 변화는 가차 없이 덮쳐 온다. 그 직격탄을 처음 받은 사람들은 '로마국가의 기반'이라고 해야 할 일반 시민들이었다.

앞에서도 소개했듯이 포에니전쟁 후의 로마는 영토가 단번에 확대되었고, 그에 따라 경제 규모도 그만큼 확대되었다. 게다가 그때까지 로마의 경제력은 전쟁 비용 때문에 억제되어 있었기 때문이다. 그 중압이 없어지면 경제가 단번에 활성화돼 누구나 풍요로워질 것이라고 생각하는 것은 당연하다. 그런데 뚜껑을 열어 보니 그렇게 되지 않았다.

그런데 로마 경제는 전체적으로 분명히 규모도 확대되었고 활성화되었다. 영토의 확대는 시장의 확대이며, 그것은 비즈니스 기회가 증가했다는 것을 의미한다. 그러나 그 혜택을 입은 것은 일부 계층뿐이었고 일반 평민에게까지 그 혜택이 미치지 못했다. 그러기는커녕 오히려 중산계급 이하 사람들의 생활은 악화되었다.

그것을 가장 잘 증명하는 것은 전후 로마에서 실업자가 급증한 사실이다. 로마가 패배했다면 실업자가 증가해도 그것은 어쩔 수 없다고 단념할 수 있을지 모른다. 하지만 로마는 이겼다. 왜 전승국에서 실업자가 대량으로 발생할 수밖에 없었을까? 이것은 누가 봐도 납득할 수 없는 상황일 것이다.

어떤 학자는 그 당시 로마는 인구의 약 7퍼센트가 실업자였다고 추정한다. 만약 이것이 사실이라면 매우 심각한 상황이었다고 할 수 있다. 실업률이란 전체 노동인구 중에 차지하는 실업자의 비율이다. 전인구의 7퍼센트가 실업자라는 것은 실업률이 그 이상이었을지도 모른다. 어쩌면 10퍼센트를 훨씬 넘었을 가능성도 충분하다.

대체 왜 로마에 이렇게 많은 실업자가 발생하게 되었을까? 그 이유는 다름 아닌 로마의 영토 확장에 있었다.

자작농의 몰락

로마가 일약 대국이 된 결과, 가장 영향을 받게 된 분야는 로마의 기간산업이라고 해야 할 농업이었다.

옛날부터 로마인은 농경민족이어서 시민 중에 자작농이 차지하는 비율이 높았고 농업은 훌륭한 직업으로 존경까지 받을 정도였다. 제3장에서 소개했듯이 기원전 5세기에 독재관이 된 킹킨나투스는 전쟁이 끝나자 곧바로 지휘봉을 내던지고 다시 괭이를 잡고 농사를 지음으로써 시민들로부터 존경을 받았다. 로마인에게 농업은 조상 대대로 내려온 직업이었기 때문이다.

그런데 그 농업에 대변동이 일어나고 말았다. 가장 먼저 일어난 것이 밀 판매 가격의 폭락이었다.

제1차 포에니전쟁 결과, 로마는 시칠리아 섬을 '속주'로 삼아 이 섬을 직할령으로 만들었다. 그 결과, 시칠리아에 사는 사람들은 로마 본국이나 동맹국 등과는 달리 병역의 의무를 지지 않는 대신 로마에 속주세라는 명목의 직접세를 납부했다. 세율은 수입이나 혹은 수확의 10분의 1이었다.

이 시칠리아는 옛날부터 밀 재배가 번창한 곳이었으므로 이 후 로마에는 대량의 밀이 수입되었다. 그 결과는 말할 필요도 없다. 그때까지 밀 재배로 자활하고 있던 로마 농민들의 생활이 타격을 받게 되었다. 시칠리아 산 값싼 밀은 로마 근교에서 재배하는 밀을 금세 퇴출시켜 버렸다.

그래서 로마의 자작농은 밀에서 포도나 올리브로 재배 작물을 바꿔 이에 대응하려고 했지만 곧바로 성공하지는 못했다. 왜냐하면 포도나 올리브로 전환하려면 자금이 필요했고, 심었다고 해도 금방 그 해에 수확할 수 있는 것은 아니기 때문이었다. 그래서 여러 해에 걸쳐 선행 투자가 필요하였고, 당연한 일이지만 빚을 내야만 했다. 비록 자금을 조달할 수 있었다고 하더라도 이번에는 이자를 지불해야 했다. 그런 까닭에 규모가 작은 농가일수록 일찍 경영 위기에 빠졌다.

그리고 이런 추세를 가속화시킨 것이 대규모 농원의 등장이었다.

전쟁이 끝나 전쟁비용이 줄어들자, 그것이 원인이 되어 '자금 과잉' 상태가 되었다. 그러자 로마의 부유 계층은 빠짐없이 대규모 농원 경영에 진출했다.

어쨌든 전쟁에서 이긴 덕분에 로마의 영토는 확대되었으므로 그만큼 투자할 수 있는 토지는 증가해 있었다. 게다가 경제는 활성화되어 경기가 좋아지자 수요도 많았다. 그리고 여기에다 전쟁 과정에서 포로나 패잔병들이 노예가 되어 그 노동력이 대량으로 로마에 흘러 들어왔다. 이들 노예의 이용으로 인건비도 훨씬 싸졌다.

이리하여 각지에 대규모 농원이 만들어지자, 가격 경쟁력이 더욱 뒤떨어진 자작농은 몰락해 갔다.

공동화되는 공화정

자작농의 몰락은 로마에서 '산업구조의 변화'만으로 규정할 수 없는 큰 문제였다.

그렇게 말하는 이유는 로마의 공화정을 지탱하는 핵심인 시민의 대부분이 이 자작농이었기 때문이다. 자작농이 경제 기반을 잃고 계속하여 실업자로 전락해 가는 사회 현상은 로마의 공화정이 공동화되어 간다는 것을 뜻한다.

그것이 가장 현저하게 나타난 현상이 로마군단의 질적 저하였다.

앞에서 설명했듯이 로마에서는 일정 이상의 자산을 가진 시민에게 병역 의무가 부과되어 있었는데, 포에니전쟁 종결을 계기로 징병 자격을 가진 시민이 감소하기 시작한다. 그래서 정원 부족을 보충하기 위해 자격 재산의 기준을 내렸다. 그렇게 해도 병사 부족은 여전히 해소되지 않았다. 말하자면 병역을 면제받는 무산자가 그만큼 증가한 것이다.

그러나 문제는 단순히 병사의 부족으로 끝나지 않았다. 왜냐하면 병역 면제 기준을 내림에 따라 로마군의 질도 어쩔 수 없이 떨어지게 되었기 때문이다.

애초에 자산이 없는 시민에게 병역을 면제해 준 것은 재산이 없는 사람들을 병사로 징용하면 그들 가족의 생활이 유지될 수 없게 되기 때문이었다. 병역에 종사하고 있는 동안에는 수입이 없으므로 그동안 가족이 살아갈 만큼의 자산이 없는 사람은 징병할 수 없었다.

그런데 포에니전쟁 뒤에는 병사 부족을 보충하기 위해 면제 기준을 내려 버렸다. 그러다 보니 새로 병사가 된 시민들의 사기가 오르지 않는 것은 당연한 일이었다. 아무리 병역이 로마 시민의 의무이며 자랑이라고 알고 있어도, 두고 온 가족을 걱정해야 하는 상태에서는 분전할 생각이 들지 않을 것이다.

또한 병사의 사기를 떨어뜨린 것은 포에니전쟁 이후 '전쟁의 질'이 달라졌다는 사실이었다. 포에니전쟁 때까지 로마가 싸워 온 전쟁은 모두 '방위를 위한 전쟁'이었다. 그래서 로마의 병사들은 분투할 마음이 생겼다. 하지만 포에니전쟁으로 로마가 지중해의 패권을 획득한 후로는 전쟁이 달라졌다. 이후의 전쟁은 모두 로마의 패권 유지를 목적으로 하게 됨에 따라 '무엇을 위해 싸우는가?'라는 명분이 모호해졌다.

사실 포에니전쟁 후에 로마군이 출동한 전투는 시칠리아의 노예

반란 진압이나 스페인 원주민 반란 진압 정도였다. 로마의 패권에 있어서는 간과할 수 없는 사건이라고 해도 로마의 시민, 특히 가난한 시민과는 직접적인 관계가 없다.

　이 두 전쟁은 모두 결과적으로 로마군이 승리를 거두었지만, 병사들이 싸우는 모습은 포에니전쟁 당시와는 달랐다. 로마군은 질과 양에서 모두 확실하게 약체화되어 가고 있었다.

기사 계급의 대두

몰락하는 자작농과 교체되는 형태로 로마에서 두각을 드러내기 시작한 것은 기사 계급이었다. '기사 계급'이라고 하면 중세의 기사를 상상하는 사람도 많겠지만 로마의 경우는 그렇지 않다. 그 말을 의역하면 '경제 계급'이다.

　앞에서 설명했듯이, 로마에서는 원로원의 소속원이 고정화되어 '원로원 계급'이라고 불리며 공화정 시대 로마의 귀족 계급이 되어 있었다.

　따라서 포에니전쟁 후에는 경제 변화에 잘 적응해 부를 축적한 사람들이 설령 희망한다 해도 옛날처럼 원로원 의원이 될 수 있는 것은 아니었다. 이에 원로원 계급이나 평민이 아니라는 의미를 가진 '기사 계급'이 두각을 나타내게 된 것이다.

　앞에서 나는 '설령 원로원 의원이 되기를 희망한다 해도'라고 썼다. 그런데 실제적으로 기사 계급 사람들은 원로원 계급에 들어가기를 바란 것은 아니었다. 왜냐하면 농경을 존중하는 로마 사회에서는 귀족은 농원을 가지는 것이 당연했고, 원로원 의원이 '상업', 즉 비즈니스를 하는 것은 로마의 법으로 금지돼 있었기 때문이다. 원로원 의원이 아니기 때문에 그런 법에서 자유로운 기사 계급은 로마의 패권 확대를 비즈니스 기회로 삼고 신분상승을 이루었다. 그래서 원로원에 들어가 정치 활동을 하는 것에 매력을 느끼지 않았다.

게다가 당시의 로마에는 얼마든지 비즈니스 기회가 널려 있었다. 그들이 먼저 취급하기 시작한 것은 직할령인 속주의 조세 징수업무 대행이었다. 로마는 속주에 전문 공무원을 두는 대신에 민간에서 '푸블리카누스(publicanus)'라는 징세업자를 모집했다. 다만 이들 민영 징세업자에게는 세금 사정 업무는 맡기지 않았고 징세 의무만 부과되었다.

징세업자에 대한 보수는 자신들이 모은 세금에서 수수료라는 형태로 지불되었다. 그런데 세금을 징수하다 보면 '세금을 낼 수 없다'는 사람들도 나온다. 그때 푸블리카누스는 사채업자로 재빨리 변신하여 세금을 떠맡는 대신 그에 대한 채권을 획득했다. 물론 돈을 빌려 주고 이자를 받는 것이 목적이라는 것은 말할 필요도 없다. 이때의 이율은 양심적인 업자라고 해도 연리 12퍼센트였다고 하니 영업으로서도 수지가 맞았다.

로마의 패권 확대가 기사 계급에 가져다준 것은 그뿐만이 아니다. 영토가 넓어지면 사회기반시설 정비에 특히 열심인 로마였으므로 공공사업도 증대한다.

나중에는 공공사업은 고용대책의 일환으로 로마군단이 공사를 하게 되지만, 이 시대는 민간업자에게 맡기고 있었다. 그래서 기사 계급은 현대의 합작회사 같은 조직을 만들고 그것을 통해 공사 하청을 받았다. 공공사업이 수지맞는 장사인 것은 예나 지금이나 마찬가지인데, 발주하는 측으로부터 확실하게 돈을 받을 수 있기 때문이다.

이렇게 해서 기사 계급이 부를 축적해 가는 한편, 원로원 계급도 빈틈없이 자산을 늘려 간다. 원로원 의원들은 법적으로는 비즈니스가 금지되어 있었지만, 법에는 반드시 빠져나갈 구멍이 있게 마련이다. 직접 비즈니스에 손을 대지만 않으면 위법이 아니라는 점을 이용해, 많은 원로원 의원들은 자신들에게 충실한 노예에게 자유를 주어 해방노예로 만들어 그들의 명의로 투자나 비즈니스를 했다.

좁히기 어려운 틈

그래서 부자들은 더욱더 부자가 되어 갔고, 가난한 사람들은 더욱더 가난해졌다. 이 빈부의 양극화는 결국 로마의 정치를 뒤흔들게 된다.

옛 공화정은 귀족과 평민의 오랜 세월에 걸친 항쟁으로 인해 요동쳤지만 이번 대립은 훨씬 심각했다. 왜냐하면 정치상의 평등을 요구하는 항쟁이라면 귀족 측이 평민에게 문호를 개방하면 단번에 해결된다.

그러나 빈부의 대립인 경우는 단번에 양자의 틈을 줄여 로마인이 좋아하는 '융화'를 실현하기가 어렵다. 가난한 사람을 하룻밤에 부자로 만드는 '마법'은 21세기에 들어선 지금도 발견되지 않았다. 일찍이 그 불가능한 일을 사회주의가 실현하려다 크게 실패했다는 사실은 말할 필요도 없다.

결국 전 시민이 굳게 하나가 되어 한니발과 싸운 로마는 이제 빈부라는 양극화로 분열되어 버렸다.

로마 연합의 '균열'은 왜 생겼을까

포에니전쟁 후 로마가 안게 된 모순은 그것뿐이 아니었다. 한니발마저 괴롭힌 '로마 연합'에도 역시 분열의 조짐이 나타나기 시작했다. 그것은 시민권을 둘러싼 문제였다.

앞에서 설명한 것처럼 로마 연합 안에 사는 시민들은 크게 세 부류로 나누어졌다.

하나는 로마 본국이나 로마가 정략에 의해 건설한 '콜로니아'에 살면서 로마 시민권을 가진 사람들. 이 사람들은 로마법에 의해 투표권부터 재판 때의 공소권에 이르기까지 시민의 권리를 인정받고 있었다.

또 하나는 '라틴 시민권'을 가진 사람들. 로마 연합 내에서도 지방 자치체를 의미하는 '무니키피아'에 사는 사람들에게는 참정권을 뺀 시민권이 주어져 있었다. 그것이 '라틴 시민권'이었다. 말하자면 '준로마 시민'이다.

그리고 마지막은 '이탈리아인'. 그들은 로마 연합에 가맹하고 있는 이탈리아 반도 내의 동맹국 국민인데, 물론 로마 시민에게 주어지는 여러 특권은 가지고 있지 않았다.

그런데 이들 세 부류의 시민들은 각각 권리가 달라도, 전시에는 병역에 종사한다는 의무만은 같았다.

한니발과의 전쟁을 치를 때도 이들 세 부류의 시민들은 일치단결하여 싸웠다. 전쟁터에서 위험에 처한다는 점에서는 로마 시민과 비로마 시민 사이에 구별이 없었다. 오히려 부담은 로마 시민에게 많았다. 그 이유는 포에니전쟁의 전쟁비용을 조달하기 위해 로마 시민은 오늘날 말하는 전시 국채를 부담해야 했기 때문이다.

'로마 연합'이 철의 결속을 유지하면서 장기간에 걸친 포에니전쟁을 일치단결하여 싸울 수 있었던 것도 바로 이러한 사정이 있었기 때문이다.

그런데 전쟁이 끝나자 로마 시민과 비로마 시민 사이에 서서히 격차가 생기기 시작했다. 예컨대 직접세에 대해서도 로마 시민의 경우 징병의 의무만 다하면 직접세는 지불하지 않아도 됐다. 그런데 라틴 시민이나 이탈리아인들은 자신들이 직접 속하는 부족국가나 도시국가에 세금을 납부하지 않으면 안 되었다.

그리고 경제적인 기회 면에서도 '세계의 수도' 로마에 살고 있는

✚ 부자는 더욱더 부자가 되어 갔고, 가난한 사람들은 더욱더 가난해졌다. 이 빈부의 양극화는 결국 로마의 정치를 뒤흔들게 된다.

사람들이 훨씬 기회가 많았다. 뿐만 아니라 포에니전쟁 후 동맹국과 함께 싸운 전쟁의 전리품을 로마인 자신들만 독점했다.

이렇게 되면 라틴 시민이나 이탈리아인들이 로마에 대해 불만을 품는 것은 너무나도 당연하다. '함께 고생하며 긴 전쟁에서 싸웠는데 왜 로마 시민권 소유자만이 이익을 독점한단 말인가?' 라는 불만이 서서히 울분으로 쌓이기 시작했다.

그라쿠스 형제

이와 같이 내외적으로 로마는 확실히 삐걱거리기 시작했다. 그러나 당시의 로마 국력을 생각할 때 현실적으로 보면 그리 대단한 문제가 아니라고 할 수도 있다.

사실 로마의 군단은 약해졌다고 해도 스페인 원주민이나 시칠리아 노예의 반란을 진압할 수 있었고 또한 로마 연합의 결속이 흐트러진 것도 아니었다. 따라서 원로원이 시대의 변화에 따른 '새로운 현실'을 직시하지 않고 그에 대한 개혁을 취하지 않아도 나름대로 로마의 번영은 유지되고 있었다.

하지만 로마의 정치가들 모두가 현실에서 눈을 돌리고 기득권 유지에 급급해 있던 것은 아니었다. 극히 소수라고는 해도 쓸쓸한 현실에 주목하고 그 대응책을 생각하며 실행하려는 사람도 있었다.

그 첫 번째 기수로 등장한 사람이 티베리우스와 가이우스의 그라쿠스 형제였다. 기원전 2세기의 로마에서 모든 사람이 부러워할 만한 환경에서 태어났다. 그들의 외할아버지는 한니발을 쓰러뜨린 스키피오 아프리카누스였다. 또한 아버지는 두 번이나 집정관에 오른 유력자였다. 계급으로서는 평민 계급이었지만 '평민 귀족'이라고 불리었을 만큼 재산이 많았다. 그래서 그라쿠스 형제는 '은수저를 입에 문 채 태어났다'는 표현이 잘 어울리는 출신이었다.

실업 대책

그러한 그라쿠스 형제가 무엇보다도 의분을 느낀 것은 로마 평민들의 궁핍 상태였다.

"로마의 승리를 위해 온힘을 다했던 로마 시민이 왜 실업자의 처지로 떨어져야만 했나?"라고 호소하며 30세가 된 형 티베리우스가

✦ 그라쿠스 형제는 기원전 2세기의 로마에서 모든 사람이 부러워할 만한 환경에서 태어났다. 그들의 외할아버지는 한니발을 쓰러뜨린 스키피오 아프리카누스였다. 또한 아버지는 두 번이나 집정관에 오른 유력자였다. 계급으로서는 평민 계급이었지만 '평민 귀족'이라고 불리었을 만큼 재산이 많았다. 그래서 그라쿠스 형제는 '은수저를 입에 문 채 태어났다'는 표현이 잘 어울리는 출신이었다.

호민관에 당선된 것이 기원전 133년, 제3차 포에니전쟁이 종결된 지 13년 되던 해였다.

명칭 그대로 평민의 권리를 지키는 호민관으로 취임한 티베리우스가 손을 댄 것이 농지개혁이었다. 그렇지만 사유재산을 존중하는 로마인만큼, 티베리우스가 시행하려고 한 농지개혁은 과격하지 않았다. 그가 행하려고 한 것은 농지로서 빌려 주는 국유지를 더욱 공정하게 재분배한다는 것이었다.

로마는 전쟁에서 이겨도 상대를 멸망시키지 않았고, 한때의 적을 동맹국으로 바꾸어 갔다. 하지만 그 대신 상대의 토지 일부를 몰수해 그곳을 국유지로 삼곤 하였다.

이렇게 해서 얻은 국유지를 시민에게 유료로 대여해 주었는데, 그 배분에 문제가 있었다. 그것은 결국, 그때까지의 제도는 빠져나갈 구멍투성이여서 돈만 내면 넓은 국유지를 빌릴 수 있었을 뿐만 아니라, 원로원 계급이나 귀족 계급 사람들이 대규모 농원을 소유할 수 있었던 것도 그 때문이었다.

그래서 티베리우스는 부정하게 토지를 빌린 사람들에게 농지를 반환하게 해서 그것을 실업자에게 대출하는 방식을 생각했다. 일시적인 복지가 아니라 실업자의 자립을 촉진해 로마사회를 활성화시키려는 것이 그의 목적이었다.

이리하여 비극은 일어났다

티베리우스 그라쿠스의 개혁은 결코 과격하지 않았다. 오히려 온건한 수준이었지만 그의 언동은 원로원을 자극할 수밖에 없었다.

원래 호민관인 티베리우스가 개혁의 선두에 서는 것 자체가 그들에게는 원로원의 권위에 대한 도전으로 비쳤다. 로마의 국책을 결정하는 권리는 어디까지나 원로원에 있다는 것이 그들의 생각이었기 때문이다.

게다가 티베리우스의 농지개혁은 원로원 계급의 기득권을 침해하는 것이기도 했다. 법을 지켜야 할 원로원 의원들 중에는 국유지를 대량으로 빌려, 거기서 개인적으로 농원을 경영하고 있는 사람이 적지 않았다.

그래서 원로원은 음으로 양으로 그의 개혁을 방해하려고 했다. 그러나 젊고 이상가 기질의 티베리우스가 원로원과 타협할 리가 없었다. 그는 일관되게 자신의 개혁을 추진하려고 했다. 어쨌든 그에게는 열광적인 시민의 지지가 있었다. 하지만 그 열광적인 지지야말로 원로원이 가장 두려워하는 것이기도 했다.

원래 로마의 공화정이란 독재자를 부정하고 출범한 시스템이기 때문에, 그들은 한 사람의 정치가에게 인기가 몰리는 현상을 공화정에 대한 반역, 즉 원로원에 대한 반역으로 여겼다. 티베리우스에게는 공화정을 타도하겠다는 생각은 조금도 없었지만, 공화정 유지를 지상 명제라고 생각하는 원로원에는 그의 존재가 위협적으로 보였다.

그 결과 비극이 일어났다.

티베리우스의 호민관 재선을 결정하는 평민회에 그의 지지자들이 결집해서 기세를 올리고 있다는 것을 안 원로원은 과잉반응을 보였다. 평소부터 티베리우스에게 반감을 가진 의원들의 눈에는 원로원을 타도하기 위한 모임으로 비치었기 때문일 것이다.

원로원의 반티베리우스파 의원들은 자신의 종과 노예까지 무기를 들게 해서 그라쿠스의 재선을 실력으로 저지하려고 했다. 원로원 의원들과 티베리우스의 지지자들은 로마 중심부에서 충돌한다. 그리고 이 혼란 속에서 티베리우스와 그의 지지자 300명은 참살당하고 만다.

'내란 시대'의 시작

법적인 지배를 자랑으로 삼는 로마에서, 그것도 시내 한복판에서 유혈 사태가 일어난 것은 공화정이 시작된 이래 한 번도 없었다. 그런 만큼 로마인들은 티베리우스와 그의 지지자들의 죽음을 불행한 사고로서 마무리 지으려고 했다. 하지만 유감스럽게도 그렇게 끝나지는 않았다.

기원전 133년 여름의 사건은 이후 대략 1세기에 걸쳐 이어지는 '로마의 내란' 개막으로 기억된다. 그리고 '융화'를 사랑하는 로마인들끼리 서로 싸우고 죽이는 참혹한 시대는 옥타비아누스가 안토니우스와 클레오파트라 연합군을 무너뜨리고 초대 황제가 될 때까지 계속된다.

물론 티베리우스에게는 공화정을 넘어뜨린다거나 독재자가 되겠다는 야심은 없었다. 그가 품었던 것은 로마에 대한 애국심이었고, 평민의 몰락을 걱정하는 정의감이었다. 풍족한 가정환경에서 태어나 세상물정 모를 만큼 순수해 너무 곧게 행동했다고도 할 수 있다.

하지만 그 문제의식을 진지하게 받아들일 수 없었다는 점에서 원로원의 경직화는 이미 나타나 있었다. 그리고 그 원로원은 다시 같은 잘못을 반복하게 된다.

다음에 살해당한 사람은 다름 아닌 티베리우스의 아우인 가이우스였다. 티베리우스보다 아홉 살 아래인 가이우스는 형과 마찬가지로 30세가 되자 호민관에 입후보하여 당선된다. 물론 목적은 형이 이루지 못한 실업자 구제였다.

가이우스는 차례차례 그것을 위한 법률을 만들어 간다. 그가 재임 중에 행한 개혁은 수없이 많아 여기서는 다 설명할 수 없다. 농지개혁의 재시도는 물론이고, 공공사업에 의한 고용 대책, 실업자에게 특별히 싼 가격으로 밀을 배급하는 것, 그리고 새로운 식민 도시를 건설하여 실업자를 이주시키는 법안 등…… 가이우스는 형 티베리우스 이상으로 급진적인 정책을 실현해 나간다. 로마의 실업은 이미 지속적으로 심각한 사회문제가 되어 있었다.

하지만 가이우스도 결국 원로원의 '호랑이 꼬리'를 밟아 버린 형국이 되었다. 그 발단이 된 것은 그가 제출한 시민권 개혁법이었다.

'국경 자유화'를 시도한 가이우스의 개혁

가이우스는 여러 개혁을 단행하는 동안 로마 시민권이 '개혁의 장벽'임을 알아차렸다.

이미 로마는 도시국가의 테두리를 넘어 지중해 세계 전체로 뻗은 영토형 국가가 되었음에도 불구하고 법체계만은 옛 도시국가 시대와 다르지 않았다.

그 상징이 시민권이었다. 같은 로마 경제권에 살면서도 로마 시민과 라틴 시민, 이탈리아인이라는 세 종류의 주민이 있다는 것은 옳지 않다고 생각했다.

예컨대 대규모 농원에 대한 제한을 해도 그 대상이 되는 사람들이 로마 시민뿐이라면 개혁은 흐지부지되고 만다. 국유지를 불법으로 소유하고 있는 라틴 시민은 규제의 대상에서 제외된다. 또한 라틴 시민이나 이탈리아인 측에서 보면 로마인만이 번영의 혜택을 입고 있다는 불평이 나온다.

그래서 가이우스는 로마 연합 내의 '보이지 않는 벽'인 시민권 구분을 철거해 버려야 한다고 생각했다. 이러한 가이우스의 생각은 현대의 EU 통합을 생각하면 이해하기 쉬울 것이다.

실제로는 사람, 물건, 돈은 국경을 넘어 이동하고 있는데 그것을 규제하기 위한 법률이 국내법밖에 없다면 많은 모순이 생긴다. 그래서 유럽에서는 EU 통합을 해서 국경 철폐를 하기 위해 수많은 개혁에 손을 대고 있는 중이다. 그것을 2,000년이나 전에 구상한 사람이 가이우스 그라쿠스였다. 그렇지만 그가 제출한 법안은 어디까지나 온건한 것이었다.

갑자기 로마 연합 내의 국경을 철폐하겠다, 즉 모두에게 로마 시민권을 주겠다면 저항이 클 것은 자명한 사실이다. 그래서 단계적으로 로마 시민권을 확대하겠다는 안을 냈다. 우선 라틴 시민에게 로마 시민권을 개방하고, 이탈리아인에게는 라틴 시민권을 인정한다는 것이었다.

쇄국주의

그러나 이 가이우스의 안을 본 원로원 의원들은 양심 있는 자들조차도 위기감을 느꼈다. 만약 가이우스의 안이 통과되면 머지않아 로마 연합 내의 모든 시민이 로마 시민권을 획득하게 된다. 그렇게 되면 원로원의 권위도 상실될 것이라고 그들은 생각했다.

왜냐하면 원로원이 권위가 있는 것은 원래 로마가 연합 중에서 특별한 지위를 차지하고 있기 때문이다. 로마 시내에 살아 본 경험도 없는 변경의 주민까지 시민권을 갖게 되면 원로원의 권위가 떨어져버릴 것이라는 우려가 그들의 반응이었다.

이러한 생각을 하는 것 자체가 로마의 공화정이 이미 '제도적인 피로'를 일으키고 있다는 증거였다.

본래 로마공화정도 로마 연합도 '패자도 동화시킨다'는 로마인의 독특한 정신세계에서 생긴 것이다. 그렇게 생각하면 가이우스의 시민권 개방은 로마의 전통에 따른 것이라고 할 수 있다. 그런데 기원전 2세기 당시의 원로원은 그와는 반대인 '쇄국주의'의 입장에 서 있었다.

어디까지나 로마는 옛날처럼 도시국가이어야 하고, 공화정은 옛날과 똑같은 방식으로 지켜져야 한다. 로마는 특별한 나라다. 그러니까 어떠한 마찰을 일으켜도 로마 시민권은 어디까지나 로마인에게 한정하지 않으면 안 된다.

그것이 원로원 의원들의 관념이었고, 그것이 로마의 권위를 지키는 일이라고 생각했다.

'비장의 무기'를 휘두른 원로원

이리하여 원로원과 호민관 가이우스는 날카롭게 대립하게 된다. 원로원은 로마 시민을 향해 '가이우스는 독재자가 되려는 야망을 품고 있다'는 캠페인까지 벌이며 그의 신망을 떨어뜨리려고 한다.

이 계략은 성공하여 가이우스는 호민관 3선을 이루지 못하고 실각한다. 그런데도 원로원은 안심하지 못한다. 그의 존재 자체가 원로원에게 몹시 위험하다고 생각했다. 그래서 원로원은 마침내 그를 배제하기 위한 최종 수단을 취한다. 그것이 '원로원 최종 권고'였다.

나중에 카이사르에게도 선포하는 원로원의 이 최종 권고는 일종의 비상사태선언이었다. 이 권고가 나오면 반국가적 행위를 저지른 인간은 재판 없이도 처형마저 가능하게 되어 있었다. 즉 원로원은 가이우스를 '국가의 적'으로 매도한 것이다.

가이우스는 일단 도주를 결의하지만 쫓기다가 결국은 테베레 강가의 숲 속에서 자살한다. 그러나 원로원은 그의 죽음을 지켜본 것만으로도 만족하지 못하고 그의 편이라고 간주되는 사람들을 모두 끌어다 사형시킨다. 그 숫자는 3,000명이라고 전해진다.

로마의 혼미는 마침내 원로원 스스로가 동족을 처형하기에까지 이르렀다.

무기 없는 예언자는 실패한다

가이우스 그라쿠스의 죽음으로 로마의 개혁은 좌절한 것이나 마찬가지였다. 농지개혁도 백지화되고, 시민권 개혁도 철회되었다. 원로원도 로마에서 실업을 비롯한 사회문제가 일어나고 있다는 것은 알고 있었다. 하지만 그들은 현실을 직시하고 '고통을 수반하는 개혁'을 실시하는 것에서 또다시 등을 돌려 버린다.

그런데 그라쿠스 형제가 개혁에 실패한 것을 원로원 측만의 문제라고 할 수 있을까? 분명한 것은 그라쿠스 형제가 앞서 실시하려고 한 개혁은 그로부터 70년 뒤 카이사르가 실현한 시책 속에 다수 포함돼 있다. 그 중에서도 로마 시민권을 개방해 '로마의 국경 자유화'를 실현하고자 했던 것은 나중에 로마제국이 펼쳤던 시책과 깊이 연결되어 있다.

로마의 현상을 직시하여 그 대책을 구체적으로 생각했다는 점에서 그라쿠스 형제는 카이사르의 선구자라고 할 수 있다.

하지만 카이사르와 그라쿠스 형제 사이에는 결정적인 차이가 하나 있다. 그것은 카이사르에게는 무력이 있었지만 그라쿠스 형제에게는 없었다는 점이다. 이 두 사람에게 원로원은 똑같이 원로원 최종 권고를 냈다. 그러나 카이사르는 이에 무력으로 대항할 수 있었지만, 가이우스 그라쿠스는 도망칠 수밖에 없었다.

"무기를 갖지 않은 예언자는 실패를 피할 수 없다."고 마키아벨리는 말했는데, 그라쿠스 형제가 바로 '무기 없는 예언자'였다.

누구도 쓰라린 현실을 겪고 싶어 하지 않는다. 더구나 '나는 성공했다.'고 생각하는 사람에게 "당신의 시대는 끝났습니다."고 말하면, 그 충고를 기분 좋게 받아들일 사람은 없다. 그러나 그라쿠스 형제는 그것이 가능하다고 생각한 것이다. 냉정하게 들릴지 모르지만 거기에 그들의 실패 원인이 있었다고 생각한다.

단순한 비평가라면 사람들이 귀를 기울이지 않더라도 그것을 한탄하고 있으면 임무가 끝날지도 모른다. 하지만 그라쿠스 형제는 정치가였다. 그렇게 생각하면 아무래도 '채점'이 엄격해지지 않을 수가 없다.

물론 그라쿠스 형제도 개혁이 순조롭게 이루어진다고는 생각하지 않았다. 그러니까 그들은 원로원에 들어가서 내부에서 개혁을 실시하지 않고 평민의 세력을 배경으로 한 호민관이 된 것이지만, 예상보다 원로원의 반발이 거세었다.

호민관의 권위가 커지는 것 자체를 원로원의 입장에서는 허용하기 어려웠다. '로마에는 원로원 이외의 지도자는 필요 없다.'고 확신하고 있었으니, 반발은 당연했다. 그 점을 그라쿠스 형제는 잘못 읽었던 셈이다.

마리우스의 군제 개혁

그라쿠스 형제의 개혁이 원로원의 저항으로 어긋난 이후, 로마의 실업 문제는 사실상 방치된 상태였다.

그리고 실업 문제가 해결되지 않으면 그것은 좋든 싫든 로마군의 약체화를 더욱 심화시키는 결과를 불러오게 된다. 이전에는 병역을 면제받던 '프롤레타리'까지 모으지 않으면 군단을 편성할 수 없을 정도였으니 당연한 일이었다.

그 결과 로마군은 각지에서 형편없는 패배를 당한다. 북쪽에서 침입한 야만족을 격퇴하는 전투에서도 패전했다. 그리고 북부 아프리카의 누미디아에서 일어난 '유구르타 전쟁'에서도 패배한 로마는 굴욕적인 강화를 맺지 않을 수 없게 된다. 로마 시민들의 원로원에 대한 불신은 심화되어 갔다.

이러한 상황 속에서 등장한 사람이 가이우스 마리우스였다. 기원전 107년에 집정관으로 취임한 마리우스는 로마의 군제 개혁에 나선다.

마리우스는 장교로서 오랜 군대 생활을 경험할 만큼 했기 때문에 로마군 약체화의 실제 원인이 어디에 있는지를 잘 알고 있었다. 징병됨으로써 가족을 부양할 수 없게 된 대부분이 프롤레타리인 병사들은 아무리 장교가 질타나 격려를 해도 용감하게 싸울 수 없었다.

그래서 마리우스는 로마 건국 이래의 전통이라고도 할 수 있는 징병제에서 지원제로 전환을 단행한다. 즉 그때까지처럼 시민의 '의무'로서 병사가 되는 것이 아니라, 병역을 '직업'으로 바꾼 것이다. 지원해서 병사가 된 사람에게는 급료를 지불한다. 같은 프롤레타리 출신의 병사라고 해도 스스로 지원한 병사와 억지로 징집된 병사는 사기가 천지차이라는 것은 말할 나위도 없다.

게다가 지원제를 도입한 것은 실업대책이 되기도 했다. 로마에서 흘러넘치는 실업자를 구제하려면 그들에게 일자리를 제공할 수밖에 없다.

그라쿠스 형제는 농지개혁을 해서 실업자를 자작농으로 돌리려고 하다 실패했지만, 마리우스는 실업자에게 군에 입대하는 길을 열어 주어 그들을 구제하는 데 성공한 것이다.

생각지 못한 부작용

그런데 어떤 일이든 '현상 유지' '전통 견지'를 내세우는 로마의 원로원이 왜 마리우스의 이러한 개혁에 대해서만은 그것을 인정했을까?

로마의 군제는 이미 지금까지 살펴본 바와 같이 로마의 공화정과 깊이 결합된 것이다. 시민이 자신들의 손으로 로마를 지킨다는 점에 로마의 강인함이 있었던 것이다. 그런데 왜 원로원은 마리우스의 개혁을 수용했을까? 거기에는 몇 가지 이유가 있었다.

먼저 너무 약해진 로마군의 현상을 원로원에서도 인정하지 않을 수 없었다. 전쟁에서 패배한다는 것은 어떤 사람의 눈에도 뚜렷이 보이기 때문에 이 문제를 방치해 두면 원로원에 대한 불신이 팽배해질 수도 있었으며, 로마군의 연전연패는 로마의 존망과도 관련되었다.

둘째로 마리우스의 개혁은 원로원 계급의 기득권을 건드리는 것이 아니었다. 같은 실업 대책이라도 그라쿠스 형제의 농지개혁은 로마 부유층의 기득권을 침해하는 것이어서 저항이 컸지만 이번에는 그렇지 않았다.

셋째로 마리우스의 개혁에는 즉효성이 있었다는 것이다. 실업자들은 지원병이 되는 것으로 생활의 안정과 자기 자신에 대한 자부심을 가질 수 있었고, 그때까지 병역에 끌려간 하급 평민들은 징병되지 않아도 되었다. 따라서 로마 시민 사이에서도 마리우스의 개혁은 대호평을 받았다. 원로원도 반대할 이유가 없었다.

그리고 마지막 이유로서 마리우스가 집정관의 자격으로 개혁을 담당했다는 점을 들 수 있다. 그라쿠스 형제의 경우는 평민회를 기반으로 하는 호민관으로서 개혁을 하려고 한, 말하자면 '체제 외 개혁'이었던 데 비해, 마리우스의 경우는 집정관이므로 '체제 내 개혁'으로 받아들여졌던 것이다.

하지만 마리우스의 개혁이 체제 내에서 실시되었다고는 해도 역시 이 군제 개혁은 로마공화정의 핵심을 건드리기는 마찬가지였다. 그리고 그라쿠스 형제의 경우에는 로마의 공화정 전체의 개혁을 시야에 넣은 개혁이었던 데 비해 마리우스의 개혁은 어디까지나 군제에만 한정되어 있었다. 즉 마리우스의 개혁이란 당장 망가질 것 같은 자동차의 엔진을 바꿔 넣는 것만으로 '성능 개선'을 한 것과 같았다.

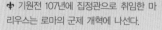
✚ 기원전 107년에 집정관으로 취임한 마리우스는 로마의 군제 개혁에 나선다.

섀시도 보디도, 그리고 타이어까지 노후화되어 사실은 전체를 바꿔야 하는데 엔진만을 고출력으로 바꿔 넣으면 무슨 일이 일어날까? 오히려 그 자동차의 밸런스가 무너져 버려 여기저기서 문제가 터질 것이다. 아니, 그뿐만이 아니라 큰 사고를 일으킬 위험마저 안고 있다.

마리우스의 개혁도 이와 마찬가지였다. 지원제의 도입은 '누구의 기득권도 해치지 않는다'는 의미에서는 이점이 있었지만, 생각지 못한 부작용을 로마에 안겨 주었다.

동맹자 전쟁

마리우스의 개혁은 앞에서 설명했듯이, 위로는 원로원에서 아래로는 프롤레타리에 이르기까지 로마의 시민 모두에게 환영을 받았다고 해도 과언이 아니었다. 하지만 눈을 로마 밖으로 돌리면 평가가 완전히 달라졌다. 그것을 마리우스나 원로원 의원들은 예측하지 못했다. 그러니까 당시의 로마인들은 심각한 폐쇄주의로 인해 시야가 좁아져 있었다고 할 수밖에 없다.

로마 시민권을 가지지 않은 로마 연합의 여러 동맹국에서 보면 마리우스의 군제 개혁은 '또 로마인만이 이득을 보겠다는 속셈이다'라는 식으로밖에 비치지 않는다. 왜냐하면 로마 연합에 속하는 동맹국이나 지방자치체의 시민들에게 병역의 의무는 아직도 그대로 남아 있었기 때문이다.

그들 비로마 시민들은 직접세를 납부하고도 라틴어로 말하는 '피의 세금'으로서의 병역에 종사할 의무가 부과되어 있었다. 이에 비해 마리우스의 개혁 이후 로마 시민은 병역이 시민의 의무가 아니라 직업이 되었기 때문에 '피의 세금'을 지불하지 않아도 되었다. 게다가 직접세는 이전부터 존재하지 않았다. 이것이 불평등이 아니고 무엇이 불평등이냐는 불만이 분출한 것이다.

그런데 이처럼 불평등한데도 로마는 전쟁이 일어나면 매번 동맹국이나 지방자치체에 출병을 요구했다. 그런 전쟁도 결국은 로마 본국의 이익을 위한 것이었고 비로마 시민들에게는 아무것도 돌아가는 것이 없었다.

마리우스의 개혁은 이미 해체되기 시작한 로마 연합의 결속에 결정적인 치명타를 준 것과 마찬가지였다. 이리하여 일어난 것이 기원전 91년의 '동맹자 전쟁'이다. 로마 연합의 맹주로서 군림하고 있다고 생각한 로마가 동맹국에게 공격을 당하는 처지에 몰려 버린다.

이탈리아 반도 안에서도 비교적 가난한 8개 부족이 일제히 봉기한 이 전쟁에서 그동안 힘을 자랑하던 로마도 고전을 면할 수가 없었다.

어쨌든 바로 얼마 전까지 함께 싸운 같은 이탈리아인이라 로마군의 전법을 다 알고 있었으므로 주변의 야만족과 싸우는 것과는 전혀 달랐다. 햇수로 2년에 걸친 전쟁은 일진일퇴의 공방이었다.

'제국'의 이정표

결국 이 동맹자 전쟁은 전투에는 이겼지만 로마측이 대폭 양보하면서 완전히 수습이 된다.

전쟁 2년째에 해당되는 기원전 90년 겨울, 로마는 '율리우스 시민권법'을 제정해 동맹국에 사는 시민들이 로마 시민권을 자유롭게 취득할 수 있게 한 것이다.

일찍이 가이우스 그라쿠스가 시민권 개혁을 제안한 것은 그보다 30년 전의 일이었다. 인간이란 어려운 현실을 눈으로 직접 확인하고 쓰라린 경험을 직접 겪어 보지 않으면 개혁을 할 수 없단 말인가 하는 생각이 든다. 하지만 객관적으로 보아 당시 로마가 시민권을 개방한 것은 큰 영단을 내린 것이라고 해야 할 것이다. 왜냐하면 이 시민권법에 의해 로마는 '다민족 종합국가'의 길을 걷기 시작하기 때문이다.

남부 이탈리아에 사는 그리스인, 중부 이탈리아에 사는 에트루리아인, 아펜니노 산맥의 산악 민족 모두 로마 시민이 되었다. 로마 연합은 발전적인 길을 찾았고, 이탈리아 반도 전토가 하나의 '국가 로마'가 되었다.

나중에 율리우스 카이사르는 이 노선을 한층 더 발전시켜 그때까지는 '속주민'으로 한 단계 낮은 지위에 놓여 있던 사람들에게까지 로마 시민권을 개방한다. 이 조치에 의해 로마는 당연히 인류 사상 최초의 '보편 제국'이 되었다고 할 만하지만, 그러한 제국 실현의 이정표는 이 시기에 세워졌다고 할 수 있다.

그런 의미로 이 율리우스 시민권법의 성립은 로마 역사에서 획기적인 것이었다고 할 수 있다. 이 획기적인 시민권법을 제출한 집정관의 이름은 루키우스 율리우스 카이사르. 이 인물은 그 당시 아직 10세이던 어린 카이사르의 백부였다.

또 하나의 '재앙'

마리우스의 군제 개혁으로 시작된 동맹자 전쟁은 '전화위복'이라는 결과로 끝났다고 할 수 있다. 하지만 지원병 제도의 전환은 다른 형태의 또 하나의 '재앙'을 초래하게 된다. 그것은 로마군단의 '사병화'라는 현상이었다.

마리우스 개혁 이전의 로마에서 군대는 상비군이 아니라 필요할 때마다 징병을 통해 편성되는 것이 관례였다.

그래서 징병되는 군인은 시민의 의무로서 참가하는 것이기 때문에 당초의 목적이 달성되면 해산하고 원래의 일로 돌아갔다. 그러한 의미에서 지휘관인 집정관과 병사의 관계는 비교적 담백하고 형식적이었다고 할 수 있었다.

그러나 지원병, 즉 직업군인으로 군단을 편성하게 되자 사정은 달라졌다. 어쨌든 병사 측은 생활이 걸려 있는 문제라 아무래도 '위'를 본다. 군단 해산 후, 즉 퇴직 후의 문제까지 신경을 써 주는 보스라면 좋을 텐데 그렇지 않으면 어쩌나 하고 눈치를 보게 된다.

그러한 병사의 심리는 물론 지휘관에게도 전해진다. 전쟁의 승패 여부는 현장 병사의 움직임 여하에 달려 있으므로 유능한 지휘관일수록 병사들로부터 신임을 받으려고 노력한다.

이렇게 되면 자연스럽게 군단 지휘관과 병사의 관계는 개인적인 관계가 되어 간다. 게다가 로마인은 옛날부터 의리 깊은 '클리엔테스 관계'를 존중하는 민족이다 보니 그런 경향에 더욱 박차를 가하였다. 그래서 로마군단은 '공화국의 군단'이라는 성격이 희석되고 그 군단을 지휘하는 사령관의 '사유물'이라는 색깔이 진해졌다.

후년에 카이사르 대 폼페이우스, 혹은 옥타비아누스 대 안토니우스의 내전이 일어난 것도 모두 마리우스의 개혁이 가져온 파급 효과였다.

만약 마리우스의 개혁이 없었다면, 원로원에게서 '국가의 적'으로 낙인 찍힌 카이사르를 따라 얼마나 많은 병사가 함께 루비콘 강을 건넜을까? 그의 부하들은 '카이사르가 가는 곳이라면 어디라도 따라가겠다.'고 생각했다. 카이사르는 그들 병사에게 '좋은 후원자'였던 것이다.

로마공화정은 개인플레이를 철저하게 부정하는 것에서부터 시작한 시스템이므로, 군단의 사령관이 병사들의 덕망을 한 몸에 모으는 사태가 일어나서는 안 될 일이었다. 그러나 징병제라는 공화정의 근간을 이루는 부분을 바꿔 버렸기 때문에 바로 '일어나서는 안 될 일'이 현실이 되었다.

여기서 로마는 사상 처음 군단간의 충돌 사태를 맞게 된다. 그것은 동맹자 전쟁이 끝나고 몇 년 지나 마리우스와 술라의 대립에서 시작된 일련의 내전이었다.

유혈의 연속

루키우스 코르넬리우스 술라는 유구르타 전쟁 때 마리우스 군단 내에서 회계 검사관을 맡은 것이 계기가 돼 출세의 끈을 붙잡은 남자였다. 그러나 한때의 상사와 부하라는 관계이면서도 이들 두 사람의 정치적 자세는 전혀 달랐다.

'달랐다' 고 하는 것은 조금 어폐가 있다. 왜냐하면 원래 마리우스에게는 정치적인 센스가 결정적으로 부족했던 데 비해 술라 쪽은 '더 이상은 없다' 고 해도 과언이 아닐 만큼 정치적인 센스가 대단했다. 그리고 로마의 공화정에 대한 생각도 마리우스는 그 군제 개혁에서 알 수 있듯이 현재 상황에 대응하는 영역에서 한 걸음도 나아가지 않았다. 이에 비해 술라는 확고한 비전이 있었다.

술라는 당시의 혼미의 원인을 공화정이라는 시스템이 올바르게 기능하고 있지 않기 때문이라고 보았다. 그리고 공화정을 본래의 모습으로 '정화' 하면 문제가 해결된다고 생각하고 있었다.

마리우스가 집정관으로서 힘을 가지고 있던 시대에는 양자의 대립이 일어나지 않았다. 그런데 동맹자 전쟁 직후에 술라가 집정관으로 취임하자 양자는 격렬하게 대립한다. 그리고 이 대립이 그 후 6년에 걸쳐서 계속된 내란으로 확대되어 간다.

이 6년간의 이야기는 너무나 뒤얽혀 있어 여기서는 생략하겠다. 이 술라와 마리우스의 대립이 계기가 되어 일어난 내란은 그야말로 유혈에 버금가는 것이었다.

옛 부하에 대해 원한에 사무친 마리우스가 복수하겠다고 로마 시민 1,000명을 죽이자, 로마를 무력 제압한 술라가 그 다음에는 반대파 4,000명을 숙청한다. 그 외에도 술라의 군단과 로마 토벌군의 싸움을 합하면 그간에 죽은 로마인의 숫자는 수만 명에 이르렀다.

내전은 동포끼리 서로 죽이기 때문에 어느 나라나 어느 시대나 더욱 비참한 법인데 이때의 싸움도 예외는 아니었다.

'정치적 인간' 술라

앞에서 소개했듯이 술라는 공화정에 대해 강한 신뢰감을 품고 있었다. 공화정이 올바르게 기능만 하면 로마의 혼미는 해결할 수 있다고 믿었다. 말하자면 타고난 공화정주의자인 술라가 자신의 '사병'을 이끌고 쿠데타로 정권을 장악했다는 것은 그야말로 모순이라고 생각될지 모른다.

공화정을 폐지하려고 카이사르가 쿠데타를 단행한 것은 당연한 일이지만, 공화정의 정화를 정치 이념으로 삼은 술라가 왜 국법을 어기면서까지 수도 로마에 군대를 진군시켰을까?

그러나 이것은 술라에게는 논리의 모순도 아무것도 아니다. 그에게 그 이유를 물었다면 "맨손으로 어떻게 공화정을 지킬 수 있단 말인가?"라고 태연하게 대답했을 것이다. 술라는 개혁이란 언변이나 설득만으로는 실행할 수 없다는 것을 너무나도 잘 아는 '정치적 인간'이었던 것이다.

술라가 원로원을 거의 위협하는 형태로 임기 무기한의 독재관에 취임한 것도 바로 그런 이유에서였다.

로마의 공화정에서는 독재관이란 유사시에만 허용되는 직무였다. 게다가 그 임기는 반년으로 제한되어 있었다. 집단 지도를 신조로 하는 공화정에 있어서는 당연한 규정이었다.

물론 그것은 술라도 잘 알고 있었다. 그러나 그에게 있어서 '테가 빠진 공화정'을 원래의 모습으로 되돌리려면 이런 방법밖에는 없었다. 독재관이 제출하는 법안은 집정관이나 호민관과는 달리 시민회의 의결을 필요로 하지 않는다. 그래서 그는 일부러 임기 무기한인 독재관이 된 것이다. 그래서 '공화정을 지키는 독재자'가 된 술라는 재빠르게 속속 개혁 정책을 펴 나간다.

그 중 몇 가지를 소개하면 다음과 같다.

원로원의 증원

마리우스와 술라가 저지른 살육으로 정원 300명인 원로원에 100명 가까운 결원이 생겼다. 그는 그것을 보충한 다음에 의석을 배로 증원시킨다. 새 의원은 대부분 기사 계급에서 선출되었다. 기사 계급을 수중에 넣어 원로원을 더욱 안정되게 만들겠다는 목적이 있었음은 말할 나위도 없다.

그리고 임원의 정원 등을 개정해 원로원 내의 연공서열 제도를 명확하게 만들었다. 집단지도 체제가 올바르게 움직이게 하려면 인사를 질서 있게 실시해야 한다. 그것을 위해서는 연공서열 제도를 엄밀하게 실시해야 한다는 것이 술라의 생각이었다.

호민관 제도의 개혁

원로원의 의석을 배로 증원시키는 동시에 술라는 평소부터 원로원과 대립이 잦았던 호민관을 약하게 만들 계획을 한다.

먼저 종래에는 가능했던, 호민관에서 다른 임원으로 승격하는 길을 차단한다. 종래는 호민관을 거쳐 원로원에 들어가면 다른 직무를 경험한 다음에 집정관을 목표로 삼을 수도 있었다. 술라는 그 길을 차단함으로써 호민관 자리를 노리는 야심찬 젊은이들로 하여금 그 자리가 매력 없는 것으로 보이게끔 만들어 버린다.

또 호민관의 재선에는 사임한 뒤 10년이 지나지 않으면 안 된다는 규정을 두어, 그라쿠스 형제처럼 연속으로 당선되는 사람이 나오지 않게 바꾼다.

군사 개혁

술라는 스스로 쿠데타를 일으켰으므로 정치와 군사를 명확하게 분리하는 것의 중요성을 잘 알고 있었다. 그래서 그는 우선 집정관이 이끄는 상비군 외에는 국내에 들어올 수 없다고 정한다. 그 이외의 속주에 배치된 군단도 이동할 때는 반드시 원로원의 허가를 얻어야 한다고 정한다. 그리고 어떤 이유가 있어도 루비콘 강을 넘어서는 안 된다고 정해 놓았다. 카이사르가 루비콘 강을 건널 때 "주사위는 던져졌다."고 외친 이유는 바로 이 규정 때문이었다.

그리고 술라는 군단의 사병화를 막기 위해 군단 사령관의 임기를 모두 1년으로 정했고 임지도 원로원이 정하기로 했으며, 최고사령관은 군무가 완료되면 즉시 군을 해산하는 것을 의무화했다.

✤ 술라는 개혁이란 언변이나 설득만으로는 실행할 수 없다는 것을 너무나도 잘 아는 '정치적 인간'이었다.

말하자면 술라는 실업대책으로서 지원병 제도를 바꿀 수 없는 이상, 모든 점에서 군에 대한 민간인 통제를 철저히 실시함으로써 쿠데타의 재발을 막으려고 했다.

술라 개혁의 맹점이란

이 같은 '공화정 정화'를 위한 개혁을 차례차례 실시해 나간 술라는 불과 2년 만에 독재관에서 물러나고 정계에서도 은퇴한다. 오랜 세월에 걸쳐 구상해 온 개혁을 모두 실현해 공화정을 본래의 모습으로 되돌렸으니 이미 자신의 역할은 끝났다고 생각하고 내린 은퇴였다.

하지만 술라의 개혁은 그의 사후에 바로 붕괴해 버린다. 특히 그의 예상이 빗나간 것은 군사 개혁을 했음에도 불구하고 폼페이우스, 그리고 카이사르라는 인물이 자신들이 이끄는 군단의 힘을 배경으로 로마의 정치적 중심에 뛰어든 것이다.

왜 술라라는 뛰어난 인물이 실시한 개혁이 불과 몇 년밖에 생명을 가질 수 없었을까? 그 이유는 역시 지중해 전역을 차지한 로마의 확대에 있었다. 이것을 술라는 잘못 보았다.

분명히 술라가 행한 민간인 통제 계획은 아주 잘 만들어져 있었다. 그대로만 하면 군단들이 지휘관의 사병이 될 위험성은 최소한으로 억제할 수 있었다. 다만 거기에는 '평시라면'이라는 조건이 붙는다. 로마의 판도가 커졌다는 것은 그만큼 국내외에 전란의 위험이 증가했다는 것과 다름없다.

사실 술라의 사후에 로마는 속주 스페인에서 일어난 세르토리우스 전쟁(기원전 80~기원전 72), 소아시아의 동맹국 폰토스에서 일어난 미트리다테스 전쟁*, 그리고 지중해에서의 해적 퇴치(기원전 67년) 등 이어지는 출병을 감행하게 된다. 모두 로마가 원한 전쟁이 아니었 다. 그러나 패권을 지키기 위해 출병하지 않을 수 없는 전쟁이었다.

이러한 '유사시'가 계속되면 당연히 '평상시'의 규칙을 지키고 있을 수만은 없다. 1년으로 정해진 지휘관의 임기도 연장하지 않을 수 없게 되고, 변경에 출동한 군대를 간단하게 귀환시킬 수도 없다. 긴 시간 고락을 함께하면 그 군단 병사들이 지휘관을 자연스럽게 따 르게 되는 것은 너무나 당연한 일이었다.

이리하여 로마의 원로원 체제는 존속의 위기에 다시 직면하게 된다. 공화정에 있어서는 가장 피하여야 할 '개인플레이'의 시대가 개막했 기 때문이다.

거기서 가장 먼저 폼페이우스가 등장하고, 그 다음에 카이사르가 나타난다. 그리고 그 카이사르에 의해 마침내 공화정은 막을 내리게 된다.

---

* **미트리다테스 전쟁_** 기원전 88년 폰토스 왕 미트리다테스는 로마의 혼미를 틈타 세력 확장에 나선다. 이 움직임을 일단 술라가 봉쇄했지만(제1차 전쟁: 기원전 88~기원전 84), 술라의 사후 다 시 폰토스 왕이 움직이기 시작했다(제2차: 기원전 83~기원전 81, 제3차 전쟁: 기원전 74~기원전 63). 이 전쟁은 궁지에 몰린 미트리다테스의 자살로 겨우 종결된다.

7장 '창조적인 천재' 카이사르

카이사르는 갈리아를 정복하기는 했지만

그렇다고 갈리아를 정복 지배하여 착취하는 땅이라고 생각하지 않았다.

비록 민족이나 문화와 풍습이 다르다 해도

한번 로마의 패권 아래 들어오면 거기는 이미 '로마국'이 된다.

이 방식이 결국은 로마에 이익을 가져오는 최선의 방법임을 잘 알고 있었다.

종신 독재관

루비콘 강을 건너 원로원 측에 서 있던 폼페이우스파와 내전을 끝낸
율리우스 카이사르가 종신 독재관으로 취임한 것은 기원전 44년 2월
이었다.

당연히 6개월이 임기임에도 불구하고 그 제한을 넘어 독재관에
취임한 예는 술라의 '임기 없는 독재관'이 있었다. 카이사르의 종신
독재관은 술라를 흉내 낸 듯하지만 그 의미는 전혀 달랐다.

우선 술라의 독재관 취임은 그가 생각하는 개혁을 단행하기 위한
방편이었다. 일종의 긴급 조치라고 할 수 있다. 사실 그는 자신이 예
정한 개혁을 독재관의 권한으로 모두 실현시키자 즉시 그 자리에서
물러나고 정계에서도 은퇴해 버렸다.

하지만 카이사르의 경우는 달랐다. 카이사르에게 종신 독재관 취

임은 방편이 아니라 그 자체에 큰 목적이 있었다. 그것은 종신 독재관이란 직무의 탄생은 '공화정의 마지막'을 의미하기 때문이다.

분명히 카이사르가 정권을 장악한 뒤에도 로마에는 원로원이나 호민관이 남아 있고 시민회조차도 형태는 남아 있었다. 따라서 밖에서 보면 로마의 공화정은 건재한 것처럼 보인다. 그러나 거기에 종신 독재관이 등장하면서 완전히 다른 양상을 띠게 된다.

본래 독재관이란 로마공화정에서 위기관리 시스템이었다고 할 수 있다. 국가 존망의 유사시에 두 명의 집정관이 독재관을 지명하면 그 순간부터 집정관이나 호민관, 그리고 입법권을 가진 시민회도 무력해진다. 독재관이 결정한 정책은 시민회를 통하지 않아도 정식 법이 되고, 호민관 최강의 무기인 '거부권' 발동조차 허용되지 않았

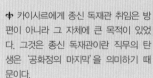
✚ 카이사르에게 종신 독재관 취임은 방편이 아니라 그 자체에 큰 목적이 있었다. 그것은 종신 독재관이란 직무의 탄생은 '공화정의 마지막'을 의미하기 때문이다.

다. 즉 이것은 독재관의 재임 중에는 로마의 공화정이 정지된다는 것과 같았다.

따라서 카이사르가 '종신' 독재관이 되었다는 것은 그가 살아 있는 동안 로마의 공화정이 계속 정지된다는 것을 의미했다. 카이사르는 독재관에 '종신'이란 한마디를 붙임으로써 로마의 정치체제를 사실상 완전히 바꿔 버린 것이다.

"술라는 정치를 몰랐다"

도대체 왜 카이사르는 공화정을 폐지하고 새로운 정치체제, 즉 제정으로 로마를 이행시켰을까? 그것 역시 술라와 비교해 보면 알기 쉽다.

제6장에서도 말했듯이 술라는 로마 혼미의 진정한 원인을 '공화정의 혼란'에 있다고 생각했다. 공화정이 본래의 기능을 되찾으면 모든 문제는 해결되고, 특히 원로원의 권력과 권위 회복이 가장 중요하다고 술라는 생각했다.

그래서 술라는 원로원 주도 체제에 반대 의견을 내세우는 '민중파' 사람들을 가차 없이 탄압하고 죽이고 그들의 재산을 몰수해 나갔다. 술라 이전에 로마에서 학살을 행한 마리우스는 술라로 인해 로마에서 내쫓긴 원한으로 50명의 원로원 의원과 1,000명의 기사 계급을 죽였다. 하지만 술라의 경우는 원한 같은 감정이 들어갈 여지가 없었다. 술라는 '공화정의 정화'를 위해 필요하다는 신념에서 반대파를 숙청한 것에 지나지 않았다.

이 술라의 인식과는 정반대의 생각을 가졌던 사람이 카이사르였다.

카이사르에게 '로마의 혼미'란 결국 공화정, 좀 더 깊이 말하면 원로원 주도 체제가 초래한 것이었다.

카이사르를 대신해 설명하면 다음과 같을 것이다.

"어떤 제도라도 그것을 인간이 만든 이상, '규모의 한계'를 면할 수 없다. 포에니전쟁에 의해 로마의 영토가 급성장한 시점에서 이미 공화정의 수명은 다했다. 분명히 로마가 한니발과 대결한 시점, 즉 로마의 세력권이 이탈리아 반도의 안쪽에 머물고 있던 단계에서는 공화정은 실로 잘 기능하고 있었다. 하지만 그것이 이탈리아 반도를 넘어 지중해가 '우리의 바다'가 된 시점에서 원로원은 기능 저하를 일으키게 되었다.

분명히 '과두정치'는 그 조직력이나 안정도에서 다른 정체보다 우수할지도 모른다. 하지만 광대한 영토를 지배하려면 무엇보다도 효율이 필요하다. 바꾸어 말하면 스피드이다.

예컨대 로마의 변경에서 대규모 반란이 일어났다고 생각해 보라. 현행 원로원 체제로는 그 반란을 제압할 군대를 파견하는 데 얼마나 많은 시간이 걸릴지 모른다. 원로원에서 토의를 거듭하고 앉아 있는 동안 전선이 그만큼 무너지고 있다는 것을 알면서도 원로원 회의에서 결정이 내려지지 않으면 집정관은 군단을 파견하는 일조차 할 수 없다.……"

술라가 원로원 의원의 정원을 600명으로 증원하고 나서부터 원로원의 비효율성은 더욱 심해져 있었다. 정책 하나를 결정하는 데도 훨씬 많은 시간이 걸렸고, 경우에 따라서는 논의만 분분한 채 아무것도 결정되지 않을 때도 많았다.

카이사르가 "술라는 정치를 몰랐다."고 신랄한 평가를 내린 데는 이러한 이유가 있었던 것이다.

진정한 개혁이란 재구축이다

그렇다면 카이사르가 종신 독재관으로 취임해 실행하려고 한 개혁이란 무엇이었을까?

자칫하면 개혁이란 낡은 껍질을 벗어 던지고 새로운 제도를 만들어내는 것이라고 생각하기 쉽다. 그러나 진정한 개혁이란 결국 재구축을 하는 것이고, 카이사르가 실행하려고 했던 것도 바로 그것이었다.

어떤 민족이나 어떤 조직도 자신들의 체질에 맞지 않는 것을 외부에서 가져와 이식하면 성공하지 못한다. 비록 한때는 극적인 성공을 거두었다고 해도 토양에 맞지 않는 개혁은 정착하기 어렵다. 따라서 개혁이란 우선 자신들이 가지고 있는 자질이나 특징 중에서 어떤 것을 살리고 어떤 것을 버려 조합해야 하는지를 결정해서 재구축 형태를 취할 수밖에 없다.

카이사르가 실행하려고 한 '신생 로마'의 개혁도 바로 그것이었다. 이미 말한 바와 같이 카이사르는 '로마의 전통'이라고 생각되고 있는 공화정 체제는 이미 시대에 맞지 않다고 생각하고 잘라 버릴 각오를 했다. 그러나 한편으로는 로마인이 왕정 시대부터 계속 이어온 '패자도 동화시킨다'는 정신은 버리지 않았다. 오히려 그것을 최대한으로 살리고자 노력했다. 이것이 카이사르가 실행에 옮긴 '정리해고'의 본질이었다.

카이사르 식 '평화 선언'

카이사르 이전의 원로원의 '로마'란 옛날의 도시국가 로마였다. 조금 시야를 넓힌다 해도 이탈리아 반도를 넘지 못한다. 로마 국경이라고 여긴 루비콘 강 너머는 로마의 속령이라고 해도 로마가 아니다. 이것이 원로원의 생각이었다.

이러한 원로원의 쇄국주의는 다음과 같이 요약할 수 있다.

이탈리아는 온 지중해의 지배자이어야 한다.
로마가 온 이탈리아의 지배자이어야 한다.
원로원이 온 로마 시민의 지배자이어야 한다.

동맹자 전쟁에 의해 이탈리아 반도 안에서는 모든 시민이 로마 시민권을 받게 되었다. 그러나 원로원의 발상은 거기까지가 마지막이었고, 로마 중심주의에서 끝내 벗어나지 못했다.

그러나 카이사르에게는 처음부터 국경이라는 개념이 없었다. 그에게는 로마의 패권 아래 있는 땅이라면 모두 로마였다. 그는 수도 로마 주위를 둘러싼 성벽을 부수어, 전시를 하듯 로마 시민들에게 보여 주었다.

고대에서 중세에 이르기까지 유럽이나 중국에서 도시란 성벽으로 지켜지는 내부를 말했다. 그래서 외적으로부터 백성을 지키기 위한 성벽이 도시에는 반드시 필요하다고 여겼다.

이것은 로마도 예외는 아니었다. 제6대 로마 왕 세르비우스의 지시에 의해 세운 세르비우스 성벽은 로마의 일곱 개 언덕을 둘러싸고 있었다. 이 성벽의 견고함은 일찍이 한니발조차 로마 공략을 주저하게 만들었을 정도였다. 그런데 이처럼 견고한 세르비우스 성벽을 카이사르는 무너뜨렸다.

어떤 일을 행하든 한 가지 이유로만으로는 행동하지 않는 카이사르였다. 성벽의 철거에는 '좁아터진 로마시가를 확장하기 위해서'라는 현실적인 목적도 있었다. 카이사르는 로마 중심부의 재개발도 추진하고 있었다. 이에 따른 용지의 절대적 부족은 재개발 정도로는 해소할 수 없었다. 도시로서 로마의 발전을 꾀하는 데 성벽의 철거는 필수 조건이었다.

그러한 실리적인 이유도 있지만 카이사르에게 '새로운 로마'에서 성벽만큼 어색한 것은 없었다. 성벽이란 사람들의 마음에 '안'과 '밖'의 구별을 만든다. 원로원 의원의 특권 의식도 벽이 낳은 결과라고 할 수 있다.

그리고 성벽은 사람이나 물건의 자유로운 왕래를 방해한다. 그래서 카이사르는 상식을 뛰어넘는 성벽 철거를 실행함으로써 '도시국가 로마의 시대는 끝났음'을 국내외에 천명한 것이다.

벽의 철거는 카이사르의 평화 선언이기도 했다. 즉 새로운 로마는 수도 방위를 할 필요가 없을 만큼 평화로워진다는 결의의 표명이었다. 방위는 원격지에 있는 국경에서 이루어진다고 생각했다.

사실 그 후로 로마는 300년에 걸쳐 '성벽 없는 수도'로서 계속 존재한다. 로마제국의 대명사가 된 '로마에 의한 평화(팍스로마나)'라는 시대의 시작이었다.

갈리아에서 온 원로원 의원

'로마의 패권이 미치는 곳이라면 모두 로마이다.' 카이사르의 이 같은 사상이 명확히 나타난 것이 속주 통치의 모습이었다.

로마 개혁의 일환으로 카이사르는 원로원 개혁에 착수한다. 술라가 600명으로 증원한 원로원 정원을 그는 더 늘려 900명으로 하였다. 술라는 원로원의 힘을 강화하기 위해 증원했지만 카이사르의 의도는 그것과는 정반대였다. 즉 정원을 늘리면 늘릴수록 종래와 같은 형태로 원로원이 갖고 있는 권위와 권력은 약해지리라고 생각했다.

그 300명의 '신참' 의원 중에 유달리 눈에 띈 사람들은 '알프스 저편'에서 온 갈리아의 부족장들이었다. 카이사르는 자신이 수년에 걸쳐 싸워 온 '적'에게 로마 시민권을 주었을 뿐만 아니라 원로원 의원 자격까지 준 것이다. 카이사르는 '패자도 동화시키는' 로마의 전통에 충실했다. 물론 옛날의 적이라고 해도 부족 내에 영향력을 가진 유력자에 한해서였지만.

갈리아에서 온 '신참자'의 모습을 보고 로마 시민들은 그것을 조롱했다.

"원로원 의원이면서 로마 시내의 지리조차 모른다니까."

"아니, 로마의 지리 정도라면 괜찮아. 라틴어도 못하는걸."

"그 사람들은 토가 속에 바지를 입는다던데."

로마인은 토가라는, 긴 옷감을 휘감은 형태의 옷을 입고 있었는데, 갈리아인의 '민족의상'은 긴 바지였다.

그런데 로마 시민들이야 갈리아인을 비웃으면 그것으로 끝나지만, 원로원 의원들에게는 한없이 불쾌한 일이었다. 그들에게 '로마의 전통'이란 라틴 민족만으로 구성된 원로원이라는 의미였다.

그런데 현대의 우리라고 원로원 의원들을 비웃을 자격이 있을까?

카이사르가 한 것을 근현대사에 옮겨 놓으면 대영제국의 의회에 인도인 간디나 네루를 맞이하는 것과 마찬가지며, 나바호족의 족장이 미국의 상원의원에 추천되는 것과 같다. 민주주의의 전통을 자랑하는 영국이나 미국이라고 해도 물론 그런 일은 일어나지 않는다.

그러나 카이사르가 갈리아의 유력자들에게 원로원 의석까지 준 것은 기독교의 박애정신이나 근대 민주주의의 평등 정신 같은 추상적인 이념 때문이 아니었다. 그가 생각하는 '새로운 로마'는 그렇게 함으로써 공생을 실현하는 길로 들어선다고 판단했기 때문이었다.

사실 루비콘 강을 넘은 카이사르가 폼페이우스와 전쟁을 치르고 있는 동안에도 정복된 지 얼마 되지 않은 갈리아의 여러 부족들은 카이사르에게 반대하여 봉기하지 않았다. 로마 내부가 둘로 나뉘어 내전을 치르고 있는 그때야말로 갈리아인에게는 로마에 반기를 드는 좋은 기회였음에도 그렇게 하지 않았던 것이다.

카이사르는 갈리아를 정복하기는 했지만 그렇다고 갈리아를 정복하고 지배하여 착취할 땅이라고 생각하지 않았다. 비록 민족이나 문화와 풍습이 다르다 해도 한번 로마의 패권 아래 들어오면 거기는 이미 '로마국'이 된다. 이 방식이 결국은 로마에 이익을 가져오는 최선의 방법임을 잘 알고 있었다.

그래서 그는 갈리아의 유력자들에게 아낌없이 로마의 시민권이나 원로원의 의석을 주었고, 그의 가문 이름인 율리우스마저도 내주었을 정도였다.

이것을 보고 키케로와 브루투스를 비롯한 원로원 의원들은 눈살을 찌푸렸다. 하지만 카이사르는 '이것이야말로 로마 고래의 방식이 아닌가?' 라고 생각했을 것이다.

속주도 역시 로마이다

'속주' 를 뜻하는 라틴어 '프로빙키아(provincia)' 는 현대 이탈리아어에서도 그대로 사용되고 있는 단어이다. 현재는 이 말을 '도(道)' 혹은 '지방' 이라는 의미로 사용하고 있다.

예컨대 '밀라노 도' 라고 말할 경우의 '도' 는 '프로빈차' 인데 또한 지방 출신자라고 말할 때의 '지방' 도 '프로빈차' 이다. 즉 현대의 프로빈차에는 어디에도 '지배되는 토지' 라는 의미가 포함되어 있지 않지만, 이것은 이탈리아어에 한정된 이야기가 아니다.

남부 프랑스의 '프로방스' 는 라틴어 '프로빙키아' 에서 온 말이다. 옛날에 로마인에게 지배당한 사람들이 자신들의 고향을 '속주' 라고 부른다는 것은 이상한 일이라고 느껴질 것이다. 그러나 카이사르의 등장으로 인해 본국 로마와 그 속주의 관계가 바뀌었다는 것을 알면 전혀 이상하지 않다.

속주가 '로마 본국이 직할 지배하는 땅' 에서 '로마의 한 지방' 으로서 위치가 바뀌면 당연히 그 지역에 실시하는 정책도 바뀐다.

로마는 원래 속주민에게 속주세를 징수했다. 적이 쳐들어오면 로마의 군단이 달려가 주니까 안전보장비라고 생각하고 수입의 10분의 1을 납입하라는 것이었다. 하지만 그 징수는 푸블리카누스라는 징수업자에게 맡겼다.

푸블리카누스는 공무원이 아니라 민간업자라서 빈틈이 없다. 보수는 긁어모은 세금의 몇 퍼센트를 나눠 받기로 계약이 되어 있다. 그래서 세금을 많이 징수하면 할수록 그들의 수입도 증가했고, 세금을 납부할 수 없는 사람에게는 고리로 돈을 빌려주었기 때문에 평판이 나빴다. 카이사르는 이것을 바로잡았다.

그렇더라도 수입의 10분의 1을 속주세로 납부하는 것은 변함이 없었다. 다만 평판이 나쁜 푸블리카누스 제도를 폐지하고 공정한 징세가 실시되도록 크게 배려했다.

'돈의 원한'은 동서고금이 다르지 않다. 더구나 누구라도 싫어하는 세금이라면 더욱 그렇다. 세금징수를 공정하게 실시하는 것은 속주 통치를 안정시키는 데 가장 필요한 일이었다.

그리고 카이사르는 납세자 명단을 공개하여 마치 유리창 안에서 징세를 하듯 투명하게 했다. 물론 징세업무도 공적인 기관에 의해 실시하게 만든 것은 말할 나위도 없다. 다만 이 정책으로 푸블리카누스 집단을 적으로 만들어 버리게 되었다. 그러나 모두가 찬성하는 개혁은 개혁이 아니다.

'일석삼조'의 식민 도시 건설

징세 문제를 해결하는 것과 동시에 카이사르가 실시한 것은 속주에도 로마 시민을 적극적으로 늘려가는 방책이었다.

카이사르는 로마와 속주가 '운명 공동체'가 되기 위해서는 속주에도 로마 시민권을 가진 사람을 늘리는 것이 대전제가 되어야 한다고 생각했다. 그래서 그는 크게 두 가지 방법으로 속주에 거주하는 로마 시민을 늘려 나갔다.

　첫째는 속주민에게 로마 시민권을 부여하는 방법이었다. 옛날부터 로마인들은 '패자도 동화시킨다'는 독특한 철학을 실천해 왔는데 그것을 속주민에게도 적용하기로 한 것이다.

　우선 카이사르는 속주가 된 뒤 계속 주민의 로마화가 진행되고 있는 북부 이탈리아 속주의 자유민 모두에게 로마 시민권을 부여했다. 그리고 로마화의 수준이 약간 낮은 시칠리아나 남부 프랑스 속주 주민에게는 '라틴 시민권'을 주기로 한다. 라틴 시민권이란 간단하게 말하면 '참정권을 뺀 시민권'이지만, 물론 이 조치에 '머지않아 정식의 로마 시민권을 부여한다'는 내용이 함축되어 있다는 것은 말할 나위도 없다. 어쨌든 '라틴 시민권'은 '준로마 시민권'이었기 때문이다.

　이러한 조치에 이어 카이사르는 갈리아나 북부 이탈리아에만 머물지 않고 스페인의 원주민 중 유력자들에게도 로마 시민권을 주었다. 후세의 역사가들이 유럽은 카이사르가 창조했다고 말하는 근거가 여기에 있다.

　두 번째 방법으로 카이사르가 실시한 것은 로마 시민을 속주에 보내 그곳에서 '식민 도시'를 건설하게 하는 것이었다. 이미 로마 연합 시대에 로마는 이탈리아 반도의 방위 거점마다 식민 도시를 건설했는데, 그 형태를 속주에도 확대한 것이다.

그런데 이 아이디어는 카이사르가 처음 생각한 것이 아니다. 일찍이 그라쿠스 형제의 동생 가이우스가 앞서 시도했지만 원로원이 뭉개어 버린 카르타고도 그렇고, 포에니전쟁 당시 스키피오 아프리카누스가 스페인에 건설한 이탈리카도 로마인이 건설한 본국 밖의 '식민 도시'였다. 카이사르가 실행한 것은 이런 종류의 식민 도시를 더 많이, 널리 건설해 나가는 것이었다.

카이사르의 이 정책에 의해 속주로 이주한 로마 시민의 총인구는 8만 명이나 되었다고 한다.

로마 시민에게 '본국의 바깥'이라고 생각되는 속주로의 식민은 마치 '버려진 백성'이라고 생각하기 쉽지만 그렇지 않았다. 왜냐하면 식민 도시에 이주한 사람들은 대부분 로마에서 할 일이 없는 실업자였고, 또한 폼페이우스 파와 치른 내전이 끝나서 해산할 수밖에 없는 카이사르 군단의 병사들이었기 때문이다.

카이사르가 '식민 도시'를 각지에 건설한 것은 속주에 로마 시민권 소유자, 즉 로마 시민을 늘림과 동시에 실업 대책, 군단 병사의 재취직 대책이라는 '일석삼조'의 효과를 노린 것이었다.

로마법에는 로마 시민이 속주의 여성과 결혼해 낳은 아이에게는 무조건 로마 시민권을 부여하게 되어 있었다.

로마군단에서는 퇴역 제대할 때까지 결혼이 허용되지 않았다. 따라서 로마군 병사가 현역일 때는 미혼이지만 만기제대를 하면 이전부터 사귀어 온 현지 여성과 결혼하는 것이 보통이었다. 이런 길도 열려 있어 현지 주민의 혈통을 받은 로마 시민이 증가해 갈수록 속주와 로마는 일체화가 되어 갔다.

카이사르가 생각했던 대로 속주의 적극적인 식민정책은 로마에 큰 의미를 가져왔다. 훗날 이러한 이주자의 자손 중에서 로마 황제에 오른 사람이 여러 명 나온다.

로마와 속주는 '운명 공동체'의 길을 확실히 걷기 시작한다.

코스모폴리스

카이사르는 로마 본국과 속주의 일체화를 진행하기 위한 방법으로 이 외에도 다양한 정책을 구체화시켜 갔다.

수도 로마와 속주를 묶는 가도의 네트워크 정비도 그 하나이지만, 그 밖에도 카이사르는 통화를 개혁하고 율리우스력도 제정했다.

현대의 우리가 볼 때 놀랄 수밖에 없는 일이, 로마는 건국 이후 500년 가까이 자신이 만든 통화를 갖고 있지 않았다는 것이다.

로마가 최초로 통화를 만든 것은 이탈리아 반도를 통일하고 난 후 기원전 267년이다. 그때까지는 남부 이탈리아의 그리스계 도시국가가 발행하는 통화가 로마에서도 그대로 통용되었다. 그리고 자국 통화를 발행한 후에는 원로원이 조폐권을 장악하고 있었다. 하지만 카이사르는 이것을 빼앗아 국립 조폐소를 개설하여 그곳에서 금화와 은화를 만들게 했다.

그렇지만 카이사르는 '통일 통화'를 발행하려고 한 것은 아니었다. 그가 생각한 것은 오늘날 말하는 '기축통화'의 확립이었다.

로마 패권 아래 있는 모든 지방의 경제를 일체화시키려면 중앙집권적으로 통화를 통일하는 것이 편리할지도 모른다. 그러나 그가 세우려는 제국이란 중앙집권과 지방분권이 적당히 혼합된 '세계국가'였다.

그러니까 로마 통화 이외에도 다른 통화의 발행이나 유통이 금지된 것은 아니었다. 아테네처럼 옛날부터 자신의 통화를 가지고 있는 자치도시나 속주의 일부에서는 이전 그대로의 통화 발행이 허용되고 있었다.

그의 이름을 딴 율리우스력의 제정에도 이런 카이사르의 생각이 반영되어 있다. 그때까지 로마에서 사용되고 있던 달력은 달이 차고 이울어지는 것에 입각한 음력이었다. 음력이면 1년은 355일이다. 따라서 해가 지나갈 때마다 음력으로는 실제 계절의 진행과 달력 사이에 차이가 생겨난다.

그래서 카이사르는 동맹국 이집트에서는 천문학자, 그리고 그리스에서는 수학자를 초빙하여 정확한 달력 제작에 착수한다. 그렇게 하여 완성된 것이 1년이 365일로 4년에 한 번 윤년이 오는 태양력이었다. 이것이 율리우스력이다.

✚ 카이사르는 이전까지 정비되어 있지 않던 통화를 개혁한다. 위 그림은 로마의 금화와 은화.

그 당시의 최첨단 과학에 입각해서 계산한 율리우스력은 아주 정확해 오랫동안 유럽과 지중해 세계, 그리고 중동까지도 널리 사용되었다. 그러나 카이사르는 자신의 이름을 붙인 이 달력의 사용을 강제하지 않았다. 달력이란 각각의 민족 문화와 밀접

하게 관계되어 있다는 것을 그는 잘 알고 있었기 때문이다. '율리우스력'도 기축 달력이라고 여겼다.

집권과 분권

카이사르는 속주 통치 방식에 대해서도 이러한 분권적인 요소를 도입했다. 속주는 로마 본국의 직할지로 정해진 땅이므로 '지방자치체'처럼 완전한 자치를 실시할 수는 없었다. 그래서 카이사르는 공화정 시대부터 원로원 의원 중에서 뽑아 임명하던 '속주 총독'은 그대로 이어 나간다. 따라서 기본은 어디까지나 중앙집권이었다.

본국에서 파견되는 속주 총독은 속주의 군사, 징세, 사법, 행정의

JULIAN DATE CALENDAR

Day	Jan	Feb	Mar	Apr	May	June	July	Aug	Sep	Oct	Nov	Dec	Day
1	001	032	060	091	121	152	182	213	244	274	305	335	1
2	002	033	061	092	122	153	183	214	245	275	306	336	2
3	003	034	062	093	123	154	184	215	246	276	307	337	3
4	004	035	063	094	124	155	185	216	247	277	308	338	4
5	005	036	064	095	125	156	186	217	248	278	309	339	5
6	006	037	065	096	126	157	187	218	249	279	310	340	6
7	007	038	066	097	127	158	188	219	250	280	311	341	7
8	008	039	067	098	128	159	189	220	251	281	312	342	8
9	009	040	068	099	129	160	190	221	252	282	313	343	9
10	010	041	069	100	130	161	191	222	253	283	314	344	10
11	011	042	070	101	131	162	192	223	254	284	315	345	11
12	012	043	071	102	132	163	193	224	255	285	316	346	12
13	013	044	072	103	133	164	194	225	256	286	317	347	13
14	014	045	073	104	134	165	195	226	257	287	318	348	14
15	015	046	074	105	135	166	196	227	258	288	319	349	15
16	016	047	075	106	136	167	197	228	259	289	320	350	16
17	017	048	076	107	137	168	198	229	260	290	321	351	17
18	018	049	077	108	138	169	199	230	261	291	322	352	18
19	019	050	078	109	139	170	200	231	262	292	323	353	19
20	020	051	079	110	140	171	201	232	263	293	324	354	20
21	021	052	080	111	141	172	202	233	264	294	325	355	21
22	022	053	081	112	142	173	203	234	265	295	326	356	22
23	023	054	082	113	143	174	204	235	266	296	327	357	23
24	024	055	083	114	144	175	205	236	267	297	328	358	24
25	025	056	084	115	145	176	206	237	268	298	329	359	25
26	026	057	085	116	146	177	207	238	269	299	330	360	26
27	027	058	086	117	147	178	208	239	270	300	331	361	27
28	028	059	087	118	148	179	209	240	271	301	332	362	28
29	029	*	088	119	149	180	210	241	272	302	333	363	29
30	030		089	120	150	181	211	242	273	303	334	364	30
31	031		090		151		212	243		304		365	31

✚ 율리우스력은 아주 정확해 오랫동안 유럽과 지중해 세계, 그리고 중동까지도 널리 사용되었다.

총책임자라고 할 수 있다. 그러나 사법이나 행정에 관하여 카이사르는 속주마다 '속주 의회'라고 할 수 있는 자치조직을 만들게 하고 그 기관에 일부를 맡겼다. 로마 본국에서 파견된 총독이 속주 주민 사회의 내부에까지 지나치게 간섭해 로마의 중앙정부가 속주민들의 반감을 사는 원인이 되는 것을 염려했기 때문이다.

한마디로 속주라고 해도 그들 사회의 모습은 가지각색이다.

예컨대 갈리아인의 경우 넓은 갈리아 지방에만 100 이상의 부족이 존재한다. 이 부족 사이에 마찰이 일어나면 그것을 속주 총독이 처음부터 나서서 해결하는 것보다 각 부족장끼리 서로 대화를 하게 만드는 것이 더 빨리 해결될 수도 있다. 그래서 카이사르는 갈리아를 정복하자, 그전부터 존재해 왔던 부족장 회의를 없애지 않고 오히려 장려해 서로간의 문제를 거기서 논의하게 했다. 갈리아 전쟁 당시는 카이사르 자신이 의장을 맡은 적도 있었다.

물론 이것은 부족사회인 갈리아나 스페인 등의 이야기이고, 일찍부터 도시국가가 성립해 있던 그리스에서는 사정이 다르다. 그리스의 각 도시에서는 선거에 의해 만들어진 의회가 그 역할을 수행했다.

광대한 로마 영토를 통치하기 위하여 중앙집권 체제를 일방적으로 강요한다면 통치가 불가능하다. 어디까지나 '경우에 따라' 시행했다. 옛날부터 로마인이 활용해 온 지혜를 카이사르도 답습한 것이다.

공격의 시대에서 방비의 시대로

카이사르가 로마와 속주의 일체화를 도모하고 로마국가 전체를 운명 공동체로 이끈 것은 로마를 고도성장에서 안정성장 노선으로 이끌기 위해서였다고 할 수 있다.

로물루스 시대로부터 포에니전쟁에 이르는 약 600년의 세월은, 도중에 켈트 족 습격 충격으로 인해 좌절한 적이 있었지만 로마는 기본적으로 한결같이 확대 노선을 진전시켜 왔다. 왕정에서 공화정으로의 이행도 로마가 한층 더 확대해 나가기 위해 꼭 필요한 일이었다.

그러나 이러한 확대 노선도 이윽고 정점을 맞는다. 그것이 포에니전쟁이었다. 공화정 로마는 카르타고와의 결전을 거쳐 마침내 지중해 전역의 패자가 된다.

상식적으로 생각하면 여기서 로마는 확대 수준을 낮춰 안정 성장 노선으로 전환하였어야 한다. 급격히 팽창한 로마의 영토를 어떻게 통치할까? 그것을 주요 주제로 해서 국가 개혁이 시행되었어야 했다.

그러나 포에니전쟁 후에도 로마의 정치체제는 달라지지 않았다. 성공 체험이 너무나도 화려했기 때문에 진로를 변경할 수가 없었다. 그래서 일어난 것이 '승자의 혼미'라고도 할 만한 사태였다.

그 중 가장 대표적인 예가 로마 연합이다. 포에니전쟁의 승리로 로마 연합은 사실상 존재 의미가 없어진다. 이미 로마나 이탈리아 반도를 적이 침략해 오지 않게 되어 방위를 위한 동맹을 맺을 필요가 없어진 것이다. 그런데도 로마는 전과 같이 연합을 유지하려 했다. 그리고 이 모순 때문에 일어난 것이 동맹자 전쟁이었다.

여기에서 카이사르는 로마가 이른바 '공격의 시대'에서 '방비의 시대'로 접어든 것을 냉철하게 인식하고 있었다. 공격의 시대에는 유익했던 것도 방비의 시대에는 유해한 것이 될 수 있다. 원로원 주도 체제는 그 대표적인 예이고 속주 통치 방식도 마찬가지였다.

기본적으로 카이사르는 장래의 로마를 위해서는 무엇보다도 안정이 필요하며, 더 이상의 영토 확장은 필요 없다고 인식하였다.

……이렇게 쓰면 일부 독자는 틀림없이 "카이사르 자신이 행한 8년에 걸친 갈리아 전쟁은 무엇이었나." "갈리아 정복은 확대 노선의 계승이 아닌가."라고 반론할 것이다. 그러나 카이사르에게 갈리아 전쟁이란 로마의 확대 노선에 종지부를 찍기 위해 반드시 완수하지 않으면 안 되는 것이었다.

갈리아 문제는 게르만 문제였다

기원전 60년 폼페이우스, 크라수스라는 군의 거두와 함께 '삼두정치'를 개시한 카이사르가 가장 먼저 착수한 것이 알프스 북쪽에 퍼져 있는 갈리아 지방을 완전 제압하는 것이었다.

기원전 390년의 켈트 족 습격 충격을 인용할 필요도 없이 로마에게 북방의 갈리아인(그리스명은 켈트 족)의 존재는 국가 방위상으로 볼 때 위협요소였다. 그 갈리아를 향해 카이사르는 직접 군대를 이끌고 나아갔지만 그의 진정한 목적은 실은 갈리아 민족이 아니라 그 너머에 사는 게르만 민족이었다. 어떤 문제라도 그 본질을 간파하는 능력이 뛰어난 카이사르는 '갈리아 문제'란 결국 '게르만 문제'라는 것을 알고 있었다.

갈리아인이 자주 남하해서 로마에 침입해 오는 것은 결코 로마에 대한 욕심 때문이 아니었다. 그들 갈리아의 동쪽에 세력을 편 수렵 민족 게르만 인들이 라인 강을 넘어 갈리아인이 사는 지역까지 진출 해 오기 때문에 도미노 식으로 갈리아인이 로마에 밀어닥치는 것이 다. 즉 갈리아인의 남하란 난민 문제이기도 했다.

따라서 갈리아인의 남하를 멈추려면 게르만 인을 그들의 본거지 인 라인 강에서 넘어오지 못하게 만들면 된다. 그렇게 해서 갈리아 를 게르만의 위협에서 해방시키면 갈리아인은 원래 정착형이기 때 문에 이탈리아 반도에 침입해 오지 않게 된다.

이러한 관찰을 바탕으로 하여 카이사르가 내린 결론이 갈리아 전 쟁이었다. 즉 갈리아 전쟁이란 침략 욕구나 영토 욕구를 위해서 행 해진 것이 아니었다. 오히려 이와는 반대로 로마의 안전을 확립하기

✚ 갈리아를 향해 카이사르는 스스로 군대를 이끌고 나아갔지만 그의 진정한 목적은 실은 갈리아 민족이 아니라 그 너머에 사는 게르 만 민족이었다.

위한 전쟁이었다.

카이사르는 로마의 세력 범위는 라인 강까지로 충분하다고 생각하고, 더 이상의 확대는 필요 없다고 판단했다. 게르만 인은 원래 수렵민족이고 독자적인 문화를 가지고 있어 그들을 로마화하려면 굉장한 노력이 필요하다. 아니, 차라리 불가능하다고 해야 할 것이다.

그래서 라인 강의 방위 체제를 확립해 게르만 인을 봉쇄하는 데 전념하면 그것으로 충분하고, 그렇게 되면 갈리아 땅은 저절로 평온해지고 로마도 반란이나 침입을 무서워할 필요가 없어진다고 판단하였다. 그런 까닭에 카이사르는 우선 갈리아 땅에 군사를 이끌고 원정에 나선 것이다.

카이사르의 이 같은 현실적 판단에서 로마제국의 방위선은 라인 강과 도나우 강, 그리고 유프라테스 강이라고 생각했다. 그래서 카이사르는 라인 강 방위선 확립을 위해 갈리아 전쟁을 감행했을 뿐만 아니라, 동방의 파르티아에도 원정을 나가 유프라테스 강 방위선을 확립하고 돌아오는 길에 도나우 강 방위선을 구축을 할 예정이었다.

유감스럽게도 이 대원정은 그가 암살당해 실현되지 못했다. 그러나 카이사르의 방위 구상은 제정 시대에 접어들어서도 계승되었고 로마제국의 안전보장 시스템의 기본 방침이 되었다. 진정 카이사르야말로 로마제국을 위한 '그랜드 디자인' 의 설계자였다.

카이사르가 유럽을 만들었다

그런데 카이사르에 의한 로마제국의 안전보장 구상은 로마사뿐만 아니라 후대의 유럽의 역사에도 큰 영향을 미치게 된다. 아니, 그뿐만 아니라 '카이사르가 유럽을 만들었다'고 단정하는 사람이 많다.

사실 현재 서유럽 도시의 상당수는 카이사르 이후의 로마제국 시대에 만들어진 군단 기지나 식민 도시를 기원으로 하고 있다. 프랑스의 리옹, 스트라스부르, 프레쥐스. 독일의 쾰른, 본, 마인츠. 영국의 요크, 체스터, 바스. 오스트리아의 빈, 헝가리의 부다페스트, 세르비아의 베오그라드……. 그 외에도 유럽 곳곳에 수도 없이 많아 거론하기 힘들 정도이다. 단정해서 말하면 유럽은 고대 로마인에 의해서 만들어졌다.

영국의 수상 윈스턴 처칠도 "대영제국의 역사는 기원전 55년 8월 26일에 시작되었다."라고 했다. 카이사르와 그 군단이 브리타니아, 즉 현대의 영국에 상륙한 날부터 영국사가 시작된다는 이야기이다.

갈리아 원정을 구상한 카이사르는 브리타니아를 타도하지 않고서 갈리아의 안정은 있을 수 없다고 생각하고 직접 원정길에 나선다. 당시 브리타니아는 로마에 대한 저항운동을 지원하는 거점이 되어 있었기 때문이다.

그러나 카이사르는 원정은 시도했지만 브리타니아를 완전 제패해 속주로 만들지는 못했다. 브리타니아가 로마에 편입되는 것은 1세기 후인 클라우디우스 황제 시대가 되어서이다.

그러므로 처칠이 "카이사르 상륙의 날부터 대영제국의 역사가 시작된다."고 쓴 것은 조금 과장되었다고 할 수 있다. 게다가 브리타니아는 카이사르에게 실컷 얻어맞았으니까 자랑할 만한 일도 아닐 텐데.

영국은 전통적으로 고대 로마 연구가 번성한 곳이다. 그런데 그

열의가 카이사르의 브리타니아 원정에서 기인된 것일까?

영국인 연구자들의 말을 들어 보면 영국의 원점은 로마제국에 있으므로 로마 연구가 활발한 것은 당연하다고 하니까 이것도 재미있는 이야기이다. 실은 그들의 이러한 주장은 영국과 함께 고대 로마사 연구가 활발히 이뤄지고 있는 독일을 의식한 것이고, 영국인들이 보기에는 '독일은 카이사르에게 정복당하지 않은 나라'이기 때문이다.

이와 같이 다소 이해하기 어려운 반응이지만, 카이사르의 존재는 지금도 강렬하게 의식되고 있다.

왜 카이사르는 '관용'을 내걸었을까

그런데 이처럼 '새로운 로마'의 그랜드 디자인을 그리고 그것을 잇달아 구체화시켰던 카이사르였지만, 그의 구상을 올바르게 읽어 내고 이해하는 동시대인은 거의 없었다. 당대 최고의 지식인이라고 알려졌으며 날카로운 지성의 소유자였던 키케로조차 처음에는 카이사르가 공화정 재건에 힘을 쏟고 있다고 믿었을 정도였다.

그러므로 종신 독재관으로 취임한 카이사르가 계속하여 새로운 정책을 실행하자 카이사르를 로마에서는 '왕위에 오르려는 속셈이 있다'고 생각하는 사람도 적지 않았다.

물론 카이사르 자신은 로마를 사물화할 생각은 조금도 없었다. 그에게는 영토가 확대된 당시의 로마에 적합한 통치 시스템은 무엇일까 하는 문제의식뿐이었다. 그리고 그는 그것을 군주정에서 찾았다. 하지만 그러한 그의 생각을 정확하게 파악한 사람은 거의 없었다.

바로 카이사르가 생전에 적어 놓은 글과 같이, "누구나 모든 것을 볼 수 있는 것은 아니다. 대부분의 사람은 자신이 보고 싶어 하는 것 밖에는 보지 못한다."

그러나 이처럼 냉철하게 로마 세계의 현실을 바라보았던 카이사르이지만, 그는 반대 세력 사람들을 결코 탄압하려 들지 않았다. 그뿐만 아니라 정권에 오르자마자 '관용'을 신조로 내걸고, 전에는 서로 칼을 겨누었던 폼페이우스 파 사람들의 안전한 귀국을 보증해 주었을 정도였다.

술라는 자신의 개혁을 가로막는 반대자들을 탄압하고 숙청하는 일에 전혀 망설임이 없었다. 아무튼 그는 용의주도하게 '처형자 리스트'를 만들었을 정도였다.

그 술라에 의해 젊은 시절 한때 망명할 수밖에 없었던 경험이 있는 만큼 카이사르는 탄압이나 숙청이 후대에까지 응어리로 남는다는 것을 잘 알고 있었다. 그 같은 고통과 어려움을 알고 있었기 때문에, 적군도 아군도 없는 일치단결한 로마의 탄생을 바랐던 것이다.

카이사르의 죽음

그렇다 치더라도 카이사르의 '관용'은 너무나도 철저했다. 그는 종신 독재관으로 취임하자 자신의 호위대를 해산시켜 버리고 무방비 상태나 다름없는 차림으로 로마 시내를 아무렇지도 않게 돌아다녔다. "신변의 안전을 걱정하며 사는 것은 살아 있다는 느낌이 들지 않기 때문"이라는 것이 그 이유였다.

카이사르의 관용은 합리적인 계산의 결과라기보다는 '그것이 그의 기질'이라고밖에 설명할 수가 없다.

인간은 누구나 '어떤 일이 있어도 그것만은 할 수 없다'는 부분을 가지고 있다. 행동의 미학이라고 바꿔 말해도 된다. 그토록 냉철한 지성을 가졌으면서도 자신의 적을 철저히 배제하지 않았던 것은 결국 '그것이 카이사르다'라고 할 수밖에 없다.

사실 카이사르는 키케로에게 다음과 같은 편지를 썼다.

"내가 자유를 준 사람들이 다시 나에게 칼을 들이댄다 해도 그런 일로 번민하고 싶지 않네. 나 스스로 다짐하는 것은 무엇보다도 내 생각에 충실하며 사는 것이네. 그래서 다른 사람들도 그렇게 사는 것이 당연하다고 생각한다네."

그는 자신의 안녕을 위해 원로원 의원들을 모아 놓고 맹세를 하게 만들었는데, 그 내용은 다음과 같다.

✚ 카이사르는 원로원 의원들을 모아 놓고 다음과 같은 맹세를 하게 한다. "카이사르를 적대시하는 사람은 원로원에게도 적이다. 그 적으로부터 카이사르의 몸을 지켜 줄 것을 맹세한다."

"카이사르를 적대시하는 사람은 원로원에게도 적이다. 그 적으로부터 카이사르의 몸을 지켜 줄 것을 맹세한다."

자신의 몸을 지키는 갑옷은 신의만으로 충분하다고 카이사르는 생각했을 것이다.

원로원에서 행한 이 맹세가 있고 불과 2개월 후인 기원전 44년 3월 15일, 카이사르는 '카이사르가 왕위를 노리고 있다'고 확신한 마르쿠스 브루투스 이하 14명의 원로원 의원들에 의하여 암살당한다. 이때 카이사르의 나이 55세였다.

암살자들의 칼에 찔려 원로원 회의장 바닥에 쓰러지면서 마지막으로 카이사르가 한 것은 스스로의 유해를 보기 흉하지 않게 하려고 토가의 옷자락으로 몸을 감싼 일이었다. 고대 로마사의 기록은 그렇게 전하고 있다.

✚ 인간은 누구나 '어떤 일이 있어도 그것만은 할 수 없다'는 부분을 가지고 있다. 행동의 미학이라고 바꿔 말해도 된다. 그토록 냉철한 지성을 가졌으면서도 자신의 적을 철저히 배제하지 않았던 것은 결국 '그것이 카이사르다'라고 할 수밖에 없다.

8장 '팍스로마나'의 길

사람의 왕래를 끊는 방벽과 사람의 왕래를 촉진하는 가도…….

똑같이 고대 제국이라 일컬어진 로마와 중국, 두 나라의 '삶의 방식'은 전혀 달랐다.

그리고 로마의 도로망은 '팍스로마나(로마의 평화)'로 연결된 데 비해

만리장성은 중국에 '팍스(평화)'를 가져다주지 못했다.

'국가'는 누구의 것인가

기원전 44년 3월 15일 브루투스와 그 동지들이 카이사르를 암살한 것은 최고 권력자가 된 카이사르에 대한 오해나 질투 때문은 아니었다. 그들은 그들 나름대로 로마의 장래를 걱정해 카이사르를 죽일 수밖에 없다고 생각한 것이다.

공화정체는 로마의 자랑이며 로마 영광의 원천이라고 생각하는 그들에게는 종신 독재관 카이사르가 이미 실행하고 앞으로도 실행하려는 개혁이 로마 그 자체를 부정하는 것처럼 보였다. 그리고 카이사르 스스로 왕이 되어 로마를 다른 나라로 만들려고 하는 것 같아 두려웠다. 그래서 브루투스와 동지들은 로마의 공화정을 지키기 위해 카이사르 암살을 결의한다. 그러한 의미에서 본다면 그들의 '우국의 정'은 순수했다고 할 수 있다.

그러나 '로마를 지킨다'는 우국의 정은 결코 암살자인 브루투스와 그 동지들만의 독점물은 아니었다. 로마를 사랑하고 그 장래를 걱정한다는 점은 카이사르도 똑같았다. 다만 로마의 장래를 구상하는 본연의 자세에서 카이사르와 암살자들이 너무 다르다 보니 브루투스는 카이사르가 실행하려고 하였던 대개혁의 의미를 이해할 수가 없었다. 카이사르가 종신 독재관이라는 전대미문의 지위에 취임하면서까지 행하려고 한 것은 로마라는 '국가'를 지키는 것이었다.

　고대 로마 사람들은 국가를 '레스푸블리카(respublica)'라는 말로 나타내는 것이 보통이었다. 현대 이탈리아어의 '레푸블리카(republica)', 영어의 '리퍼블릭(republic)'의 근원이 되는 이 레스푸블리카는 보통 '공화국'이라고 번역한다. 그러나 원래의 의미를 거슬러 올라가면 공동체라든가 공공이라는 의미가 된다. 즉 고대 로마인에게 국가란 주민 공동체이며 따라서 공공의 이익을 위해서 존재하는 것이었다.

　국가는 일부 특권계급이나 개인의 이익을 위한 것이 아니었다. 국가의 목적은 그 안에서 사는 사람들의 행복감을 높이는 데 있다는 것이 로마인의 일관된 사상이었다. 그리고 카이사르 역시 국가는 레스푸블리카라고 생각했다. 다만 이와 같은 '레스푸블리카'로서 로마를 지키려면 이제는 공화정을 폐지하는 수밖에 없다고 판단했다. 이것이 카이사르의 각오이며 우국의 정이었다.

로마의 사명

처음 공화정이 수립된 것은 말할 필요도 없이 공익을 지키기 위해서였다. 로마를 왕 한 사람의 독점물이 아니라 바로 공공의 것으로 하기 위해서 공화정은 만들어졌다.

그러나 그 공화정이 지금은 공공의 이익을 해치는 것이 돼 버렸다. 그럼에도 불구하고 "현재는 아무리 나쁜 사례가 돼 버렸다 해도 그것이 시작된 원래의 계기는 훌륭한 것이었다."고 말한 사람은 다름 아닌 카이사르였다.

훌륭한 동기로 출발한 공화정이었지만, 이제는 오히려 해를 끼치는 것으로 변했다. 원로원 의원들은 자신들의 권위와 전통을 지키는 일에는 열심이었지만 로마 평민들의 '공익'에는 둔감해져 버렸다. 그리고 속주에 사는 사람들의 문제는 아예 관심 밖의 일로 치부해 버리고, 자신들이 지배하고 있는 대상으로 보려고도 하지 않는다. 카이사르가 생각하는 '레스푸블리카(공동체)'는 단지 로마 시민만을 대상으로 한 것이 아니었다.

카이사르는, 패권국 로마의 사명은 광대한 로마 영토 안에 살고 있는 사람들 모두의 공익을 최대한으로 하는 것임에도 불구하고 원로원은 더 이상 그 역할을 수행할 수 없게 되었으므로, 로마라는 레스푸블리카를 지키기 위해서는 원로원 주도 체제이기도 한 공화정 폐지가 불가피하다고 판단하였다. 그러나 이 시기에는 아직 '속주민도 포함한 로마'라는 카이사르의 사상을 이해할 수 있는 사람은 너무나도 적었다.

브루투스 일동은 처음부터였지만, 로마에서 제일가는 변론가로 알려져 있었고 카이사르도 그 지성을 높게 평가한 키케로마저 카이사르의 의도를 이해하지 못했다. 인간이란 어차피 '자신이 보고 싶은 것밖에 보지 않는' 존재인지도 모른다.

그러나 카이사르의 진심을 완벽하게 이해한 단 한 사람의 남자가 있었다. 그는 바로 옥타비아누스, 나중에 초대 로마 황제가 되는 아우구스투스였다.

로마 역사상 최대의 '명배우'

카이사르 사후에 공개된 유언장은 로마 시민들을 적잖이 놀라게 했다. 카이사르는 그 유언장에 자신의 후계자로서 당시 불과 18세밖에 안 된 여동생의 손자인 가이우스 옥타비아누스를 지명하고, 이 젊은 이를 자신의 양자로 삼아 카이사르의 성을 잇도록 지시해 놓았기 때문이다.

그 당시 옥타비아누스는 로마에서는 거의 무명이라고 할 수 있는 존재였다. 사실 옥타비아누스는 내란 때 카이사르를 따라 스페인에 가 본 경험이 고작이었고, 아직은 군인으로서나 정치가로서의 실적은 전무였다. 키케로의 평가에 의하면 '소년'에 지나지 않았다. 그러나 카이사르의 입장에서는 옥타비아누스를 결코 무책임하게 지명한 것이 아니었다.

물론 이 유언장을 쓸 당시 카이사르는 자신이 암살되리라고 생각지 않았다. 당시의 카이사르는 아직 55세. 적어도 10년 이상은 현역으로 활약할 수 있다고 생각했을 것이다. 그리고 그때가 되면 옥타비아누스도 30세가 되어 의젓한 사내가 될 것이라고 생각했는지도 모른다.

그러나 불과 18세인 소년에게서 장래 지도자의 모습을 발견한 카이사르의 분별력은 역시 대단하다고밖에 할 수 없다. 카이사르만큼 지식이나 군사적인 면으로 뛰어나진 않지만, 옥타비아누스에게는 카이사르에 필적할 만한 정치적 감각과 재능이 있었기 때문이다.

옥타비아누스는 자신이 설정한 목적을 달성하기 위해서라면 어떠한 '연기'도 불사하는 강한 의지를 가진 남자였다.

고대 그리스의 철학자들은 '위선'에는 상등품과 하등품 두 종류가 있다고 생각했다.

하등품 위선이란 요컨대 '겉치레뿐인 선행'이다. 본심은 악한 데도 표면상으로만 선으로 위장하는 것이다. 우리가 평상시 위선이라고 하는 것은 여기에 해당한다. 그것과는 달리 상등품 위선이라고 해야 할 것이 있다. 그것은 선을 가장한 목적이 공공의 이익을 실현하기 위한 경우이다.

그리스 사람들은 정치가가 그러한 위선을 행하는 것을 비난하지 않았다. 오히려 당연한 일이라고까지 생각했다.

왜냐하면 모든 정책에는 반드시 빛과 그림자가 있다. 어떤 정책을 행하면 한쪽은 혜택을 받지만 다른 한쪽은 새로운 정책으로 인해 기득권을 잃는 경우도 있다. 그러므로 당연한 일이지만 그 실현을 필사적으로 방해하려고 한다. 카이사르가 살해당했던 것도 분명히 그런 까닭에서였다.

이러한 교훈에서 옥타비아누스가 얻은 것은 카이사르의 유지를 이어받아 그것을 실현해 나가려면 '상등품 위선자'가 될 수밖에 없다는 것이었다. 즉 개혁의 저항 세력인 원로원을 속여서라도 제정을 실현해 나가겠다는 각오를 굳혔던 것이다.

그리스어에서 '위선'을 의미하는 '후포크리시스(hupocrisis)'라는 말은 원래가 배우의 '연기'를 어원으로 하고 있다. 즉 위선이란 '연기하는 일'과 다름없는 것이다.

이 의미를 상기해 보면 옥타비아누스는 로마 역사상 전무후무한 명배우였다고 할 수 있다. 어쨌든 이 인물은 원로원 의원 전체를 만족시키면서 원로원 체제나 공화정체를 부정하는 제정으로 옮겨 가는 아슬아슬하면서도 대담한 곡예를 해냈으니까.

'아우구스투스'의 신중한 계책

유언에 의해 후계자로 지명되었다고는 해도 옥타비아누스가 순조롭게 카이사르가 가지고 있던 권위와 권력을 승계하지는 못했다. 카이사르의 부관인 안토니우스. 그리고 그 안토니우스의 아내이자 이집트 여왕인 클레오파트라를 상대로 한 전쟁에 종지부를 찍고 사실상 로마의 최고 권력자가 되었을 때 옥타비아누스는 30세를 지나고 있었다.

옥타비아누스는 내전 종료 2년 뒤가 되는 기원전 27년 1월 13일 원로원 회의장에서 놀라운 선언을 한다.

"내 일신에 집중돼 있는 모든 권력을 여러분의 손에 되돌리겠다. 무기와 법과 로마의 패권 하에 있는 속주의 모든 것을 원로원과 로마 시민의 손에 다시 되돌려 드릴 것을 선언한다."

사실상 절대 권력자로서 로마 정계를 지배하게 된 옥타비아누스의 '공화정의 완전 복귀 선언'에 회의장은 일순 쥐 죽은 듯 조용해졌다. 그리고 곧이어 커다란 환호성이 터졌다고 한다.

원로원 의원들의 이런 반응은 너무나도 당연한 것이었다. 카이사르의 후계자이므로 당연히 옥타비아누스도 역시 종신 독재관의 자리를 노리고 있는 것이 아닐까 두려워하고 있었는데, 이와는 반대로 원로원에 권력을 되돌린다는 것이다. 모두들 자신의 귀를 의심한 것도 무리가 아니었다. 그들은 놀라는 한편 아이들처럼 기뻐했다.

하지만 '위대한 위선자' 옥타비아누스는 물론 로마를 공화정으로 되돌릴 생각도, 원로원에 권력을 내줄 생각도 전혀 없었다. 만약 그렇게 하면 로마는 곧바로 다시 내란과 혼미의 시대로 돌아가 버린다는 것을 그는 확신하고 있었다.

그렇지만 속에 숨기고 있는 제정에 대한 결심이 원로원에 들통이라도 나면 그는 의붓아버지 카이사르와 같은 운명이 된다. 그래서 옥타비아누스는 원로원을 방심하게 만들 철저한 계획을 세운다. 그 최초의 수단이 이 '공화정 복귀 선언'이었던 것이다.

이 대담한 옥타비아누스의 책략은 즉시 성과를 올렸다. 원로원 의원들은 생각지도 못한 옥타비아누스의 '선물'을 받고 미친 듯이 환호하며 그에게 '아우구스투스'라는 칭호를 주기로 만장일치로 결정했기 때문이다.

아우구스투스는 '성스러운'이라는 뜻이며, 이 칭호 자체에는 정치적인 특권은 아무것도 없는 단순한 존칭이다. 그러나 인간은 언어에 얽매이는 존재이기도 하다. 단순한 통칭이라고 알고 있는데도 '성스러운 사람'이라고 계속해 부르다 보면 거기에 자연히 존경심이 싹튼다. 더구나 원로원 의원들 앞에서 호소하고 있는 상대가 브루투스나 안토니우스를 넘어뜨린 실력자이면 더욱 성스러워진다. 게다가 그 이름은 원로원 의원 자신들이 주었으므로 누구에게 불평도 못 할 노릇이었다.

실은 이 아우구스투스라는 존칭 수여도 옥타비아누스 자신이 생각했다. 그것을 실현하는 데도 주도면밀한 사전 교섭이 있었다. 이렇게 해서 이 명배우는 공화정을 지키겠다는 연기를 계속해 나가면서 '황제 아우구스투스'가 되는 길을 걷기 시작했다.

황제로 가는 '카드'

그 후 아우구스투스는 역사가 타키투스가 평한 것처럼, "눈치 채지 못하게 하나씩 긴 시간을 들여 모든 권력을 손에 넣어 갔다."

그렇다고 해도 그는 숨어서 권력을 탈취한 것이 아니다. 그가 행한 것은 모두 당시의 로마에서 완벽하게 합법이었다. 그런데 그 합법적인 일을 점차 쌓아 가다 보니, 공화정 로마라면 비합법이라고밖에 할 수 없는 제정이 거기에 출현한다. 이처럼 일종의 마법으로 그는 황제가 되었다. 카드게임에서 하나하나는 시시한 카드이지만 다섯 장이 모두 갖추어지면 '최강의 패'가 만들어지는 것과 비슷하다.

그래서 그가 조금씩 손에 넣어 간 것을 열거해 보면 다음과 같다.

아우구스투스와 카이사르의 이름
아우구스투스라는 이름은 원로원에서 부여해 준 것이고 카이사르라는 이름은 그가 율리우스 카이사르의 양자가 되었기 때문에 얻어진 것이다. 어느 쪽이나 물론 완전하게 합법이다.

'일인자'의 칭호

일찍이 스키피오 아프리카누스에게 부여된 적도 있는 이 칭호는 문자 그대로 '로마 시민 중의 일인자'라는 의미 이상의 것이 아니었다.

말하자면 원로원 의원 일동의 대표라는 위치를 매긴 것이고, 그 자체에는 아무 권력도 없는 일종의 명예직과 같은 것이다.

임페라토르

나중에 영어 '황제'의 어원이 되는 임페라토르이다. 이것도 본래는 단순한 칭호에 지나지 않았다. 로마의 군단에서는 예부터 승리를 한 장군에게 부하 병사들이 '임페라토르'라고 불러서 칭송하는 것이 관습이었다.

위에서 설명한 세 가지 칭호는 실제 정치에서 어떤 권력도 보증하는 것이 아니다. 그래서 원로원은 임페라토르도, 일인자의 칭호도 기꺼이 그에게 부여했다.

이것을 만약 실적이 전무한 인물에게 부여했다면 이러한 칭호들은 우스꽝스러움을 느끼게 하는 효과밖에 없었을 것이다. 그러나 아우구스투스에게는 내전을 수습했다는, 누구나 인정하지 않을 수 없는 실적이 있었다.

그 실적과 칭호가 합해지자 거기에는 간단히 말로 설명할 수 없는 권위가 생겼다. 원로원의 회의장이든 일상의 발언이든 그의 입에서 나오는 말에 사람들은 중량감을 느꼈다. 아우구스투스는 그러한 인간의 심리를 잘 알고 있었다.

전군 최고 사령권

아우구스투스는 이렇게 권위를 손에 넣고 한편으로 정치, 군사상의 실권도 '합법적으로' 획득해 간다.

전군 최고 사령권

아우구스투스의 공화정 복귀 선언에 감격한 원로원 의원들은 아우구스투스라는 칭호를 주면서 평화가 확립할 때까지 속주의 방위도 담당해 달라고 의뢰한다.

원래 속주의 방위는 원로원 담당이었지만, 속주를 통치하는 일은 결코 쉽지 않았다. 어쨌든 쾌적한 로마의 생활을 버리고 갈리아나 스페인 등과 같은, 당시에는 아직 생활수준이 낮은 지방에서 생활해야 한다. 그런 속셈도 있어서 원로원은 그에게 속주 통치를 일임한 것이다.

이 뻔뻔스러운 원로원의 청에 대해 아우구스투스는 어떻게 응했을까?

그는 그것을 그대로 받아들일 뿐만 아니라, 나아가 원로원 의원들이 기뻐할 형태로서 역으로 제안한다. 이때의 술수는 가히 명배우의 연기라고 할 수밖에 없다.

아우구스투스는 속주를 통치의 난이도에 따라 두 종류로 나누었다. 즉 로마화가 진행되고 있어 통치가 편한 지방은 '원로원 속주'로 정해 그곳의 통치는 원로원에 맡기겠다고 말한다. 이러한 지방이라면 경제적으로도 발전되어 있으니 부임해도 생활이 쾌적하고 여러 가지 보답도 많다. 그런데 항상 적과 마주 보는 변경의 고생스럽고 보답 같은 것을 기대할 수 없는 곳의 통치 책임은 아우구스투스 자신이 맡겠다고 말한다.

'성가신 일은 모두 나에게' 라는 그의 제안에 원로원 의원들은 크게 환대하며 공화정에 헌신하는 그의 모습을 칭송했음은 말할 것도 없다.

하지만 거기에는 아우구스투스만이 가능한 주도면밀한 계산이 들어 있었다.

나중에 이 지역들은 '황제 속주' 라고 불리게 된다. 이때 그는 변방을 통치하려면 꼭 군사력이 필요하고, 자신에게 로마군단의 지휘권이 없으면 아무래도 불편하니 그것을 인정해 주었으면 한다고 원로원에 신청한다.

아우구스투스의 '위선' 에 완전히 속아 넘어간 원로원은 그에게 '전군 최고 사령권' 의 지위를 부여한다. 이렇게 하여 모든 로마군단은 그가 일원적으로 관리하게 되고, 게다가 각 군단 사령관의 인사권도 그의 수중에 들어간다.

이리하여 일찍이 카이사르가 종신 독재관이라는 비상시의 지위에 오름으로써 획득한 권력을 아우구스투스는 완전히 합법적으로, 게다가 원로원의 보증까지 얻는 데도 성공한다.

아우구스투스의 '작은 소원'

아우구스투스는 이렇게 해서 군사권을 수중에 넣었지만, 로마를 개혁해 나가려면 절대로 빠뜨릴 수 없는 정치상의 권력도 교묘하게 획득해 간다.

호민관 특권

공화정 복귀 선언 이래 아우구스투스는 그의 오른팔인 아그리파와 함께 매년 집정관에 취임해 왔다.

앞에서도 말했지만 원래의 공화정에서는 집정관의 임기는 1년으로 정해져 있었다. 말할 것도 없이 독재자의 출현을 방지하기 위한 조치였다.

그러나 잇따른 내란에 의해 이 규정은 사실상 유명무실하게 되었으며, 마리우스 이래로 당시의 권력자가 집정관에 연속 취임하는 것이 당연시되고 있었다. 따라서 아우구스투스가 연속해 집정관이 되는 것은 결코 위법이 아니었다. 또한 카이사르 암살 후 혼란한 로마의 정치를 재정비하기 위해서도 아우구스투스가 집정관에 연속 오르는 일이 불가피하다고 여겨졌다.

그런데 기원전 23년, 40세가 된 아우구스투스는 또다시 사람들이 예상하지 못한 선언을 한다. 그것은 아그리파와 함께 집정관을 사임하고 그 이후는 시민회에 의한 집정관 선출이라는 공화정 본래의 형태로 되돌린다는 것이었다.

이 선언을 듣고 원로원 의원들은 다시 환호했다. 원로원 주도의 공화정을 추구하는 사람들에게 아우구스투스는 '공화정의 수호자'로까지 보였다. 기쁨에 찬 원로원 의원들은 기꺼이 아우구스투스의 '작은 소원'을 들어주기로 한다. 그것은 '호민관 특권'을 1년 한정으로 수여한다는 것이었다.

'황제'의 탄생

이미 이 책에서 몇 번이나 소개한 것처럼 호민관이란 귀족 계급에 맞서 평민 계급의 정치적 권리를 지키기 위해서 생겨난 것이다.

평민회가 선출한 호민관은 '거부권'이 주어지므로 원로원이나 집정관의 결정마저도 백지로 돌릴 수가 있었다. 게다가 호민관이 평민회에 제안해서 가결된 법안은 비록 원로원이 반대해도 법제화할 수 있는, 정책 입안에서도 우선권이 주어져 있었다.

이 호민관의 특권을 이용해 로마의 정치 개혁을 단행하려고 한 것은 그라쿠스 형제였다. 그런데 아우구스투스가 바란 것은 호민관에 오르는 것이 아니고 호민관과 같은 특권을 주면 좋겠다는 것이었다.

아우구스투스는 기사 계급 출신이지만 귀족인 카이사르의 양자가 되었으므로 평민만이 되는 호민관에 취임할 수가 없었다. 그런 까닭에 특권만으로도 괜찮다는 것이 그의 제의였다.

원로원 의원들은 아우구스투스의 진심을 깊이 생각할 필요도 없이 무조건 그의 제의를 가결했다. 그들은 공화정 복귀가 이제 본격화된 것이라고 감격했다. 또한 자신들도 집정관이 될 수 있을지 모른다는 기쁨에 차 있는 의원들에게 1년 기한의 호민관 특권 따위는

✚ 호민관 특권을 얻게 되면서 마침내 아우구스투스는 자신의 권력 기반을 확고하게 만든 셈이다. 즉 초대 '황제'가 탄생한 것이다.

대단한 문제가 아니었다.

그러나 거기에서 의결된 내용에는 드러나지 않게 중요한 부대 조항이 들어 있었다. 그것은 "이의가 없는 한, 아우구스투스의 호민관 특권은 자동적으로 갱신될 수 있다."는 것이었다. 이미 사실상 로마의 최고 권력자가 되어 있는 아우구스투스에게 누가 이의를 제의할 수 있을까? 사실 그 후 아우구스투스는 죽을 때까지 호민관 특권의 보유자가 된다.

아우구스투스는 원로원이나 집정관의 결정을 언제라도 백지로 돌릴 수 있는 '거부권'을 가졌다. 이것에 의해 아우구스투스는 로마 정치에서 사실상의 지배자가 되었다.

표면상으로는 집정관과 호민관은 대등한 입장에 있으니까 아우구스투스가 호민관 특권을 얻었다고 하여 로마의 정치를 독점할 수 있는 것은 아니다.

그래서 원로원 의원은 그에게 특권을 준 것이다. 하지만 아우구스투스는 호민관 특권의 보유자인 동시에 원로원의 '일인자'이며 '아우구스투스'라는 존칭을 원로원으로부터 수여받았다. 거기에다 로마의 군사권을 장악하고 있다. 그런 그가 말없는 압력을 가하면 이제는 집정관이나 원로원이라고 해도 그에게 반항하기 어렵다. 이것이 정치라는 것이다. 원로원 의원들은 정치가 어떤 것인지를 몰랐던 것이다.

호민관 특권을 얻게 되면서 마침내 아우구스투스는 자신의 권력 기반을 확고하게 만든 셈이다. 즉 초대 '황제'가 탄생한 것이다.

실제로 그 후의 황제들도 모두 아우구스투스와 똑같이 일컬어진다. 즉 'Imperator Caesar Augustus Tribunicia Potestas'가 그것이다. 굳이 번역해 보면 '임페라토르이자 호민관 특권의 보유자 카이사르 아우구스투스.' 역대 황제들은 이 칭호 뒤에 자신의 이름을 붙여 공식 명칭으로 삼았다. 아우구스투스야말로 로마 황제 제도의 창조자였다.

카이사르 암살의 교훈

그런데 도대체 왜 아우구스투스는 이런 복잡한 순서를 밟아 제위를 확립했을까? 그 최대의 이유는 역시 카이사르의 암살에 있었다.

다섯 장의 카드를 조합해 절대 권력자의 지위를 획득한 아우구스투스와는 달리, 카이사르는 종신 독재관이라는 한 장의 카드만으로 로마의 권력자가 되었다. 제도로서 보면 카이사르의 방식 쪽이 훨씬 명쾌하다는 것은 말할 것도 없다. 그러나 명쾌했기 때문에 카이사르의 행동은 원로원의 반발을 불러일으켜서 결국은 암살당하는 사태로 발전하였다.

아우구스투스는 그것을 최대의 교훈으로 삼아 어떻게 하면 원로원이나 로마 시민의 반발을 사지 않고 절대 권력을 잡을 것인가를 생각하고 지혜를 짜낸 것이다. 살해당하면 아무리 숭고한 목적이라도 중단돼 버린다. 그와 같은 사태만은 절대로 피해야 한다는 것이 아우구스투스의 결심이었다.

호위도 받지 않고 비무장인 채 로마 시내를 걸어 다닌 카이사르와는 대조적으로, 아우구스투스는 원로원 회의장에 들어갈 때조차도 반드시 자신을 따르는 힘센 원로원 의원의 경호를 받았다. 생각해 보면 카이사르는 무기를 지니지 못하는 것이 규칙인 원로원 내에서 살해당하지 않았던가? 아우구스투스의 주의는 결코 소심해서가 아니라 자신의 정치적 사명을 알고 했던 행동이라고 할 수 있다. '제정만이 로마를 구한다' 는 확신에 있어서는 카이사르와 아우구스투스는 똑같았던 것이다.

그렇지만 아우구스투스가 쓴 방법이 완벽했던 것만은 아니다. 무릇 살아 있는 인간의 행실에는 결함이 있게 마련이다. 아우구스투스가 만들어 낸 황제란 일종의 픽션, 좀 더 분명히 말하면 거짓말 위에 성립된 것이었다.

아우구스투스 자신이 그랬듯이, 어디까지나 로마의 공화정을 지킨다고 계속해 외쳐야만 황제의 권위나 권력도 확립돼 간다. 만약 황제가 공화정을 정면에서 부정하면 그것은 바로 그가 가지고 있는 호민관 특권도 부정하는 것이 되고 또한 '일인자'라는 칭호도 부정하는 것이 된다. 그래서 황제가 된 사람은 공화정 지지자인 체해야 한다는 모순이 거기에 나타난다.

황제라는 존재

조금 의외로 생각될지 모르지만 중세 이후의 유럽 황제와는 달리, 로마제국에는 황제의 대관식이 없었다. 아니, 원래 황제의 권위를 상징하는 관 자체가 로마 제정에는 존재하지 않았다. 즉 로마의 황제란 문자 그대로 '무관의 제왕'인 것이다.

대관식이 없었다면 언제 황제에 취임하는가? 바로 로마의 원로원과 시민들의 승인을 얻는 그 순간이다. 즉 원로원이 새로운 황제에게 일인자, 호민관 특권, 전군 최고 사령관의 권한을 주는 것을 의결하는 동시에 시민들이 새 황제의 통치를 승인한다는 것을 표명하면 비로소 그는 황제가 된다.

로마의 황제란 중국의 황제처럼 천명을 받들어 되는 것이 아니라, 사람들의 승인을 얻어야만 비로소 존재 이유를 획득할 수 있는 지위이다.

이렇게 생각할 때 로마의 황제 역할이 얼마나 중대한 '일'인지 알게 될 것이다. 왜냐하면 황제가 되려면 시민이나 원로원의 평판을 항상 신경 써야 했다. 그렇다고 시민이나 원로원에 아첨만 해서는 황제로서의 직무를 성실하게 수행할 수 없었다. 그리고 원로원이나 시민을 내세우는 척하면서도 스스로가 '이루어야 할 일'이라고 믿는 것을 과감하게 실행해야만 비로소 로마의 황제라고 할 수 있다.

그러나 이러한 곡예는 '위대한 위선자' 아우구스투스와 같은 인

✚ 칼리굴라는 즉위 후 원로원과 시민의 인기를 얻기 위해 무리한 정책을 펴다 재정위기를 맞아 결국 젊은 나이에 암살당하고 만다.

물에게는 가능했지만, 아무나 할 수 있는 것이 아니었다. 예컨대 아우구스투스의 후계자가 된 티베리우스 황제(재위 14~37)는 황제로서는 실로 유능한 인물이었다. 그러나 원로원이 너무나도 완고하고 고루하고 능력도 없는 것에 정나미가 떨어져 결국 나폴리 근처에 있는 카프리 섬에 은둔해 그곳에서 로마를 통치하기로 결정한다. 그 결과 로마 시민과 원로원으로부터 엄청난 악평을 들어야 했다.

그 티베리우스의 뒤를 이은 칼리굴라 황제(재위 37~41)는 전임자가 저지른 실수의 전철을 밟는 것이 싫어 원로원이나 시민의 인기를 얻으려는 행동이나 정책으로만 치우쳐 버렸다. 칼리굴라의 치세는 처음에는 평판이 좋았지만, 그 결과 국고를 거덜 내어 심각한 재정 위기를 초래함으로써 결국은 암살당하고 만다.

또한 그 칼리굴라 황제의 2대 후인 네로 황제(재위 54~68)는 황제라는 지위가 '섬세한 픽션' 위에 성립된다는 것을 잊고 자신이 가진 권력에 취해 버린다. 그도 역시 시민들의 신임을 잃어 자살한다.

이렇게 보면 로마의 황제를 계속 이어 나간다는 것은 실로 어려운 곡예라는 것을 알게 될 것이다. 한마디로 황제라고 해도 중국의 황제와 로마의 황제는 완전히 실상이 다르다. 그러나 그만큼 황제의 지위가 불안정했기 때문에 로마제국은 오래갔다고도 할 수 있으므로 역사를 평가하는 것은 참으로 어렵다.

만약 로마 황제가 절대 권력을 가지고 있었다면 '권력은 부패한다. 절대 권력은 반드시 부패한다.'는 말대로 로마제국도 일찍이 부패해 멸망했을지도 모른다. 그렇게 되지 않았던 것은 역시 '섬세한 픽션'을 만들어 낸 아우구스투스의 공적이라 해야 할 것이다.

'안의 평화'와 '밖의 평화'

아우구스투스는 양아버지 카이사르와는 전혀 다른 수단을 써서 제정을 하려고 했다. 하지만 수단은 달라도 목적은 카이사르와 똑같았다. 즉 로마를 확대노선에서 안정노선으로 전환시키는 것이었다. 아우구스투스가 온갖 지혜를 짜내어 제정의 확립에 노력했던 것도 바로 그 때문이었다.

구체적으로 어떻게 하면 로마를 안정 노선으로 이끌어 갈 수 있을까? 아우구스투스는 '평화'를 확립시키는 것밖에 없다고 생각했다.

여기서 말하는 평화란 단지 외적으로부터 방위를 잘하는 것만을 가리키는 것은 아니다. 비록 외적을 막는 데는 성공해도 국내에서 치안이 유지되지 않아 그 안에 사는 사람들이 안심하고 생활할 수 없다면 아무 의미가 없다. 즉 '평화'는 '밖의 평화'와 '안의 평화' 양쪽이 모두 이루어져야 한다.

아우구스투스는 '팍스로마나(로마에 의한 평화)'라는 국가 전략의 구축에 나섰지만, 그도 역시 '밖의 평화'와 '안의 평화'의 양립에 심혈을 기울였다. 그러나 '내외 모두의 평화'란 이상적이긴 하지만 그것을 실현시키는 일은 간단하지 않다. 왜냐하면 외적으로부터 국가를 지키는 일은 군사력 없이는 불가능하다. 그리고 침입자들로부터 완벽하게 국경을 지키려면 더욱 많은 군비가 필요하게 된다. 평화를 지키는 데는 비용이 드는 것이다. 하지만 그 군사비용을 도대체 어디에서 염출할 것인가?

옛날처럼 로마가 확대일로에 있을 때라면 그 대답은 '원정에 의해서'라고 할 것이다. 적을 물리치면 강화조약의 배상금도 들어오고 또한 새로 획득한 영토의 세금 수입 증가를 바라볼 수도 있다. 그러나 로마는 이미 '방비의 시대'에 접어든 탓에 그것을 바랄 수도 없었다.

그렇다면 남아 있는 길은 증세밖에 없었지만 이것은 '안의 평화'에서 마이너스 정책이었다. 안이하게 세금을 늘리면 주민의 불만을 초래하고, 나중에는 반란까지 일어날 수 있다. 이것은 동서고금 변함없는 진실이다.

그리고 로마의 주된 재원이 되는 직접세는 속주민에게만 과세하고, 로마 시민에게는 부과하지 않았다. 수입의 10퍼센트로 정해져 있는 속주의 세율을 올리면 속주민들이라고 잠자코 있을 리 만무하다. 그렇다고 해서 로마 시민에게 속주민과 같은 세금을 부과할 수도 없다. 어쨌든 로마 황제는 로마 시민이 승인해야만 제위를 유지할 수 있다. 시민이 불만을 품게 되면 제정 그 자체가 성립되지 못할 위험성마저 있다.

평화란 그것을 마음에 두고 기원한다고 실현될 만큼 간단한 것이 아니다. 물론 군사력만 있으면 손에 들어오는 것도 아니다. 서로 모순되는 많은 과제를 정면으로 맞붙어서 해결하려는 강한 의지와 실행력이 있어야만 비로소 평화는 현실이 된다.

그 점에서 아우구스투스라는 남자는 이 '지속적인 의지'의 완고함에서는 비교할 자가 없는 인물이었다.

로마사 연구의 세계적인 권위자 가운데 한 사람인 프랭크 애드콕 교수는 아우구스투스에 대해 이렇게 기록했다.

"아우구스투스는 알렉산드로스 대왕이나 카이사르처럼 압도적인 지성을 지닌 인물은 아니었다. 그러나 그 시기의 세계는 바로 그와 같은 인물을 필요로 했다."

긴 내란으로 인해 지칠 대로 지친 로마 세계는 평화를 갈망하고 있었다. 그러한 기대의 부응에 아우구스투스는 성공한 것이다.

세금 체계의 확립

아우구스투스가 '팍스로마나'의 기반을 쌓아 올릴 때 가장 심혈을 기울인 문제 가운데 하나가 세제였다.

세금 수입이 받쳐 주지 않는 국가에서 방위는 있을 수 없지만, 그렇다고 해서 세금을 내고 좋아하는 사람은 어디에도 없을 것이다. 타국에서 보면 로마의 세율이 낮다고 해도 과세당하는 당사자에게는 세금은 세금이고, 과중하다고 느껴진다.

✤ 아우구스투스의 의도는 대부분 그 후의 로마제국에서 그대로 지켜진다.

이런 감각은 현대의 우리도 고대 로마 사람들과 전혀 다르지 않다. 따라서 아무리 이론을 들이대고 설득해도 과세당하는 입장에서는 그 필요성을 완전히 납득하지 못한다. 아우구스투스는 이런 인간성의 실체를 냉철하게 내다보고 로마제국의 세금 체계를 가능하면 단순하게 만들 생각을 한다.

복잡한 세금 체계는 징세 조직의 확대로 이어질 뿐이다. 더구나 재정 위기라고 해서 세제를 자의적으로 변경하는 것도 옳지 못한 일이다. 세제는 한번 정하면 그것을 그대로 유지하는 것이 최상의 방책이다.

이와 같은 아우구스투스의 의도는 '대부분' 그 후의 로마제국에서 그대로 지켜진다. 즉, 아우구스투스 이후에는 시대 상황에 맞추어 세제 개정이 이루어졌다.

어떤 일에도 현실주의자인 로마 사람들은 비록 아무리 '훌륭한 황제 아우구스투스'의 유훈이라도 무조건 금과옥조처럼 여기지는 않았다.

그보다 더 중요한 것은 아우구스투스의 의도를 제대로 이해하는 것이며, 형태만 지키면 된다고도 생각하지 않았다. 이 또한 로마제국이 500년에 걸쳐 지속된 이유 중 하나라고 할 수 있다.

상속세의 '발명'

아우구스투스가 정한 기본 노선으로 300년에 걸쳐 계속된 로마제국의 세제는 다음의 표와 같다.

아우구스투스의 세제 개혁

	로마 시민	비로마 시민(속주민)
직접세	수입세로서 직접세는 없다 노예 해방세 5% 상속세 5%	토지세 내지 속주세는 수입의 10%(병역 의무를 지는 속주민은 면세)
간접세	관세 1.5~5%(오리엔트 산 사치품에 대해서는 25%) 매상세(소비세) 1%	

이미 여러 차례 언급한 것처럼 고대 그리스나 로마에서는 세금이라고 하면 그것은 간접세를 의미했다.

직접세가 없었던 이유는 물건이나 돈으로 세금을 납부하는 것이 아니라 병사나 장교로 국가 방위에 참가함으로써 '시민의 의무'를 완수한다고 생각했기 때문이다. 사실 고대 로마에서는 병역을 '혈세'라고도 했다. 이것을 바꾸어 말하면 로마에서 직접세라는 것은 국가 방위에 몸을 던지는 것과 관련된 부담이라고 생각했던 것이다.

속주민에 대해서는 직접세를 과세했던 것도 이 사상에 근거한 것이다. 즉 로마 시민의 군단이 나라를 지켜 주는 까닭에 국가 방위의 의무를 지지 않는 속주민이 그 방위비를 세금으로 부담하는 것이 논리에 맞다.

자산, 즉 토지를 가진 속주민에게 부과하는 '토지세'는 라틴어로 '스티펜디움'이라고 한다. 이 말을 직역하면 '급료'이다. 속주를 방위하는 군단 병사들의 급료를 지불하기 위해 받는 세라는 취지가 담겨 있다. 그러나 속주민에게 그렇게 하면서 로마 시민에게 직접세 부담이 전혀 없는 것도 역시 불공평하다. 옛날처럼 '시민 개병'이라면 직접세 면제가 설명되지만, 지원제로 바뀌고 100년이 지났다. 일생을 병역에 나가지 않고 끝나는 시민 쪽이 압도적으로 많아진 지금에 와서도 세금이 전혀 없다는 것은 옳지 않다.

그렇다고 정복자인 로마 시민의 입장에서는 정복당한 속주민과 같은 세금을 내는 것은 자존심이 허락지 않는다. 그래서 아우구스투스가 도입한 것이 '상속세'였다.

현대의 우리에게는 친숙하지만 고대에는 유례가 없는 상속세를 아우구스투스가 '발명'한 데는 이유가 있었다.

첫 번째는 전혀 시행된 적이 없는 세금이라 그것을 처음 듣게 된 시민들은 판단할 자료가 없다는 점, 두 번째는 정해진 세금이라고 해도 매년 정해 놓고 내는 것이 아니라 그만큼 압박감이 없다는 점, 세 번째는 유산을 받는 행복한 시기에 내는 것이라 저항이 비교적 적다는 점이다.

또한 아우구스투스는 상속세로 거둔 수입을 로마군단에서 제대하는 병사의 퇴직금에 충당한다고 공표했다. 말하자면 오늘날의 상속세를 목적세화한 것이다.

같은 로마 시민인 병사에게 지불한다면 표면상으로 반대할 수 없을 것이라는 계산이 있었음은 두말할 필요가 없다. 게다가 상속세의 세율은 5퍼센트로서 속주세 세율의 반이기 때문에 로마 시민의 체면도 선다.

앞의 표에 있는 '노예 해방세'란 로마 시민이 내는 것이 아니라 자유를 되찾은 해방 노예가 자신이 가진 가치의 5퍼센트를 내는 것이다. '가까스로 자유를 되찾은 사람에게 세금을 부과' 하는 것 같지만 여기에는 이유가 있었다.

그 이유는 노예 해방을 방치해 두면 생활 능력을 갖추지 못한 사람들이 늘어나 치안이 악화되고 사회문제가 될 수 있다. 그래서 세를 낼 만큼의 재산조차 갖지 않은 노예의 해방을 막기 위해서도 이 세금이 필요했다.

로마의 소비세

이러한 직접세에 덧붙여 제국의 모든 주민에게 부과되었던 것이 간접세였다. 하지만 그 간접세의 금액은 현대의 우리가 보면 매우 낮다.

첫 번째는 관세이다. 이것은 바다나 강의 항구를 통해 들어오는 지역 산물에 부과하게 돼 있었다. 그런데 이 세율은 제국 전역에 동일 비율로 적용하는 것이 아니라 1.5~5퍼센트로 폭이 있었다. 각 지방의 경제력을 배려한 결과였다.

예컨대 아직 로마화도 진행되지 않고 경제적인 발전도 낮은 갈리아에서는 관세가 1.5퍼센트였지만, 본국 가운데도 경제력이 높은 이탈리아 반도에서는 5퍼센트라는 식이다.

또한 그 밖에 동방에서 들어오는 비단이나 보석, 향신료 등의 사치품에 부과되는 관세는 25퍼센트. 다만 이것은 홍해와 나일 강 중앙 유역의 세관을 통과한 물건에만 부과했으며, 다른 세관을 지나는 경우에는 과세하지 않은 것 같다.

제국 내에서 유통되는 상품에 세금을 부과한다는 것은 "제국을 운명 공동체로 만들겠다."고 말한 카이사르의 유지에 반하는 것이 아닐까 생각할지도 모른다. 로마 전역을 오늘의 EU처럼 하나의 경제권으로 묶는다면 관세는 오히려 방해가 되지 않을까 하는 생각 때문일 것이다. 그러나 당시의 로마 세계를 생각하면 이 정도의 관세는 거의 문제가 되지 않았다.

먼저 속주민 입장에서 보면 로마가 지배하기 이전에는 더 고율의 통행료를 부과했던 것이다. 각각의 지방에 부족이 할거하던 시대에는 각각의 부족이 마음대로 관문 같은 것을 만들어, 그곳을 지나는 상인들에게 관세라고 칭한 통행료를 받고 있었다. 거기에 비하면 로마제국이 부과하는 관세는 세율도 명확하고 게다가 세관의 수 자체가 적었다. 연구자들의 조사에 의하면 당시의 세관은 제국 전역에서 10개소 정도밖에 없었다고 한다.

또 한 가지, 로마의 지배 아래 들어가면서 도로와 항구 등의 사회 기반시설이 현격히 좋아졌음을 들 수 있다.

로마제국이 속주 내에서 로마의 가도 정비 사업에 힘을 쏟았던 목적은 로마군단의 민첩한 이동을 하기 위해서였다. 그래서 로마 가도는 지세에 맞춰 가능하면 평탄하고 직선 코스가 되도록 설계돼 있었다. 또한 간선도로 모두가 돌로 포장되어 있었다. 또한 강에는 석조 다리가 놓여 나룻배를 사용할 필요가 없었다.

이런 로마 가도는 간선도로만 하더라도 전체 길이가 8만 킬로미터에 이르렀고, 지선도로와 사도까지 포함하면 총연장 30만 킬로미터가 되었다고 한다.

로마의 속주가 된다는 것은 이 로마 가도의 도로망을 무료로 자유롭게 이용할 수 있다는 것이었다. 그전에는 며칠이나 걸려 옮기던 것을 가도를 이용하면 불과 하루 만에 옮길 수 있게 되었다. 눈이나 비가 내려도 통행이 가능했다. 또한 그때까지는 왕래조차 없던 먼 곳의 지방과도 교역이 이루어졌으므로 편리함을 생각하면 몇 퍼센트 관세는 싼 것이었다.

로마제국에서 시행된 또 하나의 간접세는 판매세였다. 현대에는 소비세라 하는 세금이다. 그렇지만 로마의 경우는 '백분의 일세'라는 명칭대로 세율이 겨우 1퍼센트의 저율이었다. 참고로 현재의 유럽에서는 2퍼센트가 보통이다.

아우구스투스는 이 판매세를 상속세와 동일하게 목적세로 만들어 방위비에 충당하기로 한다. 아우구스투스는 로마 시민이 지불하는 이 세금을 방위비로 돌림으로써, 속주민만 방위비를 부담하는 현상을 바꾸려 하였다고 볼 수 있다.

'빵과 서커스'의 거짓말

이상이 아우구스투스가 정한 로마제국의 세제였다. 나중에 약간의 개정은 이루어졌지만, 로마제국의 세금 수입은 여기서 소개한 다섯 종류의 세금으로 대부분 조달했다.

매년 봄 확정 신고 시기에 세금 대책으로 골치를 썩고 있는 사람이라면 타임머신을 타고 고대 로마로 이주하고 싶지 않을까? 그런데 로마가 부럽다는 생각과 함께 '단 다섯 종류의 세금만으로 어떻게 로마제국이 운영될 수 있었을까?'라는 의문도 틀림없이 들 것이다.

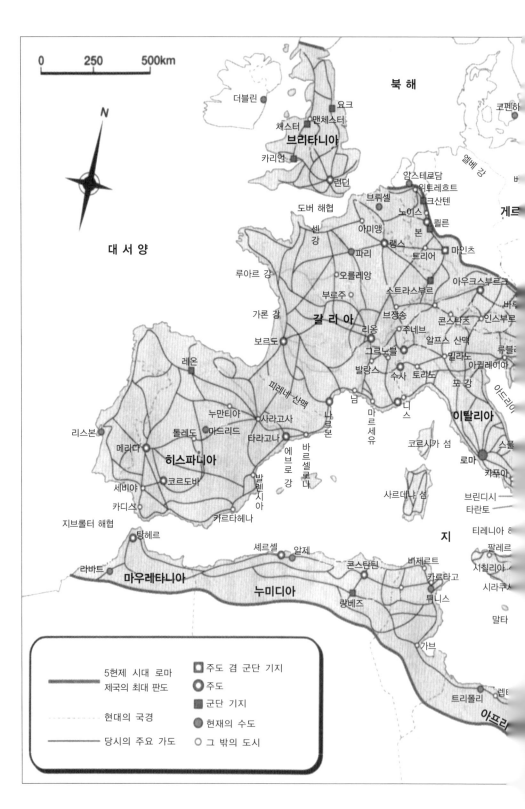

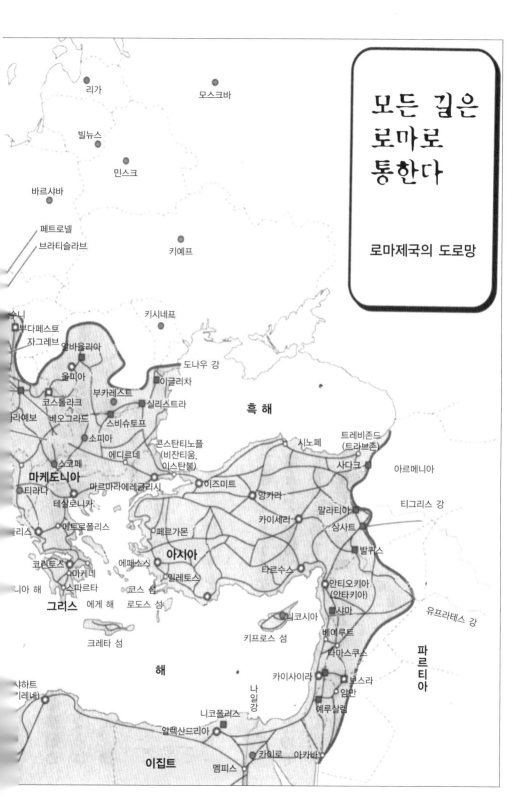

모든 길은
로마로
통한다

로마제국의 도로망

리가

모스크바

빌뉴스

민스크

바르샤바

페트로넬
브라티슬라브

키예프

수니
부다페스트
자그레브 알바율리아

키시네프

울피아
부카레스트
코스톨라크 실리스트라
라예보 베오그라드 스비슈토프
소피아 콘스탄티노플
에디르네 (비잔티움,
이스탄불)

도나우 강
이글리차

흑 해

시노페
트레비존드
(트라본존)
사다크

아르메니아

마케도니아
티라나
테살로니카
스코페 마르마라에레글리시 이즈미트
앙카라
카이세리
말라티아
삼사트
티그리스 강

리스 메트로폴리스
페르가몬
아시아
에페소스
코린토스 밀레토스
마케네
니아 해 스파르타 코스 섬
그리스 에게 해 로도스 섬

타르수스

발퀴스

안티오키아
(안타키아)
샤마
유프라테스 강

니코시아
크레타 섬 키프로스 섬
베이루트

파르티아

샤하트
이레네)
니코폴리스
알렉산드리아
멤피스
이집트
카이로 아카바

카이사이라
보스라
암만
예루살렘
다마스쿠스

나일강

해

나중에 언급하겠지만, 아우구스투스는 대폭적인 군비 축소를 꾀해 군사비를 경감시켰다. 그래도 광대한 로마제국을 지키려면 거액의 경비가 필요하다. 또 그 외에도 로마 가도의 건설과 유지에도 비용이 들게 마련이다. 그렇게 생각하면 이처럼 세액이 낮은 것이 마법 같기도 하다.

로마제국이 이런 단순한 세제로 유지할 수 있었던 배경에는 몇 가지 이유가 있다.

가장 큰 이유는 현대처럼 사회복지를 실시하지 않아도 됐다는 것이다. 복지국가를 지향하는 오늘날의 선진 국가들은 모두 증대하는 사회복지비와 싸우고 있지만, 로마에는 그러한 고민이 없었다. 하지만 로마인이 전혀 사회복지에 관심을 갖지 않았던 것은 아니다.

그라쿠스 형제 시대부터 실업자의 증가가 심각한 사회문제가 되었다. 마리우스가 그것을 해결하기 위해 군제 개혁을 행한 것에서도 알 수 있듯이 로마에서 빈민 구제는 중요한 정치 과제였다. 이것은 제정 시대가 되었어도 마찬가지였다. 아무튼 황제란 시민의 지지가 없으면 권력을 가질 수 없는 존재이기 때문에 빈민이라도 유권자인 이상 무시할 수가 없었다.

그러나 현대 국가의 사회복지 정책과 로마의 그것은 근본적으로 달랐다. 로마는 어디까지나 당사자가 스스로 노력하는 것이 중심이고, 공적인 보조는 생활의 최저한도를 지원해 줄 뿐이었다는 점이다. 예컨대 수도 로마에서는 빈민에게 매월 약 32.5킬로그램의 밀을 무료로 배포했다. 이것만 들으면 마치 '뿌리기 복지'가 이루어진 것 같은 느낌이 든다.

그런데 내가 실제로 같은 양의 밀로 빵을 구워 보았는데 그 정도 배급량으로는 도저히 한 가족의 생활을 조달할 수 없다는 것을 알 수 있었다. 현대의 극진한 복지와는 달리 로마의 사회복지로는 일하지 않고 생활을 유지할 수가 없었다. 역시 스스로 일해서 그 결과에 따라 보수를 받는 것이 어디까지나 기본이 되어 있었다.

현대에도 로마제국이라고 하면 '빵과 서커스' 정책에 의해 시민은 무료로 식량 배급을 받아 일하지 않고 황제가 개최하는 구경거리에 흥미를 느끼고 있었다는 이미지가 남아 있는 것 같지만 그것은 완전한 오해이다.

현대의 일중독만큼은 아니더라도 고대 로마 시민들 또한 생활을 위해서 일하지 않을 수 없었다. 만약 황제가 로마 시민 모두를 놀고 먹는 한량으로 만들 만큼 국가 예산을 사용했다면, 로마의 국고는 금세 거덜 나고 말았을 것이다.

로마에는 왜 공립학교나 공립병원이 없었을까

현대의 사회복지 정책에서 빈곤 대책과 함께 중심축으로 여기는 것은 교육과 의료 분야이다. 그 중에서도 의료는 복지 관련 예산 가운데 높은 비율을 차지해 재정 적자의 원인 중 하나가 되어 있다.

로마제국은 여러모로 돈이 드는 이 두 분야에 관해서는 완전한 '민간 활동'으로 해서 예산 압박의 원인을 없앴다.

로마 사람들은 수도 로마든 속주의 식민 도시든 도시란 이름이 붙은 것을 건설할 경우에는 가능하면 기능적으로 쾌적한 도시를 만들고자 하였다. 제국 내 어느 도시나 도심부에는 신전과 집회 시설이 있고, 그 바깥쪽에는 극장이나 투기장, 스타디움, 공중목욕탕 등이 건설되어 있어, 어느 도시에 가도 수도 로마와 다르지 않은 생활을 보낼 수 있게 되어 있었다.

현대의 우리가 봐도 로마의 도시건설에 들인 노력은 감탄할 만하지만, 이만큼 충실한 도시에 빠진 것이 두 가지 있다. 그것은 공립병원과 학교였다.

로마 방위의 최전선에 있는 군단 기지에는 설비가 잘 갖추어진 병원이 있었다. 그러나 수도 로마에는 공적인 병원은 존재하지 않았다. 또한 학교에 관해서는 기초교육이든 고등교육이든 공립학교가 없었다. 이것은 수도에 한정되지 않고, 다른 수많은 제국 내의 도시에서도 마찬가지였다.

그렇다고 해서 고대 로마 사람들이 교육이나 의료를 소홀히 한 것이 아니다. 자식의 교육에 힘쓰지 않는 나라는 멸망하고, 또 의료 수준이 낮으면 인구가 밀집된 도시는 금방 전염병의 소굴이 돼 버린다.

의료와 교육은 문명도가 높은 도시를 유지하기 위해서는 절대로 빼놓을 수 없는 요소이지만, 그렇다고 해서 이것을 모두 공적 비용으로 조달하게 되면 증세를 피할 수 없다. 이 어려운 문제에 대해서도 로마 특유의 해결책을 밝힌 것은 다름 아닌 카이사르였다.

카이사르는 그가 재임하는 동안 어떤 민족, 어떤 인종이든 교양학과*를 가르치는 교사와 의료에 종사하는 의사에게는 무조건 시민권을 주었다. 속주민에게 시민권은 직접세가 면제되고, 또한 로마법에 따라 그 권리가 보증된다는 것이기도 하다. 의료나 교육에 종사하면 그 권리를 획득하는 것이기 때문에 의료와 교육이 매력 있는 직업이라는 것은 말할 것도 없다.

카이사르는 로마에 많은 의사와 교사를 불러들임으로써 교육과 의료에 충실을 꾀하려고 하였다. 의사나 교사가 증가하면 거기에는 자유경쟁이 저절로 생겨난다. 그러면 의료나 교육의 수준은 향상되고 또 비용도 낮아진다. 공교육이나 공적 의료를 유지하기 위해 계속되는 증세를 시행해 시민의 미움을 사는 것보다는 민간에게 맡기는 것이 낫다고 카이사르는 판단했을 것이다.

공교육이나 공공 의료의 폐지라고 하면 대부분의 사회에서는 곧바로 '질의 저하가 걱정'이라는 소리가 높아지지만, 로마제국에서는 300년 이상에 걸쳐서 카이사르의 개혁을 계속 답습하였다. 물론 고대 로마와 현대 국가를 그대로 비교할 수 없는 것은 사실이지만, 사회복지 본연의 모습을 생각하면 로마제국의 방식이 많은 참고가 될 것이다.

로마군단의 감축

황제 아우구스투스는 세제를 정리하고 재구성함으로써 이후의 로마제국의 재정 기반을 확립했지만, 한정된 재원을 바탕으로 어떻게 '팍스로마나'를 실현했을까?

카이사르의 죽음에서 비롯된 옥타비아누스 대 안토니우스의 내전이 종결된 시점에 로마에는 50만 명에 이르는 방대한 병력이 있었다.

옥타비아누스와 안토니우스 양쪽에서 각각 군단을 거느리고 있었기 때문에 이렇게 많은 수의 군단을 이루게 된 것이다. 초대 황제가 된 아우구스투스는 최종적으로 이 병력을 무려 3분의 1 이하인 25개 군단 15만 명까지 삭감한다.

그 이유는 말할 필요도 없이 건전한 재정을 꾀하기 위해서였다. 그러나 아무리 아우구스투스가 최고 권력자라고 해도 군사력 삭감은 쉬운 작업이 아니다.

마리우스의 개혁 이래 로마군단 병사는 지원병, 즉 직업군인으로 바뀌었기 때문에 군단 해산 후의 퇴직금이나 재취직 수당을 지불해야 한다. 만약 그것을 소홀히 하면 병사들은 로마 시민권을 갖고 있는 시민이기도 하기 때문에 아우구스투스 자신의 지지율에도 영향을 미친다. 그렇다고 필요한 퇴직금을 국고에서 지출하면 재정은 궁핍해진다.

그래서 결국 아우구스투스는 자주 자신의 사재를 털어 그들의 퇴직금 지불에 충당하기도 했다. 남보다 높은 위치에 있는 몸이란 곁에서 보는 만큼 그렇게 편하지만은 않다는 것을 여기서도 알 수 있다.

이리하여 로마의 군사력은 3분의 1까지 줄어들게 된다. 그러고 나서 아우구스투스는 이 로마군단을 우선 상비군으로 개편한다. 공화정 시대 로마에는 상비군이라는 제도가 없었다. 집정관이 지휘하는 방위 군사력으로서 4개 사단이 있었지만, 필요에 따라 군단을 편성하는 것이 로마 군제의 기본이었다.

이 같은 방식으로도 문제가 없었던 것은 당시 로마가 확대일로에 있었기 때문이다. 로마가 먼저 공세를 취한다면 공격 계획이 서고 나서 거기에 필요한 군단을 편성하는 것이 오히려 경제적이기도 했다.

그러나 그때부터는 방위에 전념한다고 결정한 이상, 상비군이 없으면 곤란했다. 적이 언제 쳐들어올지 모르니까 방비는 항상 굳건히 해 둘 필요가 있었다.

그러나 상비군을 두는 것이야 훌륭했지만, 문제는 그 규모였다. 광대한 로마제국의 방위선은 너무 길었다. 이 방위선을 사수하려면 아무리 군사가 많아도 충분하지 않았다.

하지만 상비군을 유지하려면 큰 비용이 든다. 군비는 물론이고 병사의 급여나 퇴직금까지 부담해야 하기 때문에 그것은 틀림없이 국가 예산을 압박하게 된다.

아우구스투스가 최종적으로 결정한 25개 군단 15만 명이라는 상비군의 규모는 방위상의 요청이라기보다는 로마의 재정 사정을 근거로 하여 산출된 숫자라고 생각된다. 무리를 해서 큰 군비를 유지할 경우 분명히 로마의 재정은 악화되어 속주세를 인상해야만 한다. 그렇게 되면 속주에서 불만이 폭발하고 외적에 대한 방위가 혼란스러워지기 때문이다. 그렇다면 한정된 병력으로 광대한 로마제국을 끝까지 지켜 내려면 어떻게 해야 할까? 아우구스투스가 내놓은 대답은 속주민의 활용이었다.

'보조 병사' 제도에 숨겨진 지혜

로마의 군단은 본래 로마 시민권을 가진 사람들로 구성되는 것이 건국 이래의 전통이었다. 그러나 거기에 비로마 시민이 참가한 예는 아우구스투스 이전에도 없었던 것은 아니다. 예컨대 카이사르는 갈리아인이나 게르만 인 기병을 유효하게 전장에 투입해 수많은 승리를 했다. 하지만 이런 비로마 시민 병사는 어디까지나 비정규군이었으며, 제도로서 확립된 것은 아니었다.

팍스로마나를 실현하기 위해서 아우구스투스는 과감하게 이 전통을 바꾸기로 했다. 즉 로마 시민권을 가지지 않은 속주민도 로마군의 정규병으로 만들려고 한 것이다. 그렇지만 로마 시민병과 속주민 병사를 하나로 묶어 같은 군단으로 만들려고 한 것은 아니다. 그렇게까지 해 버리면 로마의 전통을 파괴하는 셈이 되어 아우구스투스에게 비난이 쏟아질 것이 뻔했다.

그래서 그는 로마 시민권을 가진 '군단 병사(레기오나리우스)'와는 별도로 속주민 지원자인 '보조 병사(아욱실리아리우스)'로 이루어지는 부대를 결성한다. 그 수는 군단 병력과 거의 동등한 15만 명. 아우구스투스는 이러한 30만의 병력이면 로마제국의 방위선을 끝까지 지킬 수 있다고 판단하였다.

그러나 아무리 방위비의 절약을 목표로 한 아우구스투스라도 보조 병사를 무급으로 일을 시켜도 된다고는 생각하지 않았다. 그럴 경우 즉시 속주의 반란을 초래한다. 그렇다고 해도 결코 군단 병사와 동일한 대우를 보증할 수는 없었다.

보조 병사의 급료를 나타내는 사료가 아직까지 발견되지 않아서 자세한 것은 알 수 없지만, 군단 병사보다는 상당히 적었을 것이다. 또한 군단 병사에게 지급되는 퇴직금도 아마 보조 병사에게는 없었을 것이다. 게다가 군단 병사의 병역 기간은 20년이지만 보조 병사는 25년이었다.

이렇게 늘어놓고 보니 마치 속주민을 혹사시키고 있는 것 같지만, 실은 속주민에게는 보조 병사가 되는 것이 그래도 매력적인 일이었다. 그 이유는 보조 병사로서 25년간 복무한 뒤 만기제대를 한 자에게는 자동적으로 로마 시민권이 주어지기 때문이다. 로마 시민이 되면 속주세를 지불하지 않아도 된다. 또 이 경우의 시민권은 세습되는 권리이기 때문에 자식, 손자들까지 혜택을 받을 수가 있었다.

그것을 생각하면 병역 기간이 다소 길고 군단 병사에 비해 급여가 적어도 보조 병사가 되는 것은 속주민의 입장에서 '구미가 당기는' 일이었다.

운명 공동체의 길

아우구스투스가 만기제대 보조 병사에게 로마 시민권을 주기로 한 것은, 특별히 국고 지출을 수반하지 않는다는 즉 비용이 들지 않는다는 이유에서만은 아니었다.

일찍이 카이사르가 갈리아의 부족장들에게 시민권을 주고 원로원의 의석까지 개방했던 것도 속주민의 회유라는 눈앞의 목적에서만 이루어진 것이 아니었다. 로마 시민권을 준다는 것은 한때 패자였더라도 승자인 로마인과 동등하게 취급한다는 결의 표명과 같았다.

속주 출신의 보조 병사에게 아우구스투스가, 시민권을 주기로 한 것도 똑같은 이유에서였다. 원래 로마 시민의 역할인 국가 방위를 함께 맡아 준 것에 감사하는 형태로 시민권을 주고 로마 시민의 동료로 맞이한다는 것은 아우구스투스로서도 자연스러운 발상이었다.

'패자도 동화시킨다' 는 로마의 전통은 아우구스투스 안에도 살아 있었다는 증거였다. 이러한 구상이 속주민에게도 전해지지 않을 리가 없었다. 보조 병사를 정규병으로 만듦에 따라 속주민들 사이에서도 '내 나라는 내가 지킨다' 는 의식이 싹텄던 것도 그 결과라고 할 수 있을 것이다.

이미 언급한 것처럼 속주민은 직접세로 방위비를 부담하면 직접 병역에 나가야 할 의무가 없었다. 그러나 그 상태가 계속되어 가는 한, 속주민은 언제까지나 로마를 조국이라고 생각하지 않는다.

그렇지만 지원제라는 형태로 방위에 종사하는 사람들이 나오면 확실히 의식이 바뀌어 간다. 아우구스투스가 보조 병사 채용을 국가 정책으로 만든 것도 그것이 큰 이유 중 하나였다.

나아가 로마 시민의 군단 병사와 속주민의 보조 병사가 공동으로 국가방위에 헌신함으로써 양자의 융화가 이뤄져 나간다는 점도 잊어서는 안 된다. 사실 군단 병사가 퇴직 뒤 현지의 여성과 결혼함으로써 시대의 흐름에 따라 민족 사이의 혼혈이 진행돼 갔다.

속주민과 로마인이 시민권에서나 혈통에서 구별이 없어지면 '안의 평화' 의 확립에 큰 의미를 가지게 되는 것은 말할 것도 없다. 아우구스투스가 보조 병사를 채용하기로 한 것은 로마제국을 하나의 운명 공동체로 만들겠다는 목적 때문이기도 했다.

로마 방위 체제의 구축

이렇게 해서 로마의 군사력은 군단 병사 15만 명, 보조 병사 15만 명의 체제가 되었다. 하지만 긴 국경을 따라 얇고 균등하게 이 30만 명을 배치하는 것은 의미가 없다. 외적이 쳐들어왔을 때 거기에 병력을 집중해야만 상대를 격퇴할 수가 있다.

그래서 아우구스투스는 군단 병사를 주된 전력으로 활용하고, 보조 병사는 그 보조나 경계 임무에 돌리기로 한다.

아래의 그림은 그 개념도이다. 국경을 따라 배치된 파수용 요새에서는 현지에서 채용한 보조 병사가 경계 근무를 선다. 만약 적의 습격을 발견하면 즉시 봉화를 올리거나 말을 몰아 가까이의 보조 부대 기지에 알린다. 통지를 받은 기지는 즉시 원군을 파견함과 동시에, 군단 기지에도 그 정보를 알려 주 전력인 군단 병사의 파견을 요청하는 것이었다. 즉 적의 습격은 우선 보조 병사로 어떻게든 막고, 적을 본격적으로 격퇴시키는 것은 군단 병사가 맡았다.

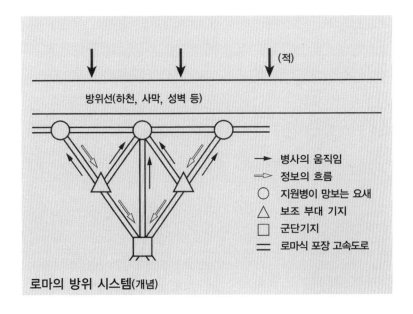

로마의 방위 시스템(개념)

이때 관건이 되는 것은 말할 필요도 없이 스피드였다. 만약 군단 기지와 보조 부대 기지 사이의 연락 과정에서 시간이 걸리거나 혹은 군단 병사가 전장에 늦게 도착하면 방위선이 적에게 간단히 뚫린다.

그런 상황에서 도움이 된 것이 로마인이 공화정 시대부터 부지런히 구축해 온 도로망이었다. 고대의 고속도로라고도 할 수 있는 로마 가도가 속주에 그물코처럼 뻗어 있는 덕분에, 로마군단은 기병이라면 하루에 100킬로미터 가까이 이동할 수 있었고 보병도 평균 시속 5킬로미터라는 빠른 속도로 이동이 가능했다.

로마의 이 같은 방위 체제의 아이디어는 현대의 각 나라 군대에서도 그대로 활용하고 있다. 최전선 기지에는 최소한의 군사를 배치하고 유사시에는 기동부대가 신속하게 바다나 하늘을 통해 이동해 원군으로서 대응하는 방식인데, 그것도 2,000년 전에 로마인이 짜낸 방위 전략에 뿌리를 둔 것이다.

황제에게 부여된 말

암살로 인해 사업이 좌절되는 것을 두려워해 원로원이나 로마 시민 앞에서 '연기'를 계속했던 아우구스투스는 기원 14년 77세의 나이로 세상을 뜬다. 사랑하는 아내 리비아의 팔에서 맞이한 편한 죽음이었다고 사서는 전한다.

원로원 의원들을 환호하게 만든 공화정 복귀 선언으로부터 헤아려 42년에 걸친 치세 동안 과연 그가 바랐던 대로 '팍스로마나'를 실현시킬 수 있었을까?

그것에 대한 답은 로마인에게 정복당한 속주 사람들이 그가 죽기 얼마 전에 했던 말 속에 있다.

이때 아우구스투스는 나폴리 만을 배로 돌고 있는 중이었다. 거기에 우연히 정박하고 있던 이집트에서 출발한 상선의 승객과 선원들이 선상에서 휴식 중인 노 황제를 알아보고 황제를 향해 다음과 같이 외쳤다고 한다.

"당신 덕입니다, 우리의 생활이 유지되는 것도.
당신 덕입니다, 우리가 안전하게 여행을 할 수 있는 것도.
당신 덕입니다, 우리가 자유로이 평화롭게 살아갈 수 있는 것도."

역사가 에드워드 기번은 "로마제국이 왜 멸망했는지를 배우기보다 왜 로마제국이 그만큼이나 오래 지속되었는지에 관심을 가져야 한다."는 말을 남겼다. 로마제국이 멸망한 과정을 뒤따라가며 대저작 《로마제국 흥망사》를 쓴 기번에게 이 말을 하게 만든 최대의 공로자는 이 아우구스투스인지도 모른다.

창조적 천재라고 하면 카이사르를 따를 수 없을지라도 아우구스투스 역시 질은 달라도 천재였다. 어쨌든 이후의 로마제국은 300년에 걸쳐 아우구스투스가 정한 기본 노선에 따라 계속 운영되어 팍스로마나를 유지해 나갔기 때문이다.

---

* **교양학과_** 로마의 아이들은 어렸을 때는 '읽기, 쓰기, 주판'을 배우지만 성장하고 나서는 ①라틴어와 그리스어의 문법 ②수사학 ③변증학 ④수학 ⑤기하학 ⑥역사 ⑦지리의 일곱 학과를 습득하게 되어 있었다. 이것을 '교양학과'(직역하면 '자유학과')라고 한다.

9장 로마에서 오늘의 우리를 돌아본다

어떠한 정치 시스템이든 처음부터 국민을 불행에 빠뜨리려고 만들어진 것은 없다.

처음 동기는 '훌륭한 것' 즉 선이었을 것이고, 사실 그 시스템으로 잘돼 가던 시기도 있었다.

그래서 오랜 기간에 걸쳐 같은 시스템이 유지돼 온 것이다.

그러나 그 선(플러스)이 시간이 지나감에 따라 악(마이너스)으로 바뀌어 간다.

거기에 문제가 있다는 것이 카이사르의 지적이었다.

'구조 조정'의 명인들

기원전 753년 건국부터 시작해 대략 8세기에 걸친 로마의 역사를 이야기했는데, 그 과정에서 내가 새삼 통감한 것은 로마인이 '구조 조정'에 아주 뛰어난 민족이었다는 사실이다.

그렇다고 해도 내가 말하는 구조 조정이란 현대사회에서 이뤄지고 있는 사업의 축소나 폐쇄, 인원 축소라는 소극적인 개량 방법이 아니다.

이 말의 본래 의미인 재편성이나 재구축이 여러 차례에 걸쳐 성공했기 때문에 로마는 1,000년이란 긴 역사를 가질 수 있었다. 같은 지중해 세계에 속하는 그리스가 문화나 정치, 경제에서 화려한 성공을 거두었어도 그 빛은 오래 지속되지 못한 것과는 대조적이다.

이 책에서 거론한 범위 내에서 로마인이 행한 정치 개혁 중에 가장 큰 것만도 3회나 된다.

최초로 이루어진 개혁은 왕정에서 공화정으로의 이행이다. 기원전 509년 루키우스 유니우스 브루투스 등에 의해 제7대 왕 '오만왕 타르퀴니우스'가 추방당한 이후에는 한 명의 왕을 대신해 집정관을 매년 두 명씩 선출하고, 이 두 명의 집정관이 정치의 최고 책임자가 되었다.

두 번째는 기원전 390년에 일어난 '켈트 족 습격 충격'을 계기로 이루어진 공화정 체제 내부의 개혁이다. 귀족과 평민의 계급투쟁이 종지부를 찍고 로마의 부흥을 완수하기 위해 정부의 요직을 평민에게 개방하는 결단을 내린 것도 이때였다.

그리고 세 번째의 개혁은 제정으로의 이행이었다. 카이사르가 그 설계도를 만들고 아우구스투스가 그대로 돌을 쌓아올림으로써 로마 제국이 건설돼, 500년 동안 계속된 공화정도 과거의 것이 되었다.

로마가 실행한 개혁은 물론 여기서 거론한 세 가지뿐만이 아니다. 기원전 494년부터 시작된 호민관 제도, 포에니전쟁 후의 '혼미의 시대'에 그라쿠스 형제나 마리우스나 술라가 행한 여러 개혁 등 열거하자면 끝이 없을 정도이다. 말하자면 로마인에게 정치 시스템이란 로마 가도를 보수하는 것과 마찬가지로 '항상 보수 유지하는 것'이었다.

철학적 사고에 의해 진리를 추구하는 그리스인이나 일신교의 절대신을 믿는 유대교나 기독교 신자와 달리 로마인은 이런 종류의 '절대'에는 친숙하지 않았다. 아무리 뛰어난 시스템이라도 인간이 만든 것은 반드시 결함이 숨겨져 있다는 현실적인 감각을 그들은 항상 지니고 있었다.

'게르마니아 철퇴'의 결단

이 책에서는 자세하게 언급하지 않았지만 아우구스투스가 생전에 행한 정책 중에서 유일한 실패라고 할 수 있는 것이 게르만족이 사는 게르마니아 지방 원정이었다. 카이사르가 정한 로마의 기본 방위선은 라인 강이었다.

그러나 아우구스투스는 그것을 라인 강보다 훨씬 더 넓게 잡아 동쪽을 흐르는 엘베 강으로 옮기려고 게르마니아에 군대를 파병한다. 기원전 12년의 일이다.

아우구스투스는 정치에는 천재라고 해도 좋을 만큼 재능을 가진 인물이었지만 군사상의 재능은 정치적 재능 수준에 미치지 못했다. 그런 그가 카이사르 암살 후의 내전에서 싸워 이길 수 있었던 것은 카이사르가 생전에 붙여 준 우수한 부관 아그리파 덕분이었다. 아그리파가 더 오래 살았다면 아마도 아우구스투스는 게르마니아 원정을 하지 않았을 것이다.

아무튼 게르마니아는 카이사르조차도 '단기적으로는 제압할 수 있지만 장기적인 점령은 불가능'하다고 본 땅이었다. 그런데 오랜 세월에 걸쳐 군사를 맡기고 있던 아그리파를 잃은 아우구스투스는 현지 상황을 충분히 파악하지 못한 채 원정 계획을 세워 실행에 옮겨 버린 것이다.

게르마니아 전쟁은 처음에는 잘되어 갔지만, 결과적으로는 진흙탕 싸움에 발을 디딘 형태가 된다. 서기 9년에는 게르만 인의 게릴라 전법으로 인해 로마는 단 한 번에 3만 5,000명의 군사를 잃는 타격마저 입게 된다.

그뿐만 아니라 아우구스투스는 아내 리비아가 데려온 아들로 그 재능을 아끼던 청년 드루수스를 이 원정에서 잃었고, 또 하나 아들처럼 사랑했던 티베리우스도 작전상 의견 대립으로 그에게서 멀어져 버린다. 그런데도 아우구스투스는 죽을 때까지 게르마니아 제패에 계속 집착했던 것 같다.

만약 이 게르마니아 원정이 그 후로도 계속되었다면, 로마제국의 역사는 크게 바뀌었을지도 모른다. 전선과 후방의 보급 기지 사이가 크게 벌어져 '로마군은 병참에서 이긴다'라는 말을 들었던 로마군도 그들 본래의 전쟁을 할 수 없게 되었기 때문이다.

더구나 군대란 그들이 해 온 본래의 전쟁을 할 수 없게 되면 전투에도 패배하기 시작한다는 성질을 갖는다. 전투에서 계속 지게 되면 결국 제국의 멸망밖에 없다.

그런데 로마제국은 역시 달랐다. 제2대 황제 티베리우스는 서기17년 게르마니아 지방에서 철퇴를 결정한다. 이에 따라 아우구스투스의 유훈이라고 할 수 있는 '엘베 강 방위선의 구축'은 백지로 돌아가게 되었다.

국가뿐 아니라 어떠한 조직이라도 전임자가 정한 방침을 폐기하는 것은 쉽지 않다. 하물며 그 전임자가 창업자라면 더욱 그러하다. 하지만 티베리우스는 '위대한 황제' 아우구스투스의 정책마저도 뜻하는 대로 자주 전환했다.

이처럼 궤도 수정이 자주 이루어질 수 있었다는 것에 로마제국이 지속된 이유가 있다고 본다.

왜 로마인은 '법'을 찾은 것일까

'시스템이란 끊임없이 보수, 개정해 나가는 것' 이라는 로마인의 사상이 가장 잘 나타나 있는 것이 법률에 대한 그들의 태도일 것이다.

《로마인 이야기》제1권의 서두 부분에서 나는 다음과 같이 썼다.

> "인간 행동 원리의 규범을
> 종교에서 찾은 유대인,
> 철학에서 찾은 그리스인,
> 법률에서 찾은 로마인,
> 이 한 가지만으로도 이들 세 민족의 특징이 떠오를 정도이다."

'행동 원리의 규범' 이란 알기 쉽게 말하면 무엇을 선악의 판단 기준으로 하는가이다.

로마인이 종교도 아니고 철학도 아니고 법에 따라 스스로의 행동을 통제하려고 한 것은 로마인 특유의 정신세계인 '패자도 동화시킨다' 는 특징과 많은 관계가 있다.

유일 절대신을 숭상하는 유대인에게 '동료' 란 같은 신앙을 가진 사람으로만 한정된다. 또한 그리스인이 말하는 철학은 분명히 훌륭한 것이지만, 추상적 사고를 이해하고 문제의식을 공유할 수 있는 사람은 인류 전체로부터 보면 어디까지나 소수파이다.

유대인이 예부터 자신들의 공동체 안에서만 생활하고, 또한 그리스인이 도시국가의 테두리에서 나오려고 하지 않은 것도 결국 그 때문이었다.

이에 대해 법은 다르다. 같은 신앙을 갖지 않아도, 같은 지적 수준이 아니라도 법이라는 규칙을 지키는 한 함께 살아갈 수 있다.

왕정 시대부터 로마인은 다양한 민족이나 부족을 로마에 불러들여 그 안에서 공생했다. 거기에는 풍습의 차이에서 오는 문화적 마찰도 있었을 것이고, 믿는 신이 달라 갈등도 있었을 것이다. 그러한 문제를 해결하기 위해서도 로마는 '법'이라는 규칙을 필요로 했고, 그 필요성은 다문화, 다민족의 로마제국 시대에 접어들면서 더욱더 커진다.

속주민이 로마 시민권을 갖고 싶어 했던 것 중 하나는 직접세의 면제였다. 또 하나 더 큰 이유는 시민권을 얻으면 로마의 법이 자신들의 생명이나 재산을 지켜 주리라고 안심할 수 있는 점이었다. '로마의 법'이란 인종이나 종교 등에 관계없이 모든 사람에게 공정하고 평등한 권리를 보증하는 것, 그리고 거기에 따라 '공생'을 가능하게 하는 것이 목적이었기 때문이다.

로마에 성문법이 없었던 이유

로마인이 만들어 낸 '법치국가'라는 모델은 현대에도 그대로 계승되고 있지만, 로마에는 제대로 조문화된 법률, 즉 성문법의 체계가 없었다.

그렇다고 전혀 없었다는 것은 아니다. 실제로는 기원전 5세기에 만들어진 '십이동판법'이라는 법률이 하나 제정된 적이 있다.

이것은 심각해진 귀족과 평민의 대립을 해소하기 위해 당시 선진국인 그리스에 시찰단을 파견해 아주 요란하게 만들어진 법전이었지만, 조문 내용은 오늘날까지 3분의 1도 알려져 있지 않다. 왜냐하면 이 법전이 그 후로도 거듭 개정되었기 때문이다.

로마에서는 법률이 시대에 맞지 않게 되면 전부터 있던 법률 조문을 개정하는 것이 아니라 새로운 법을 정해 대응하는 방법이 채택되고 있었다. 새로운 법률이 생기면 거기에 관련된 낡은 법의 규정이 자동적으로 효력을 잃는다. 현대의 성문법 체계에 익숙한 우리로서는 로마의 이 방식은 그야말로 헐렁해 보인다.

계속해 새로운 법령이 시민회나 평민회에서 만들어져 갔기 때문에 로마법의 전체적인 모습은 법률 전문가라도 파악하기 힘들다. 사실 로마법이 정리, 집대성된 것은 6세기 동로마 황제 유스티니아누스에 의한 '로마법 대전'에 이르러서이다.

그러나 한편으로 로마의 방식에 이점도 있다. 법률 조문 수정이라는 형태로 대응하면 아무래도 과거에 끌려가 버린다. 더구나 그 법률이 오래 사용되었다면 그만큼 큰 폭으로 바꾸지 않고 가능하면 최소한도의 개정에 그치려는 것이 인간의 심성이다.

이에 비해 완전히 새로운 법률을 만든다면 과거의 일은 신경 쓰지 않아도 된다. 현재와 미래만을 생각해 거기에 적용하는 새로운 법을 만들어 내고, 이 새로운 법에 호환이 안 되는 옛 법은 자동적으로 소멸하는 것이기 때문이다.

그래서 다시 한 번 로마의 정치 개혁을 되돌아보면 로마 사람들의 구조 조정이 로마법의 개정과 같은 정신으로 이루어지고 있었음도 알 수 있을 것이다.

왕정에서 공화정으로의 이행, 혹은 평민에 대한 문호 개방, 나아가 카이사르의 개혁 등 그들은 모두 기존의 시스템을 전폐하고 만든 개정은 아니었다.

과거와의 정합성에 집착하는 것이 아니라, 현상에 대응하려면 어떻게 해야 할지에 대해서만 생각한다. 그것을 하지 못하면 개혁은 단순히 '개량'으로 끝나 버리고 이렇다 할 효과를 거둘 수 없다. 이같은 대단한 장점이 있었기 때문에 로마라는 '국가'는 오래 계속될 수가 있었다.

역사와 전통을 무시한 개혁은 실패한다

그렇지만 단지 개혁이 명쾌하면 좋으냐 하면 결코 그렇지 않다. 왜냐하면 각각의 국가나 조직에는 각각의 역사와 전통이 있는데, 이것을 무시한 개혁은 시행해도 잘될 리가 없기 때문이다.

자신이 소지한 카드가 무엇인지를 가만히 들여다보고 그 중에서 현재도 통용되는 것과 더 이상 통용되지 않는 것을 분류한다. 그리고 지금도 통용되는 카드를 조합해 최대의 효과를 노린다. 나는 이것이 확실히 재구축이라는 의미의 진정한 구조 조정이라고 생각한다.

로마 사람들은 그 점에 관해서도 달인이었다.

왕정에서 공화정으로 이행했던 시대는 지중해 세계에서는 누가 뭐라 해도 그리스가 가장 타국을 압도한 선진국이었던 시기와 겹쳐진다. 정치와 문화, 그 밖에 군사력에서조차 그랬다. 그 중에서 아테네의 번영은 당시 로마인의 눈에는 별세계처럼 비쳤을 것이다. 하지만 로마 사람들은 그 아테네의 번영을 가까이에서 관찰하면서도 그리스의 정치체제를 직수입하려고 하지 않았다.

기원전 509년 공화정이 시작하는 것과 병행하면서 당시 로마에서는 귀족과 평민의 대립이 시작되었다. 그 대립은 해마다 격화되어 갔다. 그런데도 문제 해결책으로서 로마 사람들은 아테네의 민주정을 '직수입'하지 않았다. 이미 아테네에서는 기원전 6세기에 '솔론의 개혁'이 이루어진 뒤 민주정치가 오래 지속되었고 그로 인한 번영을 구가하고 있었는데도 그랬다.

로마의 평민들로서는 자신들의 정치적 요구가 통하게 하려면 민주정을 내세우는 것이 가장 간단했을 것이다. 실제로 아테네의 민주정은 귀족의 특권을 빼앗는 것부터 시작되었다. 하지만 로마의 평민들은 아테네를 모방할 생각도 하지 않았다. 그 최대의 이유가 역시 아테네 흉내를 내면 로마다움이 없어지기 때문이 아니었을까? 그들은 '민주정이라는 카드가 로마의 손 안에는 없다.'고 생각했을지도 모른다.

개혁은 '과거의 부정'이 아니다

되돌아보면 로마의 개혁은 대담하면서도 당시까지 이어온 전통을 밟아 나갔다는 것을 알 수 있다.

왕정에서 공화정으로 이행할 때도 마찬가지였다. 로물루스가 창시한 왕정이 왕과 원로원 그리고 시민회의 세 기둥이던 것을 루키우스 브루투스는 집정관과 원로원과 시민회라는 공화정으로 재구축했다. 브루투스는 로마에 이제는 왕이라는 카드는 불필요하다고 생각했지만, 원로원이나 시민회라는 카드는 한꺼번에 버리지 않았다. 이 두 장의 카드는 아직도 유효하다고 판단했기 때문이다.

로마공화정이 그 후 500년에 걸쳐서 계속되었던 것도 이러한 정치 시스템이 로마인의 체질에 맞는 것이었기 때문이다. 만약 이것이 다른 나라에서 '빌려 입은 옷'이었다면 역시 어딘가 무리가 있었을 것임에 틀림없다.

카이사르가 설계도를 만든 로마제국의 통치 시스템도 마찬가지였다. 카이사르는 공화정을 폐지하겠다는 결단을 내렸지만 그가 행한 정책 속에는 로마의 전통을 무시한 것이 한 가지도 없었다. 속주 통치에서도 예로부터 전해지던 '패자도 동화시킨다'는 로마인의 전통에 복귀했다는 것을 알 수 있다.

자칫하면 개혁이란 오래된 것을 부정하고 새로운 것을 내세우는 것이라고 생각되기 쉽지만 결코 그렇지 않다. 성공한 개혁은 자신들의 현재의 모습을 다시 들여다보고 그 속에서 유효한 것을 골라내어 그것이 최대한 효과를 거둘 수 있게 재구축해 나가는 작업이 아닐까? 로마 역사를 보고 있으면 그렇게 생각하지 않을 수가 없다.

왜 '선의'가 해악을 초래할까

그러면 대체 왜 개혁은 재구축해야 할까? 그 대답은 카이사르의 다음 말에서 찾을 수 있다.

"현재는 아무리 나쁜 사례라고 하더라도 그것이 시작된 원래의 계기는 훌륭한 것이었다."

카이사르의 이 말을 1,500년 만에 '발굴'한 사람은 마키아벨리였다. 그는 자신의 저서 《정략론》에서 이 말을 소개했다. 거기에 "(카이사르의 말은) 전적으로 진실이다."라고 짧은 코멘트를 붙였을 뿐 그 이상은 아무것도 쓰지 않았다. 카이사르의 말이 인간세계의 진실을 너무 완벽하게 꿰뚫고 있기 때문에 마키아벨리도 그 이상의 해설은 불필요하다고 생각했는지 모른다.

하지만, 잘 알지는 못하지만 설명하자면 이런 말이 아니었을까? 위기에 직면했을 때 우리는 자칫하면 종래의 체제를 '나쁜 것' '부정해야 할 것'으로 치부해 버리기 쉽다. 그래서 예로부터 내려온 이전의 시스템을 파괴하는 것이 개혁으로 이어질 것이라고 생각하게 된다. 그러나 과연 그럴까?

어떠한 정치 시스템이든 처음부터 국민을 불행에 빠뜨리려고 생각하고 만들어진 것은 없다. 당초의 동기는 '훌륭한 것' 즉 선이었을 것이고, 사실 그 시스템으로 잘돼 가던 시기도 있었다. 그래서 오랜 기간에 걸쳐 같은 시스템이 유지돼 온 것이다. 그러나 그 선(플러스)이 시간이 지나감에 따라 악(마이너스)으로 바뀌어 간다. 거기에 문제가 있다는 것이 카이사르의 지적이었다.

예컨대 로물루스가 창시한 왕정도 당초는 로마에게 선이었으나, 그 왕정이 세월과 함께 악으로 바뀌어 갔다. 따라서 공화정으로 이행되었지만, 그 공화정 또한 당초의 선이 어느덧 악이 되어 버렸다.

그렇다면 대체 왜 선에서 악으로의 전환이 일어나는 것일까? 그 원인은 시스템 자체에 있다기보다는 외부 환경 변화에 있다고 본다. 예컨대 시스템 자체는 옛날과 같이 운영되고 있어도 그것을 둘러싸고 있는 환경이 격변해 버리면 그 효과도 역방향이 되어 버린다. 즉 국민을 행복하게 해 주기 위한 시스템이 오히려 국민을 불행하게 만들어 버린다.

그 가장 좋은 예가 공화정 말기의 원로원일 것이다. 아직 로마의 판도가 이탈리아 반도 안쪽에 머물러 있던 시대의 원로원은 로마의 두뇌로서의 기능을 충분히 맡고 있었다. 원로원에는 많은 인재가 있었고, 거기에서 적재적소의 방침으로 집정관이나 그 외의 요직에 인재를 보냄으로써 로마의 정치는 기능하고 있었다.

그런데 포에니전쟁 이후의 상황 변화가 그것을 바꾸어 버렸다. 이미 지중해 전역에 퍼진 로마의 통치를 원로원은 담당할 수 없게 되었을 뿐 아니라, 오히려 혼란을 가져오게 되었다. 그것이 한 세기 반에 걸친 '혼미의 시대'의 진상이다. 즉 시스템이 나빠 문제가 일어나는 것도 아니고, 시스템의 운영에 문제가 있는 것도 아니다. 시스템과 외부와의 조화가 나빠졌기 때문에 문제가 발생하는 것이다.

따라서 낡은 통치 시스템을 전부 부정해 버리면 오히려 문제의 본질을 알 수 없게 된다.

중요한 것은 우선 자신들이 놓여 있는 상황을 정확하게 파악한 다음, 현재 시스템의 어느 부분이 현상에 적합하지 않게 되었는지를 살펴봐야 한다. 그렇게 해 나가는 중에 비로소 '버려야 할 카드'와 '남겨야 할 카드'를 찾아낼 수 있다고 본다.

로마사상 손꼽히는 논전

고대 로마의 경우 공화정의 강점은 뭐니 뭐니 해도 원로원이 '인재의 총집합체' 역할을 했다는 것이다. 그러나 포에니전쟁 이후의 원로원에도 결코 인재가 없었던 것은 아니다. 긴 '혼미의 시대'에도 원로원은 수준 높은 인재의 총집합체였다. 그러나 아무리 인재가 많아도 그것을 활용하는 메커니즘이 기능하지 않으면 결국은 인재가 없는 것과 마찬가지이다.

국가뿐 아니라 모든 조직이 쇠퇴하는 것은 인재의 소진 때문이 아니다. 인재는 어느 세상이나 어느 조직에도 있다. 다만 쇠퇴기에 접어들면 그 인재를 활용하는 메커니즘이 어긋나기 시작한다.

로마의 경우 그 징조가 이미 포에니전쟁 때 나타났는지도 모른다. 천재 한니발과 싸우기 위해 로마 원로원은 파비우스가 주창한 지구전 전략을 채택해 '이기지는 못해도 패배는 하지 않겠다'는 전법을 취할 것을 만장일치로 결정한다.

그 결과 로마군은 한니발을 호되게 괴롭혀 마침내 이탈리아 남부에 가두는 작전에 성공한다. 그러나 지구전 전략으로는 역시 한니발을 지중해로 쫓아 버릴 수까지는 없었다. 결국 전황은 교착 상태에 빠진다.

그때 등장한 인물이 젊은 스키피오였다. 그는 "이젠 적극 전법으로 나갈 때가 되었다. 이쪽에서 먼저 카르타고에 쳐들어가면 한니발도 본국에 돌아가지 않을 수 없게 된다. 그 역할을 내게 맡겨 달라." 고 원로원에서 간청한다.

그러나 그에 대해 단호하게 안 된다고 말한 사람이 '일인자' 란 칭호를 받고 있던 파비우스였다.

그는 "젊은이! 그대는 아직 태어나지 않았으니까 잘 모르겠지만……." 하고 스키피오의 미숙함을 비웃고 나서, "한니발이 시나리오대로 카르타고 본국을 구하려고 돌아간다 해도 그를 이긴다고 보증할 수 있는가?"라며 북아프리카로 출병하는 것이 얼마나 모험인지를 피력한다. 그리고 파비우스는 마지막에 이렇게 말하는 연설을 끝맺는다.

"아직 젊은데도 불구하고 우리가 스키피오를 집정관으로 선출한 것은 로마와 이탈리아를 위해서이다. 그의 개인적인 야심을 충족시키는 데 도움을 주기 위해서가 아니다. 로마는 영웅을 필요로 하지 않는 국가이다."

원로원에 의한 집단지도 체제야말로 로마가 강한 근원이라는 것이 파비우스의 확고부동한 신념이었다. 그러면 스키피오는 어떻게 반론했을까?

"파비우스 막시무스, 그리고 원로원 의원 여러분! 저는 제 의견에 대한 파비우스의 반대가 질투에 의한 것이라고는 절대로 생각지 않습니다. 그리고 그의 위대함을 넘보지도 않습니다. 그러나 나이는 어리지만 전쟁 경험만은 미숙하지 않은 제 판단으로는 지금까지 성공해 온 것일지라도 필요하면 바꿔야 한다고 생각합니다. 바로 지금이 그때라고 생각합니다."

원로원의 전통을 중요시하는 70세와 개혁을 호소하는 30세의 언쟁은 바로 로마사의 백미라고 할 수 있을 것이다.

원로원의 '선의'

이미 독자 여러분이 알고 있듯이 제2차 포에니전쟁은 스키피오에 의해 로마가 승리를 거둔다.

북아프리카에서 카르타고 군을 물리친 스키피오를 무너뜨리려고 한니발은 이탈리아에서 본국으로 귀환하고 이 둘은 자마전투에서 부딪치게 된다. 그리고 한니발의 기병 전술을 완전하게 습득한 스키피오가 완벽한 승리를 거둔다. 그런데 이 스키피오의 북아프리카 공격은 원로원이 정식으로 인정한 것은 아니었다.

방금 앞에서 소개한 논전에서 일인자 파비우스를 상대로 한 걸음도 물러서지 않고 개혁의 신념을 호소한 스키피오의 논쟁은 분명히 원로원 의원들에게 감명을 주었다. 하지만 그렇다고 해도 파비우스의 '정론' 또한 부정하기 어려웠다.

그래서 원로원은 절충안을 냈다. 즉 스키피오에게 북부 아프리카 원정 군단은 주지 않고 시칠리아에 부임시킨다. 다만 시칠리아에서 지원병을 모집하는 것은 인정한다. 즉, '가고 싶으면 스스로 군사를 모아 북아프리카로 건너가라.'는 것이다. 물론 그 경우 스키피오의 행동은 원로원의 허가를 받은 것이 아니므로 실패하면 책임 추궁은 면하지 못한다.

그 후 스키피오의 눈부신 활약을 아는 우리가 보면 원로원의 태도는 뭔가 안타까운 느낌이 든다. 그러나 묵인이라고는 해도 젊은 스키피오에게 활약할 기회를 준 것을 보면 당시의 원로원은 아직 건전하다고 할 수 있다. 왜냐하면 이 포에니전쟁이 끝나고 지중해에서 로마 패권이 확립되자 원로원은 유능한 인재의 등장을 허락하기는 커녕 오히려 탄압하는 쪽으로 돌아섰기 때문이다.

티베리우스와 가이우스 두 그라쿠스 형제를 죽인 것은 다름 아닌 원로원이었다. 그 중에서도 동생 가이우스에 대해 원로원은 '원로원 최종 권고' 라는, 말하자면 계엄령과 같은 것을 포고하면서까지 그를 말살했다.

그렇다고 해도 원로원은 자신들의 지위를 지키겠다는 이유로 그들을 죽인 것은 아니다. 로마의 개혁은 원로원에 의한 집단지도 체제만이 맡을 수 있는 것이지, 일부의 인간, 그것도 실적이 없는 젊은 이가 자유롭게 주무르는 것은 로마의 국익에 어긋난다는 대의가 있었다. 즉 원로원은 원로원 나름의 '선의' 때문에 그라쿠스 형제를 죽인 셈이다. 선의로 했던 것이 오히려 해악이 된다.…… 포에니전 쟁 이후의 로마는 바로 그런 상황에 빠져 버렸다.

카산드라의 비극

포에니전쟁 종결 이후 1세기 반에 걸쳐 계속된 '승자의 혼미' 는 카이사르의 등장에 의해 간신히 수습되기 시작한다.

일찍이 파비우스가 "로마는 영웅을 필요로 하지 않는 국가이다." 라고 단언한 것을 생각하면 뭔가 얄궂은 결과였다. 하지만 로마뿐 아니라 어떤 국가나 어떤 시대에도 개혁은 결코 회의에서 결정되는 것이 아니다. 한 사람의 지도자가 나타나 스스로가 믿는 바에 따라 개혁을 단행하지 않는 한 체제는 영원히 변하지 않는다. 그리고 변하지 않고 지내는 동안 국력은 쇠미해져 갈 뿐이다.

그렇긴 해도 개혁은 쉽지 않다. 왜냐하면 어떤 개혁이든 그에 따라 손해 보는 사람들이 반드시 나타난다. 이른바 기득권층의 존재이다. 이들을 말로써 이성으로 설득하려고 하는 것은 절망적이라고 해도 좋다. '얘기해 보면 알 수 있다'는 것이 민주주의의 이상이지만 그것만으로 성공한 적은 거의 없다.

그렇게 말하는 이유는 다시 카이사르의 말을 인용하면, "사람은 자신이 보고 싶은 현실만 보는" 존재이기 때문이다. 개혁에 의해 기득권이 없어지는 것에 정신을 쏟고 있는 사람에게 개혁의 의의를 아무리 말해도 이해하지 못하는 것은 당연하다.

그러나 그들의 반대에 귀를 기울여 버리면 어떻게 될까? 결국 어떤 개혁도 대폭 수정이 돼 소폭의 개량으로 끝나 버릴 것이 뻔하다. 따라서 개혁을 하려면 결국 힘으로 돌파할 수밖에 없다. 그것을 누구보다 잘 알고 있던 인물이 술라였고 카이사르였다.

유럽에서는 아무리 올바른 주장을 해도 받아들여지지 않는 사람

✚ 트로이의 왕녀이자 예언가였던 카산드라. 트로이의 멸망을 예언했으며, 그 예언대로 트로이는 멸망한다.

을 '카산드라'라고 한다. 고대 트로이의 왕녀였던 카산드라는 무슨 일이 있을 때마다 "이대로 가다가는 트로이는 멸망한다."며 사람들에게 예언하고 다녔다. 그런데도 아무도 그 말을 믿어 주지 않았다. 결국 그녀의 예언은 맞아떨어져 트로이는 멸망한다.

나 같은 문필가나 평론가라면 카산드라가 되더라도 체념하고 말겠지만, 정치가는 카산드라가 되어서는 곤란하다. 자신이 옳다고 믿으며 지금 해야 한다고 생각되는 일을 실행하지 않으면 정치가로서의 가치는 전무하다.

그래서 카이사르는 군사를 인솔해 루비콘 강을 건너기로 결단을 내린 것이다. 그것을 단행했기 때문에 로마의 국가 체제 개혁도 실행할 수 있었다. 많은 사람의 지혜를 모은 개혁은 이상으로서는 아름다워도 현실적인 방책이 아닌 것을 그는 알고 있었다.

개혁자는 고독하다

이런 내 의견에 대해 '그것은 민주주의를 부정하는 생각이다.' '독재자를 허용하려는 것인가?' 등의 반론이 나올 수도 있다.

과연 그런 의견은 이치에 맞는 주장이다.

그렇지만 나는 무심코 '카이사르라면 뭐라고 대답했을까?'라고 생각한다. 카이사르라면 분명 "민주주의를 지키는 것은 좋지만 민주주의를 지켜도 나라가 멸망한다면 소용없지 않은가?"라고 대답하지 않을까?

아직 민주주의는 다른 정치제도에 비해 훨씬 좋은 것인지도 모른다. 그러나 그것이 모든 것을 해결하는 만능의 신일 수는 없다. 정치의 목적이 최대 다수의 평화와 번영을 도모하는 것이라면 민주주의는 그것을 위한 '수단'일 뿐이다. 상황에 맞추어 수단을 골라 쓰는 것이 오히려 건전한 태도가 아닐까? 적어도 로마의 역사는 그것을 우리에게 가르쳐 주고 있다.

한 가지 덧붙이자면, 독재자를 무조건 민의를 무시하는 존재라고 잘라 말할 수 있을까? 어떤 독재자라도 여론을 완전히 무시하고 정치를 하는 것은 불가능하지는 않더라도 아주 어렵다. 역시 자신이 생각하는 정책을 현실로 나타내고자 할 때 주위의 협력을 얻지 못하면 효과를 거둘 수가 없다.

이 점에서도 카이사르는 일류였다. 로마의 장래에 대한 생각에서는 카이사르와 반대 입장이었던 키케로조차 카이사르의 문장에 대해서는 칭찬을 아끼지 않았다.

"카이사르의 문장은 그것을 말로 하든 글로 쓰든 다음의 특징이 나타나는 것은 변함이 없다. 즉 품격 높고 빛나며 장려하고 고귀하며 무엇보다도 이성적이다."

개혁은 자신들의 역경을 직시하는 것에서부터 시작되므로 반성이나 자기비판이라는 소극적인 이야기가 되기 쉽다. 그렇게 되면 오히려 개혁을 실행할 의욕이 생기지 않는다. 좀 더 자세히 말하면 개혁에 의해 사회가 바뀐다고 들으면 솔직히 환영할 수 있는 사람은 극소수이며, 대부분 미래에 대해 불안감을 느끼는 것은 당연한 심리이다.

이런 점에서 카이사르의 연설은 비록 씁쓸한 현실을 말하고 있어도 청중은 이와 반대로 기운을 얻고 내일의 희망을 발견한 기분이었다고 한다. 물론 그 사람들 중에서 카이사르가 생각하는 개혁의 의미를 제대로 이해하는 사람은 극소수이거나 어쩌면 전혀 없었을지도 모른다. 그러나 협력해 주려는 사람이 있는지 없는지에 따라 개혁의 진전은 완전히 다른 것이 된다.

새로운 시대를 만들 정도의 대개혁은 누구에게든 이해되는 것이 아니다. 그런 의미에서 개혁자는 고독하고, 고독하기 때문에 지지자를 필요로 한다. 아우구스투스가 연기를 해서라도 원로원을 아군으로 삼으려고 했던 것도 바로 그 때문이었다.

독재자는 민중을 무시하는 존재라고 생각하곤 하지만 사실은 꼭 그렇다고만 할 수는 없다. 오히려 어중간하게 권력을 잡고 있는 정치가 쪽이 민의 같은 것을 신경쓰지 않는 것이 현실이다.

'맡기는' 것에서 오늘의 문제를 해결할 영웅이 탄생한다

일본의 영화감독 구로사와 아키라의 명작 〈7인의 사무라이〉에서는 산적의 습격으로 곤경에 빠진 백성들이 일곱 명의 떠돌이 무사에게 격퇴해 줄 것을 의뢰한다. 보수는 배불리 먹을 수 있는 쌀밥.

조금 교활한 인간이라면 자신들을 오래 고용하게 만들기 위해 적당하게 산적을 격퇴하면서 완전히 격파하지는 않을 것이다. 위협이 완전히 사라지지 않으면 어쩔 수 없이 백성들은 떠돌이 무사를 계속 고용해야 할 것이므로 일자리 확보로서는 이것이 가장 '합리적'인 방법이다.

그렇지만 일곱 명의 떠돌이 무사들은 백성을 훈련시키고 계략을 세우는 동안 진지해져 버린다. 사무라이의 피가 되살아난 것이다. 그리고 결과는 산적을 완전하게 격퇴할 수 있었지만 일곱 명 가운데 네 명은 싸우다 죽는다.

이 결과를 보고 고용주인 백성들은 어떻게 했을까? 고맙다는 인사는 하지만 떠돌이 무사는 더 이상 필요가 없다. 따라서 그들은 해고당한다. 영화 마지막에 시무라 다카시가 연기한 떠돌이 무사가 말했듯이 "이긴 것은 백성"이고 사무라이들은 단순히 망아지에 지나지 않았다. 그러나 이 영화가 명작인 이유는 떠돌이 사무라이들의 죽음은 단순한 망아지의 죽음이 아니라 사무라이의 피가 되살아난 남자들의 죽음이었다는 데 있다.

나는 정치가와 유권자의 관계도 결국 이 영화의 떠돌이 사무라이들과 백성들의 관계로 충분하지 않을까 생각한다. 즉 정치는 정치의 전문가에게 맡기는 것이다. 그런 다음 일을 다 처리한 후에 해고한다. 물론 맡겨 봐서 아무래도 기대에 미치지 못하면 도중에 해고하면 된다.

로마제국의 황제와 유권자, 즉 로마 시민의 관계도 똑같았다. 다만 고대 로마제국은 민주주의 국가는 아니기 때문에 황제를 해고하려고 해도 선거로 떨어뜨릴 수는 없다. 그래서 이루어진 것이 암살이었다. 그 대표적인 예가 제3대 황제 칼리굴라였다. 그가 살해당한 이유는 결국 유권자인 로마 시민이 그를 불신임한 것에 지나지 않는다.

현대의 우리는 정치가를 일부러 암살할 필요가 없다. 기대 이하라고 판단되면 선거로 떨어뜨리면 된다. 그 외에도 잘못된 점을 스캔들로 부각하여 퇴진하게끔 몰아넣는 방법도 있다.

이렇게 쓰면 "선거나 스캔들로도 해고시킬 수 없으면 어떻게 할 것인가?"라는 반론이 나올지도 모른다. 그러나 내 생각에는 그만큼 공격을 받고도 끄떡없이 강건하게 살아남는다면 상당한 인재일 수도 있을 것 같다. 그렇다면 다시 한 번 기회를 주어도 괜찮지 않을까?

어쨌든 마지막에는 '백성'이 이긴다. 그렇게 믿기 때문에 우리는 정치가에게 기회를 주는 것이 아닐까? 물론 그럴 경우는 결과가 나올 때까지 외야에서 소리를 질러서는 안 된다. 그 과정에서 어쩌면 일하지 않는 '떠돌이'가 나타날지도 모른다. 그러나 그렇다고 무조건 단념해 버리면 더 이상 기회는 찾아오지 않을지도 모른다.

현대의 민주주의 관점에서 보면 카이사르나 아우구스투스는 모두 독재자로 분류될 것이다. 그러나 그들이 있었던 덕분에 최종적으로 이득을 본 것은 로마 시민이었으며 속주의 사람들이었다. 우리는 그것을 편견에 사로잡히지 말고 깊이 생각해 볼 필요가 있다.

오해받아 온 로마사

이 책에서는 주로 '개혁'을 키워드로 해서 제정 수립까지의 로마사를 이야기해 왔는데, 물론 로마사를 읽는 방법은 이것뿐만이 아니다. 1,000년 이상에 걸친 로마의 역사는 고래로부터 읽는 방법이 다양했다.

하지만 유감스럽게도 현대에 접어들기까지 유럽에서는 로마사가 부정적인 이미지, 즉 좋지 못한 것의 본보기로서 읽혀 온 느낌이 든다.

그렇게 된 최대의 이유는 역시 무엇보다도 기독교에 있다.

기독교의 입장에서 보면 다신교도인 고대 로마인은 이교도였고, 더구나 로마제국은 기독교도를 박해한 '악의 제국'이 되는 것이다. 그 중에서 제5대 네로 황제는 기독교도를 무고한 죄로 죽인 '반기독교도'로서 비판받아 왔다.

물론 이것은 기독교 측의 선전이라는 측면이 많아서 사실 그대로 받아들일 수는 없다. 예컨대 네로가 기독교도를 박해한 것은 사실이지만, 과대하게 과장돼 전해지는 부분이 상당히 많다. 이긴 측이 자신의 상황에 맞춰 놓고 패자를 재판하는 '승자의 정의'는 오늘날에 와서야 비로소 시작된 것은 아니다.

그러나 기독교의 지배에서 인간이 자유로워진 근대 이후 이러한 로마사 평가가 시정되었는가 하면 그렇지도 않다. 특히 《로마제국 흥망사》를 저술한 기번 이후 서양의 역사가들은 '공화정 시대는 존경할 만하지만 제국이 되자마자 로마의 타락이 시작되었다.'라고 생각하는 경향이 강했다.

그 이유는 누구나 쉽게 상상할 수 있지만, 민주주의적인 견해와 많은 관계가 있다. 즉 공화정 시대에는 자유가 있었지만 제정이 되면서 자유가 없어졌고 따라서 로마는 타락했다. 그래서 로마가 멸망한 것은 너무 당연한 일이라는 것이다. 토인비 같은 학자조차 "아우구스투스의 업적은 로마의 쇠망을 조금 연장시켰을 뿐"이라고 말했을 정도였다.

우리가 보면 비록 쇠망을 조금 연장했을 뿐이라고 해도, 그로부터 로마는 500년이나 이어졌으니 대단한 것이 아닐까? 그런데 서양 사람들은 그렇게 생각하지 않았던 것 같다. 혹시 자신들의 서양만은 미래영겁 하여 멸망과는 무관하다고 생각하는지도 모른다.

로마사가 인생의 '이정표'가 되기를 희망하며

이미 언급했듯이 로마제국은 사람들의 자유를 누르고 성립한 전제 국가가 아니었다. 황제의 지위는 원로원과 로마 시민의 지지 없이는 가질 수가 없었다. 또한 로마 사람들의 생활은 '팍스로마나'라는 말이 의미하듯이 안전하고 풍족했다.

그 이전의 공화정에서는 국정을 결정할 자유를 만끽하던 사람들은 겨우 원로원 의원 600명뿐이고, 로마제국 전 국토의 주민은 6,000만 명이었다. 나라면 600명의 자유보다 6,000만 명의 행복 쪽이 훨씬 중요하다고 생각한다. 하지만 로마사 전문가들은 오랫동안 그 같은 평가를 내리지 않았다.

물론 최근에는 로마사에 대한 더욱 공정한 평가가 전문가들 사이에서 이루어지고 있다. 그러나 그것은 어디까지나 전문가 세계에 머물러 있고, 아직껏 서양에서는 과거의 평가가 완고하게 살아 있는 것도 사실이다.

그것이 상징적으로 나타나 있는 것이 엔터테인먼트의 세계이다. 몇 해 전에 오스카상을 수상한 영화 〈글래디에이터〉가 그 전형이다. 이 영화 내용은 예전부터 있어 온 로마제국의 나쁜 이미지를 그대로 되풀이한 것인데, 선량한 주인공을 괴롭히는 악학비도인 황제가 등장한다. 웃음이 나올 것 같은 고루한 로마사관이다. 이렇게 지금도 로마제국의 나쁜 인상은 자꾸만 확대 재생산되고 있는 것이다.

그것을 생각하면 얼마나 로마사가 불행한 방법으로 읽혀져 왔는지를 감지할 수 있다. 하지만 고대 로마 사람들과 교제해 오면서 내가 무엇보다 감탄한 것은 어떤 고난과 역경에도 그들이 약해지지 않았다는 사실이다.

켈트 족 습격 충격이나 포에니전쟁이라는 국난에 여러 차례 부딪쳐도 로마인은 과거를 후회하지도, 멈춰 서지도 않고 항상 적극적으로 나아갔다. 문화면에서 그리스인에 미치지 못한 로마인이 고대 그리스보다 오랜 역사를 쌓아 올릴 수 있었던 것은 결국 그들이 그러한 기질을 가졌기 때문이 아니었을까?

이 책의 한정된 지면으로 그런 그들의 모습이 얼마나 전해졌는지 모르지만, 고대 로마 사람들의 삶의 방식이 향후 여러분의 인생에서 '이정표'가 되기를 희망하면서 일단 펜을 놓는다.

특별 부록 저자에게 듣는 **로마 영웅들의 성적**

흔히 '이상적인 지도자'의 조건으로 인격의 원만함이나 덕성 등을 요구하지만,

인격이 고결한 것과 목적을 달성하는 것은 직접적으로 아무 관련도 없다.

비록 인격에 문제가 있더라도, 국민을 행복하게 만들어 주는 큰 목적만 달성하면

그것이 좋은 지도자인 것이다.

"지도자에게 요구되는 자질은 다음의 다섯 가지이다.

지적 능력, 설득력, 육체적 내구력, 자기 제어 능력, 지속하는 의지.

카이사르만이 이 모든 것을 가지고 있었다."

(이탈리아의 일반 고등학교에서 사용하는 역사 교과서에서)

이탈리아의 고등학생들은 학교에서 대단한 것을 배우는군요. 이탈리아의 고등학교는 대학에서 전문교육을 받는 데 필요한 기초, 즉 일반교양을 가르친다고 들었습니다.

그래서 이탈리아의 대학에는 교양과정이 없습니다. 역사나 국어는 물론이거니와 철학, 라틴어, 그리스어 같은 교양과목은 모두 고등학교에서 배우게 되어 있습니다. 대학은 전문교육을 하는 교육기관입니다. 영어는 교양이 아니라 실용 학문이라고 하여, 고등학교 중에서도 특히 고전 공부를 중시하는 '전통 있는 고등학교'에서는 가르쳐 주지 않습니다. 그래서 국제어인 영어를 배우려면 여름방학을 이용해 영국에 갈 수밖에 없습니다. 이것이 이탈리아의 고등학교 교육(5년)인데, 이탈리아 역사 교과서에서 위의 구절을 찾아냈을 때는 할 말을 잃을 정도였습니다.

이탈리아의 고교생은 역사 공부를 통해 그 같은 '지도자의 자질'을 배우고 있다는 말씀인가요?

그렇습니다. 조직을 이끌어 가는 지도자는 우리 보통 사람들, 즉 대중과는 완전히 다른 자질을 가진 존재이며, 만약 그렇지 않다면 시대를 바꿀 수가 없습니다. 그런 차원에서 이탈리아 고등학교 역사 교과서는 이 다섯 가지 요소를 제시하고 있다고 생각합니다. 그러나 이 다섯 가지 요소를 백 퍼센트 충족시킬 수 있는 지도자는 카이사르 같은 지도자인데, 그런 인물을 쉽게 만날 수 있는 것은 아닙니다. 내가 볼 때 고대 지중해 세계에서도 모든 것이 100점 만점인 리더는 카이사르와 그리스의 페리클레스 정도입니다.

'로마사를 읽을 땐 황제가 되어 읽어라'

고작 두 명뿐입니까? 고대 지중해 세계에는 그 밖에도 알렉산드로스 대왕이나 한니발 같은 대단한 인물들이 많이 있지 않습니까? 시오노 씨가 좋아하는 술라도 굉장한 남자라고 생각합니다만, 그들은 불합격입니까?

불합격은 아니지만 카이사르와 비교하면 부족합니다. 만점을 줄수는 없습니다.

상당히 엄격한 시험관의 모습이군요.

괴테가 말했다고 기억합니다만, "로마사를 읽는다면 로마 황제가 되어 읽어라."는 말이 있습니다. 물론 나 자신은 이 다섯 가지 자질 중 어느 것도 가지고 있지 않습니다만, 그런데도 로마사를 쓸

때는 그들과 같은 시점, 같은 기분이 되려고 항상 노력했습니다. 역사적인 위인들을 내 쪽으로 끌어당겨 쓰는 것은 그들에게 실례라는 것이지요.

그러니까 그들과 똑같이 될 수 없을지라도 내 쪽에서 그들에게 다가간다는 생각으로 쓰고 있습니다.

마치 원거리 결혼생활 같군요. (웃음)

바로 그런 기분입니다. 카이사르나 술라, 그라쿠스 형제 같은 남자들에게 비록 상상 속에서라도 매일 같이 오갈 수 있으니, 여자로서는 그런 대로 나쁘지 않은 삶의 방식이잖아요?

그 중에서도 카이사르는 가장 특별합니다. 《로마인 이야기》에서는 그에 대해서만 단행본으로 꼬박 두 권 분량을 할애해 썼을 정도입니다. 그만큼의 시간을 카이사르와 교제했으니까 다른 남자들을 보는 눈이 엄격해졌다고 해도 어쩔 수 없습니다.

그렇다면 그 엄격한 시선으로 로마 위인들의 성적표를 하나로 만들어 보면 어떨까요? 그들에게 어떤 점수가 주어질지 흥미롭습니다.

실은 이미 성적표 비슷한 것을 전에 몰래 만들었던 적이 있어요. 결국 《로마인 이야기》에는 사용되지 않았지만요.

너무 아깝군요! 로마 위인들의 성적표 같은 것은 완고한 역사학자들은 절대로 만들 것 같지 않습니다.

그렇다면 여기서 다시 한 번 성적표를 만들어 볼까요. 지도자의 자질을 생각한다면 역시 구체적인 예를 드는 편이 더 이해하기 쉬울 것입니다.

고대 로마 지도자 성적표

	지적 능력	설득력	육체적 내구력	자기 제어 능력	지속하려는 의지
알렉산드로스 대왕	100	80	70	80	100
페리클레스	100	100	100	100	100
한니발	85	65	100	100	100
스키피오 아프리카누스	95	100	65	90	90
그라쿠스 형제	90	90	60	70	100
마리우스	60	70	100	45	50
술라	95	80	100	60	100
크라수스	40	30	50	30	30
폼페이우스	80	55	100	70	40
카이사르	100	100	100	100	100
키케로	80	80	50	50	40
브루투스	30	20	20	15	60
안토니우스	30	20	100	20	10
클레오파트라	30	20	60	10	70
아그리파	60	50	80	90	70
아우구스투스	95	80	85	100	100
티베리우스	90	50	100	70	100
칼리굴라	20	20	30	10	10
클라우디우스	80	70	60	70	80
네로	30	30	50	10	20
베스파시아누스	60	70	95	85	80
티투스	60	60	50	80	75
도미티아누스	75	55	80	50	75
네르바	70	60	70	80	85
트라야누스	80	85	100	100	100
하드리아누스	100	80	100	100	100
안토니누스 피우스	75	90	70	100	85
마르쿠스 아우렐리우스	85	70	60	100	100

동서고금에 손꼽히는 정치가 페리클레스

이것이 로마 위인들의 '성적표'입니까? 그런데 가장 시대가 빠른 인물은 스키피오 아프리카누스로군요.

스키피오 이전의 공화정 로마는 그야말로 파비우스가 말한 것처럼 '영웅을 필요로 하지 않는 국가'였습니다. 그래서 정치가가 활약할 여지가 없었습니다. 또한 공화정 이전의 왕정 시대에는 신뢰할 만한 사료가 너무 적습니다. 따라서 로마의 지도자라고 하면 역시 스키피오 아프리카누스가 최초입니다.

그 대신에 로마인은 아니지만 로마와도 관계 깊은 세 명의 남자들, 알렉산드로스 대왕, 페리클레스 그리고 한니발을 덧붙였습니다. 이들 비로마인 세 명 가운데서는 페리클레스가 카이사르와 대등한 100점 만점. 그에 비해 알렉산드로스 대왕은 꽤 점수가 낮군요.

뭐니 뭐니 해도 페리클레스는 도시국가 아테네의 황금시대를 혼자서 구축했다고 해도 과언이 아닌 대정치가입니다. 말 많고 질투심 많은 아테네 사람들을 상대로 민주정을 지키면서도 자신이 아테네에 필요하다고 생각한 정책을 적확하게 실행해 간 그의 수완은 '대단하다'고밖에 표현할 수 없습니다.

어쨌든 그의 치세는 30년에 이르렀습니다. 현대의 민주주의 국가라도 30년이나 지도자의 위치를 계속 지키는 인물은 지금까지도 없었고 앞으로도 많지 않을 것입니다. 그런데 페리클레스는 그것을 해냈습니다.

더구나 그의 시대 때 아테네는 절정기에 이르렀으므로 만점을 줄 수밖에 없습니다. 지도자의 수완에 있어서도, 또 실제의 성과에 있어서도 페리클레스는 동서고금의 가장 뛰어난 정치가 가운데 한 사람입니다.

민주정체에서 지도자로서 계속 지도해 나간다는 것은 말하자면 가느다란 로프 위를 걸어가는 것과 같습니다. 변하기 쉬운 민중의 마음을 능숙하게 지배하기 위해 지적 능력을 최대한으로 발휘해 스스로를 제어하고, 자신이 하고 싶은 것을 관철하는 강한 의지를 갖지 않으면 안 됩니다. 그러니까 지적 능력, 자기 제어 능력, 지속하려는 의지에 대해서 문자 그대로 만점입니다. 또한 지도자로서의 격무를 30년이나 해내었으니까 육체적 내구력도 더할 나위 없습니다.

그리고 남은 한 가지, 설득력에 있어서도 페리클레스는 훌륭했습니다. 페리클레스가 연설을 하면 청중은 흰 것을 검다고 해도 믿을 정도였습니다. 플루타르코스는 "만약 수많은 관중 앞에서 페리클레스가 레슬링 시합에 지고서도 그가 '내가 이겼다.'고 주장하면 대중은 그것을 믿었을 것이다."라고 썼습니다.

따라서 페리클레스는 카이사르와 함께 만점을 주지 않을 수 없습니다.

알렉산드로스 대왕의 의외의 약점

이에 비해 알렉산드로스는 어떨까요?

분명히 '지적 능력'의 관점에서는 만점입니다. 당시 그리스 세계는 페르시아 전쟁에서 이겼다고는 하지만 항상 페르시아에게 공격

을 당했습니다. 그런데 알렉산드로스는 그리스 탄생 이래 처음으로
페르시아에 쳐들어갈 계획을 실행으로 옮겼을 뿐 아니라, 아무도 생
각하지 못한 기병을 활용하는 방법까지도 궁리해 냈습니다. 그리고
아군의 열 배가 넘는 규모의 페르시아 군과 싸워 압승했으니 확실히
천재라고 할 수 있습니다.

또한 '지속하려는 의지' 라는 관점에서도 트집을 잡을 게 없습니
다. 알렉산드로스의 마케도니아는 당시 그리스에서는 동맹의 맹주
였지만 동맹이 결코 굳건한 것은 아니었습니다. 그러니까 그의 동방
원정을 반대하는 의견도 세찼지만 그럼에도 자신의 의지를 관철시
켰습니다. 그건 굉장한 일입니다.

하지만 냉정하게 바라보고 엄격하게 말하면 알렉산드로스에게는
말로 설득하는 능력이 부족했습니다. 그렇다고 설득력이 전혀 없었
다고는 할 수 없습니다. 왜냐하면 그리스에서 동방 원정에 소극적이
던 사람들을 그 나름대로 처리했기 때문이지요.

그렇긴 하지만 역시 그는 말보다 행동이 강한 사람이었습니다. 위
험한 지역에는 스스로 나아가서 싸웠습니다. 물이 없어 병사가 괴로

✚ '지적 능력' 관점에서 만점인 알렉산드로스

워하면 그 자신도 물을 마시지 않고 함께 괴로워했다는 이야기가 전해질 정도입니다.

그렇게까지 하면 부하는 뒤따른다. 과연 알렉산드로스로군요.

분명히 그러한 측면은 무장으로서는 중요한 일입니다. 그래서 그의 부하들은 멀리 인도까지 함께 갔습니다. 하지만 그런 모습의 알렉산드로스에게 심취하는 것은 그의 행동을 가까이서 보고 있는 사람에게만 한정됩니다. 행동도 중요합니다. 그러나 역시 수많은 인간을 움직이려면 말로 설득하지 않고서는 어렵습니다. 그런 의미에서 알렉산드로스에게는 100점 만점은 줄 수 없습니다.

또한 지적 능력이 뛰어나고 지속하는 의지는 강했어도 그는 자신의 비전을 실현하기도 전에 33세의 젊은 나이로 죽어 버렸습니다. 그 같은 의미에서 '육체적 내구력'은 100점 만점을 매길 수 없습니다. 먼 길의 원정에서 체력을 너무 많이 소모했을 것이라는 정상 참작의 여지는 있지만 70점입니다.

'자기 제어 능력'에 대해서는 사실 100점 만점을 매기고도 싶지만 유감스럽게도 그는 고대 그리스인의 통례와 다르지 않게 과음을 해 버렸습니다.

고대 그리스인들은 술을 그렇게 좋아했습니까?

어쨌든 그리스인은 '포도주의 신' 디오니소스를 섬긴 사람들이니까요. 고대의 포도주는 지금보다 훨씬 알코올 도수가 높아 물에 타서 마시는 것이 보통이었습니다.

술을 좋아하는 것 자체를 크게 나쁘다고 할 수는 없지만, 알렉산드로스의 경우는 가끔 자신을 제어하지 못할 만큼 취했습니다. 그래서 술에 취한 상태에서, 충고하려는 친구를 죽여 버렸다는 등 좋지 못한 이야기가 많이 남아 있습니다. 이러한 충동적인 일이 자주 되풀이되면 부하의 덕망도 줄어들겠지요. 그 점을 감안하면 자기 제어 능력은 80점이라고 판단됩니다.

한니발에게 결여된 것

비로마인의 세 번째 인물인 한니발은 지적 능력과 설득력에서 점수가 낮군요. 설득력은 접어 두고라도 그토록 로마를 휘저었음에도 불구하고 지적 능력이 85점밖에 안 되는 것은 무엇 때문인가요?

알렉산드로스의 전법을 완전히 습득하여 그것을 전장에서 응용할 수 있었다는 점에서는 분명히 한니발의 지적 능력은 높습니다. 또한 한니발은 정보가 중요하다는 점을 알고 있던 인물이었습니다. 그래서 그는 전쟁터에 나가기 전에 미리 적의 실정을 파악하는 일을 게을리 하지 않았습니다.

한니발이 알프스를 넘은 것이 무모한 일로 보입니다만, 실은 사전

✦ '정보'의 중요성을 알았던 한니발. 그는 전쟁터에 나가기 전에 적의 실정을 미리 파악했다.

에 다양한 정보를 모았던 것입니다. 그래서 군대를 이끌고 알프스를 넘는 일이 결코 불가능하지 않다는 것도 알고 있었습니다. 그가 이탈리아 반도에 쳐들어간 것은 다양한 정보를 종합한 다음 '이 정도라면 이길 수 있다.'고 판단했기 때문입니다. 그런 의미에서는 아주 신중한 인물이기도 했습니다.

그러나 그처럼 치밀한 한니발이라고 해도 이해할 수 없었던 것이 로마인의 '패자도 동화시킨다'는 삶의 방식이었습니다. 한니발은 로마군을 동맹국의 눈앞에서 완패시키면 반드시 동맹국은 로마를 배반하고 자신의 아군이 된다고 판단했습니다.

이탈리아 반도가 아니라면 그의 계산대로 성공했겠지요. 그러나 정보 수집에 여념이 없었던 한니발도 로마 연합이 하나의 운명 공동체로 묶여 있었다는 것은 간파하지 못했습니다. 그 결과 한니발은 16년에 걸쳐 이탈리아 반도에서 계속 싸우지 않을 수 없었습니다. 그리고 결국은 스키피오 아프리카누스라는 라이벌을 등장하게 만듭니다.

게다가 '자마전투'에서 한니발은 스키피오에게 패배합니다. 스키피오는 한니발의 전법을 모방했기 때문에 스승에 해당하는 한니발을 이겼다 해도 이상하지 않을 겁니다.

한니발이 이탈리아 반도에서 고전하고 있었지만 결코 기세가 약해진 것은 아니었습니다. 이때 나이가 44세로, 그리 늙지도 않았습니다. 그런데도 젊고 경험이 없는 스키피오에게 졌으므로 아무래도 점수가 박할 수밖에 없습니다.

그래서 한니발의 지적 능력은 85점이고 스키피오는 95점이군요?

스키피오와 한니발은 자마전투 전날 밤에 회담을 합니다. 대결전이 있기 전에, 게다가 고대의 명장 베스트 5에 들어가는 두 장군이 만났으니, 이것은 바로 역사적 사건이라고 해야 할 것입니다.

그 담판에서 한니발은 연하의 스키피오에게 생각을 바꾸라고 촉구합니다. 요컨대 "이 싸움에서 지면 자네는 완전히 파멸할 것이네."라고 하였을 것이지만, 이 설득에 스키피오는 동요하지 않습니다. 그뿐만 아니라 스키피오는 다음과 같은 유명한 말을 남깁니다.

"나는 당신에게 내일의 대규모 전투 준비나 잘하라고 권하는 것밖에 말할 게 없다. 왜냐하면 카르타고인, 아니 특히 당신은 평화 속에서 사는 것이 무엇보다도 서투른 것 같으니까."

한수 위라는 느낌이 드는군요.

어쨌든 스키피오는 로마 원로원의 '일인자' 파비우스를 상대로 당당히 논전을 벌여 원로원 의원들의 마음을 움직일 만큼 설득력이 뛰어난 인물입니다. 결국 설득력이라는 것은 요컨대 적의 마음을 움직일 수 있는 정도의 힘입니다. 그 점에서 한니발은 아군을 고무시키는 힘은 있어도 적을 움직일 만한 설득력은 없었습니다.

만약 한니발에게 스키피오 정도의 설득력이 있었다면 로마 연합에서 이탈한 동맹국도 있었을지 모릅니다. 그러나 그런 예는 끝내 없었으니까 역시 설득력은 아슬아슬한 합격점인 65점밖에 줄 수가 없습니다.

'좌파 인텔리' 브루투스

이제 공화정 시대 로마인들의 성적표를 살펴보겠습니다. 먼저 불합격 그룹부터 알아보기로 하죠. 우등생을 먼저 살피고 가는 것보다 이렇게 하는 것이 나쁜 본보기로서 참고가 될 것입니다.

그 중에서도 카이사르를 죽인 마르쿠스 브루투스의 점수가 가장 낮군요. 그는 이 정도의 인물이었습니까?

현대인이 알기 쉽게 말하면 이 사람은 요컨대 좌파 인텔리였습니다. 자신은 확실한 비전이 없으면서도 타인이 하는 일에는 큰소리로 비판을 합니다. 즉 '비판을 위한 비판'입니다. 게다가 좌파 인텔리라면 좌파 인텔리답게 선동 연설을 한다면 그런 대로 낫겠지만, 그의 연설에서는 도무지 재미라고는 느껴지지 않습니다.

로마에서는 어느 정도 수준 있는 가정 자제라면 교양과목 중 하나로 사람을 설득하는 기술, 즉 수사학을 배웁니다. 브루투스의 경우 어렸을 때는 그리스인 가정교사에게 배웠고, 그 후에는 아테네, 페르가몬, 로도스 섬에서 공부합니다. 당시 로마인으로서는 최고의 유학 장소를 선택해 공부한 것입니다. 현대로 말한다면 자기 나라의 대학을 졸업한 다음 옥스퍼드, 예일, 소르본 등에 유학하는 것과 같습니다. 그러니까 교양만은 남아돌 만큼 갖추고 있었을 텐데 자신의

✦ 설득력이 부족했던 브루투스. 그러나 교양은 '남아돌' 만큼 갖추고 있었다.

말로 상대를 설득하지 못했습니다.

어느 날, 카이사르가 우연히 젊은 브루투스의 연설을 들을 기회가 있었습니다. 그곳에서 소감을 말해 달라는 청을 받은 카이사르는 이렇게 평가합니다.

"저 청년이 요구하는 것이 무엇인지는 모르겠지만, 그것이 무엇이든 간에 강렬하게 요구하고 있다는 것만은 알겠다."

강렬한 야유로군요.

나라면 자신이 쓴 글에 대해 그 같은 비평을 받았다면, 그야말로 밤에 잠도 자지 못할 것 같습니다.

그러나 카이사르의 비평은 옳았던 것 같습니다. 카이사르 암살을 결행한 다음날 브루투스는 많은 로마 시민들 앞에서 자신들은 국가 로마를 위해 카이사르를 찔렀다는 연설을 합니다. 이에 대한 청중의 반응은 전혀 없었습니다. 찬성은커녕 야유하는 소리조차 나오지 않았습니다. 그의 연설이 얼마나 지루했는지 짐작이 갑니다.

카이사르를 살해한 복고주의자들

설득력이 20점이라는 것은 이해가 갑니다만, 그렇게 많은 학문을 연마한 인텔리인데 브루투스의 지적 능력이 30점이라는 것은 너무 낮지 않습니까?

지도자의 자질로서 '지적 능력' 이라는 것은 학문을 통해 얻어진 '지식' 과는 전혀 별개입니다. 브루투스는 지성을 갖췄다고 생각하지만 지적 능력은 부족했습니다.

그럼 지적 능력이란 무엇일까요? 지적 능력의 정의에는 여러 가지가 있지만, 지도자에게 요구되는 지적 능력이란 현상을 정확하게 파악한 다음의 문제 해결 능력이라고 할 것입니다. 선견지명도 거기에 포함되겠지요.

이른바 인텔리 교육을 받았으니까 현상에 대한 비판은 나름대로 할 수 있습니다. 브루투스의 경우는 공화정이 옳다고 확신하고 있었기 때문에 "카이사르 한 사람에게 권력이 집중되는 것은 좋지 않다."고 주장했습니다.

그렇지만 '그럼 이 격변하는 시대에 대응하기 위해서 어떻게 해야 할까?' 에 대해서는 아이디어가 전혀 없었습니다. 무작정 반대하는 입장만을 시종일관 밀고 나간 것입니다. 카이사르를 죽인 뒤의 계획은 아무것도 없었습니다.

'나쁜 것은 나쁘다' 는 입장이었군요.

현대 이탈리아 고등학교 역사 교과서에서는 브루투스와 그 동지들의 카이사르 암살을 '복고주의자의 자기도취가 가져온 무익과 유해뿐인 비극' 이라고 단언하고 있습니다. 브루투스나 그 동료들에게

✚ 현대 이탈리아 고등학교 역사 교과서에서는 브루투스와 그 동지들의 카이사르 암살을 '복고주의자의 자기도취가 가져온 무익과 유해뿐인 비극' 이라고 단언하고 있다.

는 '카이사르를 죽이면 공화정으로 돌아간다. 그리고 공화정으로 돌아가면 모든 것이 해결된다.' 는 정도의 간단한 생각밖에 없었습니다. 현실은 그렇게 간단한 것은 아닌데 말입니다.

실제 그들이 한 일은 로마에 혼란을 가져오기만 했습니다. 최종적으로는 카이사르의 유지를 계승한 옥타비아누스, 즉 아우구스투스가 내란을 수습합니다만, 거기에 이르기 전에는 옥타비아누스 대 브루투스, 그 다음에는 옥타비아누스 대 안토니우스의 내전이 일어나 로마인은 피를 흘립니다. 그 원인을 제공한 것은 다름 아닌 브루투스와 그 동지들이었습니다.

따라서 브루투스에게는 좋은 점수를 줄 수가 없습니다. 비판만 한 것이 아니라 실제로 카이사르를 암살했다는 점만은 다소 평가를 받을 수도 있기 때문에 '지속하려는 의지' 에는 60점을 주었습니다만, 나머지는 전부 불합격입니다.

법정 변호사 키케로

브루투스와 동지들의 '공화정으로 돌아오면 모든 것이 해결된다' 는 것은 '전쟁을 포기하면 평화가 온다' 는 패전 뒤 일본 인텔리들의 주장과 닮았군요.

어느 시대라도 지식인은 현실에 대한 통찰 능력만큼은 우수합니다. 지금 세상의 어디가 잘못되어 있는지에 대해 비판을 하라고 하면, 그들은 몇 가지를 이야기하고 날카로운 말도 합니다. 하지만 거기서 더 나아가는 구체적인 제안은 전혀 나오지 않습니다. 그것이 지도자와 지식인의 큰 차이입니다.

그 점에 있어서는 브루투스보다 키케로가 훨씬 우수하지만, 본질적으로는 똑같습니다. 키케로는 로마를 대표하는 지식인으로 인정되고 있습니다. 그러나 키케로도 현실 비판은 우수하지만 그 이상은 아닙니다. 키케로는 비평가나 언론인으로서는 초일류이지만 그의 논지는 '글로 써 놓았다'는 식의 이상주의에 지나지 않습니다.

결국 키케로는 '서재 속의 사람'이었다고 나는 생각합니다. 그가 남겨 놓은 문장은 분명히 훌륭하지만, 그것을 현실 생활에서 활용하는 문제에 이르면…… 역시 전형적인 지식인이었습니다.

그렇지만 키케로는 실생활에서도 웅변가였다고 합니다.

그 부분이 오해라고 생각합니다. 그가 이름을 날린 것은 오로지 법정 변호사로서의 활약입니다. 고대 로마의 법정은 현대의 미국과 비슷해 배심원들이 있고 그들이 판결을 내립니다. 그러니까 그 배심원을 설득하는 것이 법정 변호사가 맡은 일인데, 정치가의 연설과 변호사의 연설은 근본적으로 다릅니다.

어디가 다른가 하면, 배심원은 적도 아니고 아군도 아닙니다. 판결을

✚ 로마를 대표하는 지식인으로 인정되는 키케로. 그러나 그는 정치인이기보다 법정 변호사로서 이름을 남겼다.

내리는 것이 배심원의 역할인 만큼 이해관계가 있어서는 곤란합니다. 키케로는 그러한 '제삼자'를 설득하는 일에 능수능란했던 것입니다.

그러나 지도자의 연설은 거기서 끝나지 않습니다. 아군을 포용력 있게 구슬리고 자신의 반대파도 설득해야만 처음 자신이 생각했던 정책을 펼칠 수 있습니다. 그러한 연설을 과연 키케로가 할 수 있었을지 나는 의문입니다.

키케로의 문장은 분명히 뛰어나지만 어딘지 모르게 감정적입니다. 저처럼 간결 명쾌하고 논리적인 문장을 좋아하는 사람으로서는 답답하다는 느낌마저 듭니다. 키케로는 역시 법정 변호사였구나 하는 생각이 듭니다.

카이사르의 연설 능력

그렇게 생각하는 이유는 무엇인가요?

할리우드의 재판 영화를 보면 잘 알 것입니다. 미국의 법정 변호사가 하는 일은 검찰관을 논파하는 것이 아닙니다. 요컨대 배심원의

✤ 카이사르는 상대방이나 상황에 맞춰 적합한 연설을 하는 능력을 가진 인물이었다. 그래서 누가 들어도 강렬한 인상을 받게 된다.

동의를 얻으면 됩니다. 따라서 논리적으로 명쾌하게 변론을 하는 것도 중요합니다만, 그것보다 상대의 심정에 호소하는 편이 유리합니다. 키케로의 변호도 그런 타입이었다고 생각합니다.

정치가의 연설이 감정적이어서는 안 된다는 말인가요?

당연하죠. 연설을 듣는 사람들의 입장에서는 그들의 현실적인 생활 문제가 관계되어 있습니다. 이 개혁을 시행하면 구체적으로 자신에게 어떤 이점이 있는지 그 말이 듣고 싶은 것입니다. 그것을 명쾌하게 전하지 못하면 아무도 납득하지 못합니다. 너무 무미건조해도 곤란하지만, 간결함과 명쾌함은 반드시 필요합니다.

키케로 자신은 연설을 잘하지 못했지만 명쾌하게 연설을 잘하는지 못하는지 평가할 수 있는 판단력은 있었습니다. 내가 키케로에게 비교적 후한 점수를 준 것은 그 점에서 두뇌가 명석하다는 것을 고려했기 때문입니다.

분명히 키케로는 카이사르를 높이 평가했습니다.

이 책에서도 소개했습니다만 키케로는 카이사르의 문장을 "그 이상일 수 없다."고 할 정도로 절찬했습니다.

"카이사르의 문장은 그것을 말로 하든 글로 쓰든 다음과 같은 특징이 나타난다. 즉 품격 높고 빛나며 장려하고 고귀하며 무엇보다도 이성적이다."

카이사르의 연설을 실제로 들어 볼 수 있다면 얼마나 좋을까요.

전적으로 동감입니다.

"주사위는 던져졌다", "왔노라, 보았노라, 이겼노라" 등 후세에 전해지는 카이사르의 명구들이 많은데, 지식인이라고 평가받는 키케로의 연설과는 달리 카이사르의 이야기는 누가 들어도 강렬한 인상을 받게 됩니다.

폼페이우스와의 내전이 끝난 후 카이사르 군단의 병사들이 보너스를 요구하며 파업을 합니다. 전쟁에 이긴 것은 자신들의 덕분이라는 것이었습니다.

처음에는 카이사르의 대리인으로 안토니우스가 나가 설득을 하지만 병사들은 받아들이지 않습니다. 거기에 카이사르가 나타나 그들에게 한마디 말을 하자 스트라이크는 종결됩니다. 이때 그가 한 연설은 《로마인 이야기》 제5권에 소개돼 있습니다.

카이사르는 상대방이나 그 상황에 맞춰 거기에 적합한 연설을 할 수 있는 능력을 가진 사람이었습니다. 원로원이라면 원로원 의원에 어울리게, 또한 역전의 강자인 군단 병사에게는 그에 어울리는 어투를 구사할 줄 알았습니다. 게다가 그것을 연기가 아니라 극히 자연스럽게 이끌어갔습니다. 카이사르는 연설에 천부적인 재능이 있었다고 나는 생각합니다.

'검투사 수준'이라고 혹평당한 안토니우스

마침 안토니우스의 이름이 나왔으니 그에 대해서도 듣고 싶습니다. 이 인물에 대해서도 아주 낮은 평가를 내렸군요. 육체적 내구력을 제외하고는 모두 최하 점수에 가깝습니다. 적어도 옥타비아누스와 나란히 카이사르의 후계자 자리를 다투었고, 클레오파트라와 사랑하는 사이가 되었을 만큼 능력을 가진 남자였으니까 좀 더 좋은 점수가 나오지 않을까 생각했습니다만.

키케로가 안토니우스에 대해 어떤 비평을 내렸는지 듣고 나면 표정이 바뀔 것입니다. 키케로는 그에 대해 이렇게 썼습니다.

"기골만 장대할 뿐 교양이 없는 사람이며, 술에 취해 천한 창녀와 시시덕거리는 것밖에는 능력이 없는 검투사 수준의 남자였다."

너무나도 정직하게 썼기 때문에 키케로는 나중에 안토니우스에게 살해당하고 펜을 드는 오른팔이 잘립니다. 그렇지만 나도 이 점만은 키케로의 의견에 동의합니다.

어차피 안토니우스는 군단장급의 인재였습니다. 나는 그렇게 생각합니다. 군단장에게 요구되는 것은 최고 사령관이 지시한 작전만 충실히 이행하는 능력이며, 본질적인 지적 능력은 꼭 필요한 것이 아닙니다.

그런데 안토니우스는 카이사르의 부관으로 발탁되었고, 그로 인해 자신을 사령관도 될 수 있는 그릇이라고 스스로 굳게 믿어 버린 것이지요. 실제로는 카이사르가 이미 안토니우스의 능력을 포기하고 있었지만, 본인은 그것조차 깨닫지 못했습니다. 자신이야말로 카

✤ 옥타비아누스와 카이사르의 후계자 자리를 다투었던 안토니우스. 그러나 그는 카이사르로부터 혹평을 받았다.

이사르의 후계자라고 굳게 믿고 있었습니다. 이러한 모습은 비극을 넘어 희극적이기까지 합니다.

안토니우스는 설득력도 없고 자기 제어 능력도 없었습니다. 안토니우스가 카이사르 군단의 스트라이크를 수습할 수 없었던 이야기는 바로 앞에서도 했습니다만, 그 정도라면 그래도 괜찮습니다. 이집트 여왕 클레오파트라를 설득하려다 설득하기는커녕 오히려 클레오파트라에게 농락당해 버렸으니 더 이상 무슨 말이 필요하겠습니까?

재능을 겸비한 클레오파트라

안토니우스는 클레오파트라와 결혼하고 로마가 지배하는 지중해의 동쪽 반을 클레오파트라에게 주겠다고 선언합니다. 안토니우스보다 클레오파트라가 한 수 위였을까요?

내 입장에서 얘기하면 안토니우스도 클레오파트라도 결국은 서로 닮은 사람들입니다.

✤ 클레오파트라는 뛰어난 재능과 교양을 갖추었으나, 현실을 인식하는 능력이 부족했다.

클레오파트라는 그리스어나 라틴어는 물론 이집트 민중의 말까지 이해할 정도로 재능이 뛰어난 여왕이었습니다. 하지만 바로 앞에서도 언급한 것처럼 지성과 지적 능력은 다릅니다.

그녀가 만약 단순한 왕녀라면 그 교양은 매력이었겠지요. 그러나 클레오파트라는 이집트의 여왕이었습니다. 즉 한 나라의 주인으로 백성을 책임져야 하는 입장이었습니다. 그런데 그녀는 안토니우스를 조정만 하면 이집트가 지중해의 반을 지배할 수 있다고 믿었습니다. 그녀에게는 현실 인식 능력조차 없었다는 증거입니다.

원래 그녀가 여왕 자리를 어떻게 지킬 수 있었을까요? 사실상의 종주국인 로마가 그녀의 지위를 보장해 주고 있었기 때문입니다. 로마는 언제라도 이집트를 정복해 로마의 속주로 만들 힘이 있었습니다. 그렇게 하지 않은 것은 이집트의 특수한 나라 사정을 고려한 것에 지나지 않습니다. 클레오파트라는 그것을 이해하지 못했던 것입니다.

특수한 나라 사정이란 무엇인가요?

이집트에서는 역대 왕은 모두 신이라고 여겨져 왔습니다. 이것은 알렉산드로스 대왕이 이집트를 정복하고 그리스계의 프톨레마이오스 왕조가 되어도 변함이 없었습니다. 즉 이집트 국민에게는 왕이 신이었습니다. 그들에게는 그것이 잘 어울렸습니다.

그 이집트를 로마가 지배하면 어떻게 될까요? 공화정인 로마에는 사람이 신이라는 사상이 없으니 당연히 문화 마찰이 일어날 것은 불 보듯 훤합니다. 그래서 로마는 이집트를 일부러 동맹국으로 남겨 두고 클레오파트라를 여왕으로 묶어 놓자는 판단을 내린 것입니다.

하지만 그녀는 그런 사정을 전혀 알지 못했습니다. 이집트의 여왕이라면 지중해의 반을 넘겨받아도 이상하지 않다고 생각했습니다. 그녀에게는 현실 인식 능력조차 없었다고 할 수밖에 없습니다.

클레오파트라는 미인이었을까?

엉뚱한 질문입니다만 클레오파트라는 정말로 미인이었을까요?

역시 남성은 그것이 궁금한가 보군요. (웃음)

파스칼은 "클레오파트라의 코가 조금만 낮았더라면 역사가 바뀌었을 것이다."라고 했지만, 이에 대해 일본의 소설가 아쿠타가와 류노스케(芥川龍之介)는 "그런 입장에 있는 여성이라면 조금 코가 낮았어도 역사는 바뀌지 않았을 것이다."라고 반론하였습니다.

나는 아쿠타가와의 의견에 찬성합니다. 실제 그녀의 초상이 조각으로 남아 있습니다만 그것을 보면 그녀가 그다지 미인이었다고는 생각되지 않습니다.

그러나 여성의 인상은 꼭 얼굴만으로 정해지는 것은 아닙니다. 태도나 행동거지, 내면의 자아, 혹은 자신을 어떻게 보이게 하는가 하는 연출 등과도 많은 관련이 있기 때문에 다소 코가 낮아도 그녀의 경우는 상관없었을 것입니다.

안토니우스와 처음 만났을 때 그녀는 보라색 돛을 둘러친 금빛의 배를 타고 사랑의 여신 비너스로 분장하고 있었다고 합니다. 47세의 안토니우스는 이 연출만으로 흥분했을 것입니다.

더구나 클레오파트라는 지도자에게 필요한 지적 능력은 없어도 교양은 갖추고 있었습니다. 그래서 기지가 풍부한 대화도 나눌 수 있는 보기 드문 여자였겠지요. 당시의 지중해 세계에서는 매우 매력적인 여성이었으리라고 생각합니다.

아무튼 한때는 카이사르마저 그녀에게 반했을 정도이니까요. 자, 그것은 어떻게 된 일일까요?

이집트의 왕위 계승 문제를 해결한 뒤 카이사르는 곧바로 로마에 돌아가지 않고 나일 강에 배를 띄우고 클레오파트라와 두 달을 함께 지냅니다. 그것을 보고 주위에서는 '카이사르가 클레오파트라에게 농락당한 것이 아닐까?' 하고 걱정했습니다. 현대에도 그렇게 생각하는 사람이 많지만, 나는 그렇게 생각하지 않습니다.

이때의 카이사르는 갈리아 원정부터 시작해서 전투의 연속이었습니다. 폼페이우스와 치른 전쟁도 막 일단락되었으니 조금 휴식을 취하고 싶었을 것입니다. 다행히 클레오파트라는 알맞은 의논 상대도 있었던 정도가 아니었을까요?

게다가 이때 카이사르는 52세, 한편 클레오파트라는 아직 21세. 무엇보다도 젊은 여자는 젊다는 것만으로도 매력적인 존재이지요. 그러나 젊으니만큼, 카이사르로서는 자신이 반한 것처럼 클레오파트라를 착각하게 만드는 것쯤은 누워서 떡먹기였겠지요.

카이사르 쪽이 훨씬 능숙했다는 말씀이로군요.

야망과 프라이드

하지만 클레오파트라는 카이사르가 자신의 매력에 사로잡혔다고 굳게 믿습니다.

그것이 환상이었음을 그녀가 깨달은 것은 카이사르가 죽고 그의 유서가 공개되었을 때였습니다. 유서에는 클레오파트라도, 그녀와 카이사르 사이에서 생겼다고 하는 아들 카이사리온도 전혀 언급되지 않았습니다.

카이사르로서는 그녀나 아들을 언급하지 않는 편이 결과적으로 이집트에 도움이 되고 그녀를 위하는 것이라고 판단했기 때문이지만, 그녀는 그렇게 받아들이지 않았습니다. 클레오파트라는 카이사르에게 배신당했으며 망신당했다고 생각했습니다.

그녀가 나중에 안토니우스와 결혼해 지중해의 반을 요구한 배경에는 틀림없이 이때의 굴욕감을 만회하겠다는 욕망이 담겨 있었을 것입니다.

'여자가 한을 품으면 오뉴월에도 서리가 내린다' 고 하지요.

그렇게까지 이야기를 왜소화시켜 버려도 좋을지 모르겠네요. 무모하다고는 해도 그녀는 이집트의 판도를 확대해 알렉산드로스 대왕에게 필적할 만한 대제국을 동방에 만들려는 야망을 품고 있었습

✚ 악티움해전에서 안토니우스와 클레오파트라 연합군이 옥타비아누스에게 패한 순간, 클레오파트라의 모든 야망은 무너져 내렸다.

니다. 카이사르나 안토니우스에게 접근했던 것도 결국 그 때문이었습니다.

그래서 '지속하려는 의지'는 70점이군요.

하지만 그 야망도 악티움해전에서 안토니우스와 클레오파트라 연합군이 옥타비아누스에게 패한 순간에 무너져 버립니다.

안토니우스가 자살한 뒤 클레오파트라는 수도 알렉산드리아에서 옥타비아누스와 단둘이 마주합니다. 이때 39세의 여왕은 33세의 승자를 자신의 매력으로 유혹하려고 했을 것이라는 말도 있지만, 나는 그렇게 생각하지 않습니다.

그처럼 집념이 강한 클레오파트라라면 옥타비아누스에게 구애를 했다 해도 이상할 게 없다고 생각합니다만.

그것은 당신이 여자를 잘 모른다는 증거입니다.

고양이가 자신을 귀여워해 주는 인간을 식별하듯이, 여자도 마찬가지입니다. 만난 순간 그 남자가 자신을 받아들일지 어떨지를 간파할 수 있습니다.

그녀는 옥타비아누스의 차갑고도 조용한 눈을 본 순간, 그것을 바로 알아차렸으리라고 생각합니다. 부질없는 일이라고 금방 깨달았을 것입니다. 그리고 추태를 부리는 행동 따위를 자존심 강한 클레오파트라가 했을 리가 없습니다. 그래서 그녀는 죽음을 선택했습니다. 조상들이 잠든 사당 안에서 그녀는 독사를 풀어 놓아 자신을 물게 해서 자살합니다.

안토니우스와 함께 묻어 달라는 유언을 남겼다고 하죠? 생각해 보면 불쌍한 여성입니다.

분명히 한 사람의 여성으로서 본다면 동정할 수도 있습니다. 하지만 그녀는 한 나라의 여왕이며, 그 행동이 이집트 백성의 모든 삶에 영향을 주는 존재였습니다. 그런 의미에서 역시 그녀를 좋게 평가할 수 없습니다.

스키피오의 '아킬레스건'이란

그럼 이제 우등생 그룹 쪽으로 이야기를 옮기겠습니다. 우선은 스키피오 아프리카누스입니다. 로마를 망국의 위기에서 구한 영웅이니 모두 100점을 줘도 될 것 같은데요.

한니발과 결전을 벌인 시점만을 보면 분명히 스키피오에게는 만점을 주어도 좋습니다만, 유감스럽게도 그는 한니발과 전면적으로 대결한 뒤에는 타오른 후의 불꽃처럼 재만 남았다는 관점이 있습니다.

제2차 포에니전쟁 뒤 그는 원로원의 '일인자'가 되지만, 최후에는 탄핵 재판이라는 시시한 올가미에 걸려들어 버립니다. 그 재판에서

✛ 지적 능력, 설득력, 자기 제어력, 지속하려는 의지 등 모든 것에 뛰어났던 스키피오. 그러나 안타깝게도 그는 병약했다.

이유를 대고 얼마든지 벗어날 여지가 있었고, 실제로 그렇게 된 순간도 있었지만 결국은 그 자신이 재판을 포기해 버렸습니다. 반스키피오파의 음습한 방식에 진저리를 느끼는 그 감정이 인간적이라고는 생각합니다만, 그렇다고 은퇴해 버린다는 것은 참으로 유감스러운 일입니다.

다만 그가 그런 선택을 한 데는 이유가 없지 않았습니다. 젊었을 때부터 여러 차례 큰 병을 앓은 탓에 탄핵 재판 때는 건강이 상당히 악화되었습니다. 반스키피오파가 그를 재판에 세우려고 한 데는 건강도 하나의 동기가 되었다고 생각합니다. 스캔들이란 그 사람이 건강하게 활약하고 있을 때는 절대로 일어나지 않습니다. 조금이라도 약점이 드러난 순간에 스캔들은 적의를 드러냅니다.

따라서 스키피오의 경우는 지적 능력이나 설득력, 자기 제어 능력, 지속하려는 의지에 대해서는 전혀 트집을 잡을 데가 없습니다만, 육체적 내구력의 약함이 그의 다른 장점들을 방해했다고 할 수 있습니다.

역시 지도자란 건강하지 않으면 안 되겠군요.

중요한 것은 체력이 강하다거나 운동 능력이 높다는 얘기가 아니라 얼마나 오래 통치하는가 하는 것입니다.

예컨대 아우구스투스는 카이사르에 비하면 조금도 강건하지 않았습니다. 오히려 병약했을 정도입니다. 그러나 아우구스투스는 자신의 육체가 약하다는 것을 숙지하고 있었기 때문에 결코 무리하지 않았습니다. 그래서 77세까지 살 수 있었습니다.

스키피오의 경우, 탄핵 재판 당시 아직 48세였습니다. 한창 일할 나이였습니다만 건강 부진이 그에게 화가 되었습니다. 따라서 스키피오의 채점은 육체상의 내구력이 65점, 다른 네 항목도 만년이 좋지 않았으므로 조금씩 감점입니다.

시대를 뛰어넘는 그라쿠스 형제의 설득력

그라쿠스 형제의 고득점은 조금 뜻밖이라는 느낌이 듭니다. 그들은 분명히 '혼미의 시대' 최초로 개혁을 제창하기는 했지만 결국은 실패로 끝났습니다. '정치는 결과론' 아닙니까?

분명히 지도자에게 중요한 것은 국가나 국민에게 결과적으로 선이었나 하는 것이며, 동기의 선악은 관계없습니다. 어떤 동기라도 좋은 결과를 남겼으면 좋은 지도자인 것입니다.

그라쿠스 형제의 경우는 그들이 살아 있는 동안에는 분명히 좋은 결과를 남길 수 없었습니다. 원로원의 방해로 마지막에는 살해당해 버리니까요.

그러나 좀 더 시간폭을 길게 취해서 그들의 공적을 검증해 나간다

✚ 지적 능력을 지녔던 그라쿠스 형제. 그들은 누구보다도 먼저 로마가 안고 있는 문제점을 간파하였다.

면 어떻게 될까요? 그 결과가 이 점수입니다.

티베리우스와 가이우스 두 인물은 호민관으로서 다양한 정책을
내세웠습니다. 그 중에는 소득 격차를 줄이기 위한 농지개혁도 있었
고, 실업대책으로서의 식민 도시의 건설, 시민권의 개혁도 있었습니
다. 물론 이것들은 당시에는 모두 좌절돼 버리지만, 결국은 카이사
르에 의해 모두 실현됩니다. 즉 그들의 정책에 대해 시기상조라는
비판을 할 수 있을지 모르지만, 누구보다도 먼저 로마가 안고 있는
문제점을 간파하고 그 구체적인 대책을 명확히 내세운 것만은 인정
해 줘야 합니다. 그들은 지도자에게 꼭 필요한 '지적 능력'을 충분
히 가지고 있었습니다.

그리고 그들이 생존해 있을 동안에는 원로원을 설득할 수 없었다
고 하더라도 그들의 주장은 1세기 후 로마인의 마음 깊이 남게 됩니
다. 카이사르는 공화정을 부정하고 제정을 향해서 길을 열었습니다
만, 그 카이사르의 원점이 되었던 것이 다름 아닌 이들 형제들이었
습니다. 따라서 후세에 대한 설득력이라는 의미에서 그들의 공로는
아주 큰 것이었습니다.

이상의 이유에서 나는 그들의 '지적 능력'과 '설득력'에 90점이라
는 점수를 주었습니다.

그렇지만 원로원을 공연히 자극한 것은 다소 확신범이라 할 수
있으며, 정치가로서 보았을 때 좋은 일이 아닙니다. 좀 더 시간을
들여 원로원 대책에 나섰다면 다른 결과가 일어나지 않았을까 하는
가정도 성립될 수 있습니다. 따라서 자기 제어 능력은 약간 엄격하
게 70점. 살해당했다고 해도 요절했으므로 육체적 내구력도 60점입

니다.

　그러나 당시의 로마에서 원로원을 적으로 삼을 각오를 하고 여러 개혁을 실행에 옮겼습니다. 게다가 동생 가이우스는 형이 참살되었음에도 불구하고 형과 같은 길을 걸었습니다. 따라서 '지속하려는 의지'는 만점입니다.

적으로 삼고 싶지 않은 남자, 술라

술라는 이 책에서도 자주 카이사르와 대비되고 있는데도 불구하고 점수가 생각했던 것보다 좋지 않습니다. 특히 자기 제어 능력은 60점으로 아슬아슬하게 합격점이로군요.

　내가 보는 술라의 인상은 '지적 능력을 가진 맹렬한 남자'라는 이미지입니다.

　그 자신이 직접 새긴 묘비명에 '아군에게는 술라 이상으로 좋은 일을 한 사람이 없고, 적에게는 술라 이상으로 나쁜 일을 한 사람이 없다'고 되어 있듯이, 적이 되어 버리면 그처럼 무서운 남자는 없습

✚ 싸움터의 사령관으로서 최고의 인물이었던 술라. 그는 어떤 사태의 변화에도 즉시 대응하는 유연한 발상력을 지녔다.

니다.

　카이사르는 폼페이우스와 자웅을 가리게 됩니다만, 만약 폼페이우스가 아니라 그 우두머리에 해당되는 술라와 싸웠다면 어떻게 되었을까요? 간단하게는 결론이 나지 않았을지도 모릅니다.

　특히 술라는 싸움터의 사령관으로서는 최고의 인물이었지 않습니까? 그에게는 어떤 사태의 변화에도 즉시 대응할 수 있는 유연한 발상력뿐만 아니라 부하를 파악하는 능력이 아주 뛰어났습니다. 만약 그가 럭비나 축구선수가 되었으면 '불세출의 넘버 10'이 되었을 것입니다.

　그러나 유감스럽게도 그 같은 술라의 지적 능력이 원로원의 부흥으로 향해졌습니다. 아무리 술라의 지략이라고 해도 시대의 흐름을 역전시키는 것은 불가능했습니다. 그만큼 감점해서 지적 능력에 대해 95점을 매겼습니다.

　그럼 설득력은 어떨까요? 그것은 평가하기 어렵습니다.

　원래 술라에게는 적을 설득하겠다는 마음이 없었습니다. 자신의 앞을 가로막는 무리는 무조건 넘어뜨린다는 타입입니다. 바꿔 말하면 팬터마임을 쓰지 않습니다.

　이런 인물은 아군에게는 압도적인 지지를 받습니다. 무엇보다 행동이 명쾌하기 때문이죠. 그러나 적의 입장에서는 무척 어려운 상대입니다. 교섭의 여지가 없기 때문에 백기를 내걸거나, 아니면 옥쇄할 각오로 철저 항전을 하거나 하는 양자택일밖에는 방법이 없습니다.

　하지만 술라의 경우, 그가 너무 강하기 때문에 대부분의 적들은 항복해 버렸습니다. 그런 의미에서는 적을 설득하려고 하지 않는 것도 나쁜 것은 아니라는 결론도 나올 법합니다.

그것을 가장 상징적으로 보여 주는 것이 폰토스와의 싸움입니다. 동맹자 전쟁으로 로마가 혼란스러운 틈을 타서 소아시아의 폰토스 왕 미트리다테스가 그리스에 침입합니다. 그것을 술라가 맞서 싸웠고, 열세에 몰린 폰토스 쪽에서 강화를 제안합니다.

그때 술라와 미트리다테스의 정상회담이 이루어집니다만 술라는 폰토스 왕에게 변명의 기회를 일절 주지 않았습니다. "변명을 듣고 있을 틈이 없다. 로마가 낸 강화 조건을 수용할 것인지 수용하지 않을 것인지 대답은 둘 중 하나다."라는 것이었습니다.

국왕을 위협했다는 것입니까?

그럴 때의 술라는 정말 무서웠습니다. 그가 나중에 독재관이 되었을 때 그를 향해 소리 높여 비난한 시민이 있었습니다. 그때 그는 어떻게 했을까요? 아무 말도 하지 않고 그 목소리의 주인공을 힐끗 노려보았을 뿐입니다. 그러자 아무도 말대꾸를 하지 못하고 조용해졌습니다.

으름장이 통하는 남자였군요.

일종의 연기력이라고도 할 수 있겠지요. 아무 말을 하지 않아도 상대는 압도당해 버립니다. 술라는 그런 재주가 가능한 남자였습니다. 그러니까 사내다운 매력은 충분합니다만 설득력은…… 겨우 80점 정도입니다.

삶의 방식이 그랬으니, 목적을 위해서도 물론 자신을 억제하지 않았습니다. 따라서 자기 제어 능력도 합격점 한계인 60점입니다. 의지의 견고함, 육체적 내구력은 물론 100점입니다.

양지의 카이사르, 음지의 술라라고 했던가요? 확실히 이 두 사람이 직접 대결했다면 재미있을 것 같습니다.

폼페이우스는 '모범생' 타입?

폼페이우스도 술라의 애제자라고 할 만큼 분명히 싸움터에서의 지략에는 뛰어났습니다. 특히 젊었을 때는 불과 40일 만에 지중해의 해적을 일소해 버렸을 만큼 전략이 뛰어났습니다. 그러나 지도자에 올려놓고 보면 역시 술라보다 격이 떨어진다고 말하지 않을 수 없습니다.

무엇보다 폼페이우스에게 부족했던 것은 지속하려는 의지입니다. 원래 그에게 '이렇게 하고 싶다.'는 의지가 있었을까요? 어쩌면 그런 의지가 아예 없지 않았을까 생각될 정도입니다.

카이사르와의 싸움도 원로원의 의뢰를 받았기 때문에 싸웠다는 느

✤ 목표가 주어지면 능숙하게 해결할 수 있지만, 스스로 목표 설정을 하지는 못했던 폼페이우스.

낌이 듭니다.

폼페이우스는 스스로 목표 설정을 하지 못하는 타입이라고 할 수 있습니다. 타인에게서 목표가 주어지면 그것을 능숙하게 해결할 수는 있지만, 스스로는 목표를 만들어 내지 못합니다.

그런 의미에서 그는 일종의 '모범생' 타입이었는지도 모르겠군요.

아우구스투스의 성적표

이제 드디어 황제편이로군요.

로마의 제국 시대 이야기는 이 책에서는 다루고 있지 않아서 초기의 아우구스투스나 티베리우스 이외의 황제의 점수에 대해 세세하게 설명하는 것은 여기서 생략하겠습니다. '범인을 미리 알아 버리고' 추리소설을 읽는 결과가 되기 십상이니까요.

실제로 각 황제의 전기를 읽은 다음에 이 채점표를 다시 확인해 보고, 내가 왜 이 같은 점수를 주었는지를 생각해 보는 것도 흥미로

✣ 현실을 직시하지 않는 원로원을 상대로 참을성 있게 술책을 펴 가며 제국을 이루어 낸 아우구스투스는 자기 제어력과 지속하는 의지가 뛰어났다.

운 일이라고 생각합니다.

그렇다 치더라도 아우구스투스의 점수가 생각보다 낮은 것이 궁금합니다. '위대한 연기자'로서 고생고생하며 로마제국의 기초를 만든 인물인데 좀 더 좋게 평가해도 되지 않을까요?

아우구스투스의 자기 제어 능력과 지속시키려는 의지에는 말할 것도 없이 100점을 주어야 합니다. 현실을 직시하지 않는 원로원을 상대로 참을성 있게 술책을 펴 가며 마침내 제국을 이루어 냈으므로 자신을 억제하는 능력은 완벽에 가깝습니다. 또 그렇게 고생해서 자신이 로마의 사실상 지배자가 되었어도 그는 변함없이 사치도 하지 않고 게으름도 피우지 않았습니다. 권좌에 오른 후에도 싫증을 내거나 해이해지지 않고 제국의 기초를 다지는 데 힘을 기울였으므로 지속시키려는 의지에 대해서도 트집잡을 것이 없습니다.

지적 능력에서 그는 카이사르의 의도를 완벽하게 이해해 그것을 구체화시켜 나갔으니까 보통 수준이 아니었습니다. 다만 카이사르처럼 독창성이 없다는 점에서 95점입니다.

또한 육체적 내구력에서도 이미 말했듯이 허약 체질이었음에도 77세까지 살았으니 이 점은 좋은 평가를 내릴 만합니다. 그는 자신의 건강을 지키기 위해서라면 일체 허세를 부리지 않았습니다.

권력자는 대부분 나이보다 젊게 꾸며 자신의 체력을 주위에 어필하고 싶어 하지만, 그에게는 그런 점이 전무합니다. 체력을 소모하는 군사원정은 아그리파나 티베리우스에게 맡겼습니다. 그것은 모두 로마제국의 기초를 만들기 위해 일찍 죽어서는 안 된다는 생각에서였습니다. 그래서 육체상의 내구력은 85점입니다.

그렇다면 설득력 면에서는 어떨까요? 분명히 그는 원로원과 잘 교섭해 나갔지만, 연설은 결코 능숙하지 않았습니다. 오히려 서툴렀다고 봐야 합니다. 아무튼 원로원에서 연설을 하면 "무슨 말을 하고 있는지 도무지 알 수가 없다."고 야유를 들었을 정도였습니다. 카이사르처럼 적도 감동시키는 말을 할 수 있는 인물은 아니었습니다. 따라서 설득력은 80점을 주었습니다.

인기몰이를 하지 않은 티베리우스

아우구스투스의 뒤를 이은 황제가 티베리우스입니다. 티베리우스는 설득력과 자기 제어 능력에 대한 평가가 낮군요.

로마제국은 카이사르가 설계도를 그리고 아우구스투스가 그 기초를 구축한 장대한 건축물이었다고 생각합니다만, 그 장대한 건축물도 무능한 지도자의 손에 넘어가면 불필요한 개조를 가하거나 해서 당초와는 전혀 다른 것이 될 수도 있습니다. 그런데 로마제국에서

✚ '자신만 확실히 일을 하고 있으면 자기편 따위는 없어도 괜찮다.'고 생각했던 티베리우스는 확실히 설득력이 부족했다.

그런 일이 일어나지 않았던 것은 그 뒤를 이은 티베리우스가 철저하고 강건하게 건축물을 지켜 준 덕분이었습니다.

티베리우스 다음에 칼리굴라라든가 네로라는 황제들이 나타나지만, 그들이 아무리 체계 없이 경영을 해도 로마제국은 '파산'하지 않았습니다. 그것은 분명히 티베리우스 덕분이라고 할 수 있습니다.

티베리우스는 치세 기간 중 철저하게 긴축 재정을 실시하여 로마제국의 재정을 안정시켰고, 또한 아우구스투스가 실행에 옮겼던 게르마니아 원정을 취소하고 라인 강의 방위선을 지켰으며, 나아가 도나우의 방비도 굳혔습니다.

이처럼 수수하면서도 내실 있는 일을 제대로 완수할 수 있었던 것도 그가 지적 능력, 지속하려는 의지 그리고 육체적 내구력의 소유자였기 때문이었습니다.

그러나 티베리우스에게는 설득력이 없었습니다. 그렇다기보다 설득이 필요하다고 생각하지 않았습니다. 즉 '자신만 확실히 일을 하고 있으면 자기편 따위는 없어도 괜찮다.'고 생각하는 남자였습니다.

황제인데도 수도 로마와 떨어져 카프리의 별장에 혼자 틀어박혀 일을 했군요.

로마의 황제는 중국 황제와는 달리 천명을 받아 오르는 것이 아닙니다. 로마의 주권자인 원로원과 시민의 지지가 있어야 비로소 황제의 자리에 앉을 수 있습니다.

따라서 로마의 황제는 단어 선택이 좋지는 않지만 '인기 전술'에 마음을 썼습니다. 그래서 가고 싶지도 않은 투기장에 얼굴을 내밀어야 했습니다. 시민에게 친근감을 주어야 했기 때문입니다. 카이사르조차 결코 생활하기에 쾌적하지 않은 로마 중심부에 거처를 두었습니다. 그것은 바로 시민과의 상호 접촉이 중요하다고 생각했기 때문입니다.

하지만 티베리우스는 그런 것을 염두에 두지 않았습니다. '이만큼 일하고 있으니까 아무한테도 불평을 듣고 싶지 않다'는 것이었습니다. 그래서 '관료적, 귀족적'이라는 말을 들었습니다. 사실 그는 명문 귀족 출신이었으므로 그것과도 관계가 있을지 모릅니다.

그러니까 '설득력'은 낙제점인 50점밖에 줄 수 없고, 또 '자기 제어 능력'도 70점 정도입니다.

고독한 황제

다만 여기서 개인적인 소감을 말하자면, 티베리우스가 카프리에 은둔 생활을 한 것에 동정해야 할 점도 있습니다. 그래서 나는 그를 모질게 비난할 마음이 없습니다.

✛ 고독한 황제, 티베리우스. 그의 은둔생활은 일종의 가출이었다.

무슨 뜻인지요?

　요컨대 이 사람은 너무 정직합니다. 그렇기 때문에 로마에서의 생활을 견딜 수 없어 카프리에 틀어박힌 것입니다.

　먼저 그의 귀족적인 정신에서 보면 원로원은 아주 형편없습니다. 로마에 대한 책임감 같은 것은 조금도 생각하지 않고 자신들의 기득권을 지키는 데 급급해 있습니다. 이 같은 무리들을 상대로 쓸데없이 시간을 소비하는 일이 견딜 수 없었겠지요.

　그리고 또 하나 그가 참을 수 없었던 것이 가족과의 관계입니다. 티베리우스는 밖에서도 고독했지만 가정 내에서도 고독한 사람이었습니다.

　원래 티베리우스에게는 비프사니아라는 사랑하는 아내가 있었는데 아우구스투스가 억지로 이혼을 시키고 자신의 딸 율리아를 그의 아내로 밀어 넣었습니다. 아우구스투스로서는 이것도 로마제국의 평안을 위한 것이라고 할 만했지만, 티베리우스의 입장에서 보면 참을 수 없는 일이었습니다.

　더구나 율리아와 티베리우스는 잘 맞지 않았습니다. 가정사이니까 원인은 알 수 없지만, 아마도 귀족 정신을 가진 티베리우스에게 율리아의 낮은 품격이 견딜 수 없었을 것입니다.

　결국 이들의 결혼생활은 아내 율리아의 부정이 발각되고 아우구스투스가 그녀를 유배시키는 것으로 끝이 납니다. 그러나 티베리우스의 불행은 계속됩니다.

　티베리우스는 아우구스투스 일가의 혈통을 이어받은 게르마니쿠스를 양자로 맞이하여 자신의 후계자로 세웁니다. 친아들도 있었지만 로마의 안정을 위해서 양자로 하여금 뒤를 잇게 하려는 것이었습니다.

그런데 문제는 게르마니쿠스가 죽은 뒤 그의 아내 아그리피나가 불온한 움직임을 보이기 시작한 것입니다. 그녀는 자신의 아들을 다음 황제로 만들려는 운동을 벌입니다. 그녀는 아우구스투스의 손녀였기 때문에 그 아들은 초대 황제의 증손이 됩니다. 그녀는 혈통으로 봐도 자신의 아들이 황제가 되어야 한다고 믿어 의심치 않았습니다.

물론 이러한 공작을 티베리우스가 허락할 리 없었습니다. 그러나 아그리피나도 물러서지 않았습니다. 그러니 가정은 더욱더 험악해질 게 뻔합니다. 당연히 그런 집에서 가출하고 싶은 심정이었겠죠.
티베리우스의 카프리 은둔 생활이 가출이었다는 말씀이신가요?

그런 면도 있다고 생각합니다. 그런데 가출의 목적지를 카프리로 선택한 것을 보면 그야말로 티베리우스라는 생각이 듭니다.

카프리는 나도 가 보았으며, 아주 쾌적하고 풍광이 좋은 곳이었습니다. 지중해에는 무수한 섬이 있지만 은둔 생활지로서 보면 카프리는 최고일 것입니다. 이런 곳을 가출 뒤 찾아간 것만으로도 역시 그의 좋은 가정환경, 뛰어난 센스를 느낄 수 있습니다.

어떻게 로마는 중흥기를 맞이할 수 있었을까

티베리우스의 뒤를 이은 황제가 악명 높은 칼리굴라인데, 그 이후의 로마제국은 얼마 동안 어지러운 시기를 맞이하는군요.

로마 시민에게 평판이 좋지 않았던 티베리우스의 뒤를 이은 칼리

굴라는 이전 황제와는 반대로 시민의 환심을 얻는 데만 열중해 국고를 거덜 내 버립니다.

그것을 역사가이기도 한 클라우디우스 황제가 아우구스투스 노선으로 되돌려 어떻게든 회복해 놓습니다. 그런데 이번에는 예술적 센스는 있어도 지도자로서 능력이 부족한 네로가 황제에 오릅니다.

그리고 네로 사후에는 로마 황제 자리를 갈바, 오토, 비텔리우스 셋이서 서로 뺏기고 빼앗는 시대가 얼마간 계속됩니다. 이 혼란을 베스파시아누스가 일단 수습하고 그 이후의 황제가 로마를 다시 반석 위로 올리는 노력을 해 나갑니다.

그것이 《로마인 이야기》 제11권에서 다룬 '5현제 시대'로 이어지는군요.

앞에서도 언급했듯이 칼리굴라 이후 황제들의 이야기는 이 책에서는 다루지 않았기 때문에 황제들 각각의 채점은 생략하겠습니다.

다만 여기서 지적해 두고 싶은 것은 칼리굴라나 네로처럼 지도자로서 실격인 황제들이 나타나고, 세 명의 남자들이 제위를 둘러싸고 싸우는 내란 상태에서도 로마제국은 붕괴하지 않았습니다. 오히려 이 내란 후에 로마제국은 전성기를 맞이합니다.

아우구스투스나 티베리우스가 대단히 강건한 '건축물'을 완성시켰다는 말씀이군요.

그에 덧붙여 또 하나 중요한 것은 베스파시아누스 이후의 황제들이 로마제국이라는 일대 건축물의 유지 보수를 게을리하지 않았다는 것입니다.

이 채점표를 봐도 알 수 있듯이 베스파시아누스 이후 네 명의 황제는 결코 뛰어난 자질을 가진 인물들이 아닙니다. 그러나 그들은 자신들의 직무가 제국의 유지 보수에 있다는 것을 자각하고 그것을 착실하게 실행해 나갔습니다.

그래서 트라야누스와 하드리아누스라는 두 명의 뛰어난 황제가 나타났을 때 그들이 마음껏 실력을 발휘할 수 있었으며, 그들에 의한 '5현제의 시대'가 도래했던 것입니다.

'천국에 가고 싶거든 지옥의 길을 알라'

지도자를 다섯 가지 각도에서 분석한 이 방법론은 단지 그리스 · 로마사를 해독할 뿐만 아니라 다양하게 응용할 수 있을 것 같습니다.

정치가뿐 아니라 기업의 경영자를 이 다섯 가지로 채점해 볼 수도 있겠지요. 국가나 기업이나 조직의 지도자에게 요구되는 것은 성과를 거두어야 한다는 것입니다. 아무리 말이 훌륭해도 성과를 거두지 못하면 지도자로서 실격이라고 할 수밖에 없습니다.

거기에는 우선 현실을 정확하게 파악한 뒤 자신이 생각하는 정책을 어떻게 실현시킬까를 생각해 내는 지적 능력이 필요합니다. 그리고 그것을 실현하기 위해서는 반대파도 자기편으로 만들 만한 설득력이 있어야 합니다.

또한 지도자의 일은 격무이므로 그것을 해낼 수 있을 정도의 육체적인 내구력이 필요합니다.

그리고 목적 달성을 위해서 지도자는 자신의 욕망이나 감정을 절제할 수 있어야 합니다. 한때의 성공에 들떠 초지를 잊어서는 안 됩니다. 또 이와 반대로 어떤 어려움이나 저항에 부닥쳐도 초지를 관철해 나가는 강함 또한 가지고 있지 않으면 안 됩니다. 그것이 자기 제어 능력이고 지속하려는 의지입니다.

그러고 보면 이 다섯 가지 요소는 모두 '목적 완수'라는 한마디로 요약할 수 있을 것 같습니다.

바로 그렇습니다. 흔히 '이상적인 지도자'의 조건으로 인격의 원만함이나 덕성 등을 요구합니다만 인격이 고결한 것과 목적을 달성하는 것은 직접적으로 아무 관련도 없습니다. 비록 인격에 문제가 있더라도 국민을 행복하게 만들어 주는 큰 목적만 달성하면 그것이 좋은 지도자입니다.

그렇군요. 그래서 '팍스로마나'를 실현한 카이사르나 아우구스투스가 명정치가이겠군요.

자주 논의되는 '철인 정치가'는 제가 볼 때는 전혀 무의미합니다. 마키아벨리의 말대로 '결과만 좋으면 수단은 항상 정당화되는 것'이 정치이며, 그들은 그것을 누구보다 잘 알고 있었다고 생각합니다.

"천국에 가는 가장 유효한 방법은 지옥에 가는 길을 숙지하는 것이다."

　이것도 마키아벨리의 말입니다만 이 말을 내 나름대로 의역하면, 지도자가 되려는 사람은 자신이 지옥에 떨어지기를 각오해야만 국민을 천국으로 이끌 수 있다는 것입니다.

　말하자면 로마의 유명한 지도자들은 모두 지옥에 떨어지기를 각오한 사람들이었습니다. 그것을 알려 드리고 싶어 나는 로마인의 이야기를 계속 써 왔는지도 모릅니다.

당신을 매료시킬 멋진 남자들의 로마

로마 역사상 최고의 창조적 천재라고 하는 율리우스 카이사르, 지혜로 권력의 칭호를 하나씩 얻어 가며 황제의 자리를 굳혀 간 아우구스투스 등 수많은 영웅들이 로마에는 즐비했다. 그 중에서도 원로원에 맞서지 않고 스스로 정치적 은퇴의 길을 택하는 스키피오에게는 영웅이라는 칭호를 뛰어넘어 진정한 남자의 모습마저 보여 반할 수밖에 없다.

　로마의 황제들은 군림하지 않았다. 지금의 CEO 수준보다는 조금 위였다고나 할까. 황제가 평민보다 권력 면에서 그리 높지 않다고 생각하면 유쾌하지 않은가.

　병역에서도 힘 있는 귀족이든 평민이든 똑같이 병역의 의무를 치렀다. 오히려 자산 정도에 따라 귀족들은 더 많은 부담을 졌다. 병역을 면제받은 사람은 재산이 전혀 없는 사람들이었다. 말하자면 로마는 시민들의 나라였다.

　로마 역사를 일관하는 인재의 총집합체인 원로원에는 평민도 우수하면 의원으로 선출되어 정치의 중심에 설 수 있는 평등한 기회가 주어졌다. 귀족도 직접 농사일을 했으니까.

　'로마인은 인간성에 대한 환상을 품지 않았기 때문에 스스로에 대해서도 환상을 품지 않았다.'

　'실패를 인정하는 순간 주저 없이 개혁을 단행하는 용기를 잃지 않았다. ……단순히 반성만 하지 않고 패배의 원인이 내부에 있다는 것을 찾았다.'

　인류 최초이자 마지막 보편 제국이었던 로마제국은 문화의 차이, 종교의 차이를 모두 감싸안고 다양성을 인정했다. 정복자와 피정복자의 구분도 없었고 황제도 속국에서 나올 정도였다. 무엇보다도 지금의 인류가 로마인만 같았으면 종교 분쟁이나 문화 차이로 인한 전쟁을 할 필요가 있었을까.

한 권으로 읽는 로마인 이야기라고도 할 수 있지만 이 책에서 저자는 고대의 로마와 현대를 비교하면서 논했다. 한 부분씩을 묶어서 정리했기 때문에 이 한 권으로 로마를 한눈에 조망할 수 있다. 로마 이야기가 이 한 권 속에 다 들어 있는 셈이다.

번역을 하는 동안 로마인, 로마의 멋진 남자들에게 나 또한 황홀하게 빠져 버렸다. 번역을 마치고 나서도 얼마 동안 나는 로마에서 헤어나지 못하고 지냈다.

저자 시오노 나나미도 로마를 연구하게 된 이유를 '로마인만큼 재미있고 멋진 사람들은 없는 것 같아서'라고 했다.

지금 나는 로마가도를 돌며 광활한 로마 영토를 여행하고 멋진 그들과 만나는 상상을 한다. 막연하게 '모든 길은 로마로 통한다.'라고 알고 있던 그 로마를.✤

옮긴이 **한성례**